LE PLEIN EMPLOI : POURQUOI ?

ISBN 2-7605-0315-1

Dépôt légal — 1er trimestre 1983
Bibliothèque nationale du Québec
Bibliothèque nationale du Canada
Imprimé au Canada

LE PLEIN EMPLOI: POURQUOI ?

LISE POULIN SIMON et DIANE BELLEMARE

1983
Presses de l'Université du Québec
UQAM (LABREV)
Institut de recherche appliquée sur le travail

TABLE DES MATIÈRES

REMERCIEMENTS

Cette étude a pu être réalisée grâce à la collaboration de l'IRAT et de l'UQAM et de plusieurs personnes que nous désirons remercier. Sans elles, le travail nécessaire à la réalisation d'une telle étude en économie politique n'aurait pu se faire. Nous voulons d'abord souligner le travail de Francine Lemarbre et d'Odette Hubert du Labrev. Elles nous ont assurées une aide administrative et technique indispensable. Nous désirons remercier Louise E. Arsenault de l'IRAT qui a assumé le travail de révision de cette étude et Isabelle Reny pour le travail de documentation.

Une subvention du Conseil québécois de la recherche sociale du ministère des Affaires sociales nous a permis d'associer plusieurs étudiants de l'UQAM à cette étude : Germain Belzile, Gilles Dubé, Bernard Goulet, Isabelle Lamarre, Sylvie Morel et Vincent Van Schendel ; ainsi que des assistants de recherche : Ghislain Guérette et Raymonde Leblanc.

Dans le cadre des comités de lecture de l'IRAT, cette étude a reçu les commentaires et les critiques d'un certain nombre de personnes des milieux syndicaux et universitaires : Peter Bakvis (CSN), Guy Champagne (IRAT), Jacques Desmarais (IRAT), Ginette Dussault (FTQ), Jean-Guy Frenette (FTQ), Mona-Josée Gagnon (FTQ), Marcel Guilbert (CSN), Francine Lalonde (CSN), Paul-Martel Roy (UQAM) et J.C. Weldon (Université McGill).

Diane Bellemare et
Lise Poulin Simon

AVANT-PROPOS

« La meilleure politique de maintien du revenu est une politique de plein emploi ». Cette affirmation, maintes fois entendue, couramment acceptée et devenue, à toutes fins pratique un lieu commun, ne semble cependant pas entraîner sur le plan des politiques économiques et sociales les conséquences qu'elle mérite. Diane Bellemare et Lise Poulin-Simon l'ont prise au sérieux, à la suite justement de travaux importants sur les politiques de maintien du revenu. C'est ainsi qu'elles ont entrepris d'effectuer un sondage auprès de Québécoises et de Québécois pour connaître ce qu'ils pensent du chômage et de l'emploi ; elles ont aussi entrepris d'estimer les coûts économiques et sociaux du chômage, de procéder à un examen critique des théories le plus souvent retenues dans l'analyse du chômage pour finalement interroger les porte-parole des principaux intervenants sur le marché de l'emploi : milieux gouvernementaux, syndicaux et d'affaires.

Le résultat — fascinant — de cet effort de recherche constitue un véritable plaidoyer pour le plein emploi. Il amène à considérer les modifications institutionnelles les plus aptes à mener à l'objectif politique, économique et social prioritaire que constitue le plein emploi.

Diane Bellemare est professeure au département de sciences économiques de l'Université du Québec à Montréal (UQAM). Elle participe activement aux travaux du Laboratoire de recherche sur l'emploi, la répartition et la sécurité du revenu (LABREV) de cette université, et plus particulièrement aux travaux de son atelier sur la structure du marché du travail.

Lise Poulin-Simon est chargée de recherche du secteur économique des relations de travail à l'Institut de recherche appliquée sur le travail (IRAT).

Elle est l'auteure, en collaboration avec Zaïda Nunez, d'une étude de l'IRAT sur les licenciements collectifs et d'une autre étude publiée par l'IRAT: *Les assurances sociales: pour une sécurité du revenu des salariés.*

Que leur intérêt de recherche et leur méthodologie aient pu se joindre, on ne peut que s'en féliciter. Le Conseil québécois de la recherche sociale (CQRS) a subventionné une partie importante de leur entreprise.

Ce document suscitera certainement la controverse. Une controverse sur le plein emploi, sa définition, ce qui nous en éloigne et ce qui pourrait nous en rapprocher, ne peut être, croyons-nous, qu'un pas vers le plein emploi.

Jacques Desmarais,
Directeur,
IRAT

Paul-Martel Roy,
Directeur,
LABREV (UQAM)

INTRODUCTION

Depuis plus de vingt ans, le Québec a régulièrement l'un des taux de chômage le plus élevé des pays industrialisés. Pourquoi ? Comment en sommes-nous arrivés là ? Peut-on s'en sortir ? Les Québécois sont-ils des êtres condamnés par le destin à vivre cette situation économique, sociale et politique ? Ce niveau de chômage est-il dû aux seuls Québécois qui auraient perdu le goût de travailler ? Travaillent-ils seulement parce qu'ils y sont obligés ? Quel est le véritable coût du chômage en termes économiques et sociaux ? Pourquoi les théories économiques véhiculées par des économistes et des politiciens nous donnent-elles l'impression qu'il n'y a rien à faire pour combattre ce fléau ? Dans quelle mesure les patrons, les syndicats et le gouvernement contribuent-ils à ce sentiment d'impuissance ? Quand on prendra conscience que le chômage coûte à chacun de nous beaucoup plus cher que la dépense nécessaire à créer suffisamment d'emplois pour atteindre un certain niveau de plein emploi, quel type de mécanismes et d'institutions devrions-nous mettre sur pied ? Qui devrait y participer et comment cela pourrait-il fonctionner ?

Au moment d'écrire ces lignes et de poser ces questions, le Québec connaît le taux de chômage le plus élevé depuis la grande dépression des années trente ; cette étude tente d'analyser ce phénomène dramatique et de répondre à l'ensemble de ces questions qui touchent la société québécoise entière. Un meilleur éclairage sur ces diverses questions pourra peut-être amener le Québec à se doter d'une politique de plein emploi.

Pour plusieurs, une politique de plein emploi apparaît ou bien inutile ou bien totalement utopique. D'abord, certains considèrent que les travailleurs québécois sans emploi ne tiennent pas vraiment à travailler, et particulièrement les chômeurs chroniques. Les valeurs de la société auraient changé. Avec la forte croissance économique des années cinquante et soixante et les soi-disant changements dans les mentalités et les modes de vie, le travail ne serait plus vraiment considéré comme une activité essentielle dans notre société post-industrielle. Le chômage ne devrait donc pas apparaître comme un problème aussi grave que certains l'estiment.

Et comment mieux débuter ce travail que de chercher à connaître ce que les Québécois et les Québécoises pensent du chômage et de l'emploi. Nous les avons interrogés à l'aide d'un sondage pour voir s'ils avaient vraiment perdu de vue l'importance de l'emploi et du plein emploi. Les deux premiers chapitres de cette étude, l'un sur les attitudes sociales face au chômage et l'autre sur les perceptions individuelles par rapport à l'emploi font état des résultats de ce sondage. Ces deux chapitres se veulent une réflexion critique sur différents préjugés que nous entretenons à l'égard du chômage et des chômeurs. Ils nous font conclure que les Québécois sont largement prêts à appuyer une politique de plein emploi.

D'autres trouvent inutile de développer une politique de plein emploi parce qu'à leurs yeux le coût du chômage est relativement faible, tant pour les chômeurs que pour l'économie toute entière. Les chapitres III, IV et V contredisent cette vision tronquée de la réalité en présentant une analyse des coûts du chômage : les coûts économiques et sociaux d'une part, et les effets négatifs par rapport à différents aspects de la vie économique et sociale d'autre part. Cette analyse de coûts démontre clairement la rationalité économique et politique, pour une société et pour les gouvernements, de poursuivre sans relâche l'objectif de plein emploi. Du point de vue économique, il est avantageux de se doter d'une telle politique.

Plusieurs peuvent considérer dangereux d'encourager la population à croire à une telle politique parce qu'à leur avis, il est devenu parfaitement utopique de penser pouvoir changer la situation. Selon certains, la situation inflationniste de la dernière décennie, ainsi que les changements démographiques du marché du travail, rendent tout à fait inefficaces les outils traditionnels de la politique économique à l'égard du chômage. Il vaudrait mieux pour les hommes politiques d'avouer carrément leur impuissance face à ce problème. Les chapitres VI et VII mettent en lumière une série d'hypothèses non dévoilées derrière ce constat d'échec. Ils traitent de la politique économique canadienne depuis la dernière guerre ainsi que des théories économiques et des systèmes de valeurs qui les sous-tendent. On y souligne les limites de la stratégie économique actuelle par rapport au chômage et les éléments fondamentaux d'une politique de plein emploi fondée sur une participation des groupes sociaux économiques y sont développés.

Enfin, plusieurs pourraient prétendre qu'une telle politique de plein emploi que certains pays européens ont développée ne peut être implantée au Québec, malgré les particularités québécoises qu'on voudrait bien lui donner. Pour eux en effet, les positions économiques et idéologiques des milieux gouvernementaux, syndicaux et d'affaires sur des questions de cet ordre sont trop divergentes pour qu'il y ait de bonnes chances de réussir à les associer efficacement au développement et à l'application d'une politique cohérente et efficace de plein emploi.

À partir d'une analyse de textes officiels des milieux d'affaires, gouvernementaux et syndicaux, ainsi que d'une série d'entrevues auprès de représentants politiques de ces milieux, nous avons tenté de mesurer ces divergences. Les chapitres VIII et IX exposent les résultats de ces analyses. On y constate que même si certaines différences fondamentales existent entre les deux groupes, il y a convergence sur plusieurs points. Un de ceux-ci peut cependant apparaître inquiétant quant au développement d'une politique de plein emploi: les deux groupes expriment de fortes réserves, sinon de l'inquiétude, face à l'extension des pouvoirs économiques de l'État. Toutefois, comme la politique de plein emploi repose principalement sur une nouvelle stratégie qui fait une large place à la participation des divers groupes socio-économiques, cette réserve ne représente peut-être pas un obstacle fondamental.

On remarquera que cette étude, tant par sa méthodologie que par ses objectifs, présente des aspects novateurs. Habituellement, dans des études sur le chômage, les économistes nord-américains s'en tiennent généralement à en étudier les causes, les effets ainsi que certains éléments de solution mais dans un contexte institutionnel donné. Ces approches conduisent actuellement à encourager un sentiment d'impuissance et un comportement de passivité à l'égard du problème du chômage. Il nous semble que ceci résulte d'abord de l'acceptation de postulats théoriques sur les comportements sociaux, tels les gens ne travaillent que pour l'argent; il nous apparaissait nécessaire de les remettre en question pour mieux comprendre la réalité québécoise. L'impuissance des analyses traditionnelles à l'égard du problème du chômage résulte aussi de l'idée que les institutions actuelles sont immuables; la dimension politique est ignorée de ces analyses.

Pour éviter ce cul-de-sac, nous avons adopté une démarche différente. La question du plein emploi a été abordée sous ses trois dimensions fondamentales: sociale, économique et politique. L'intégration de ces trois dimensions permet de faire éclater les barrières qui empêchent généralement de formuler des politiques nouvelles. Nous espérons ainsi favoriser l'émergence de solutions de rechange réalisables dans le contexte nord-américain.

CHAPITRE I

LES ATTITUDES SOCIALES À L'ÉGARD DU CHÔMAGE : SERIONS-NOUS VICTIMES DE CERTAINS MYTHES ?

Les Québécois peuvent estimer qu'il est important pour eux-mêmes d'avoir un emploi mais **diverses raisons** peuvent les amener à croire qu'il n'est pas impérieux que tous ceux qui sont sur le marché du travail en détiennent un. En conséquence dans l'esprit de chacun, il serait important d'avoir un emploi mais non des emplois pour tous. Or comme les chômeurs sont un groupe minoritaire, isolé, sans pouvoir de pression, cette attitude sociale prépondérante face au plein emploi pourrait être une cause de l'inertie relative de la population face au chômage chronique et élevé que le Québec connaît depuis plusieurs décennies.

Les facteurs qui contribueraient à cette inertie générale peuvent être multiples. Une revue de la littérature économique sur le sujet nous amène à en identifier cinq que nous qualifions de mythes. Les Québécois seraient-ils victimes de certains de ces mythes ?

1. La mise en œuvre de toutes les ressources humaines disponibles n'apparaît pas comme un élément essentiel du progrès social et économique d'une société : **c'est le mythe du surplus ;**

2. Comme groupe social, les Québécois considèrent avoir atteint un niveau de richesse suffisamment élevé pour supporter ses chômeurs sans problème : **c'est le mythe de l'opulence** ;

3. Les changements technologiques dans le tertiaire nous amènent inévitablement à vivre dans une société de loisirs forcés : **c'est le mythe de la cybernétique** ;

4. Les statistiques officielles sur le chômage exagèrent le problème ; en effet, un nombre important de chômeurs ne désirent pas véritablement un emploi : **c'est le mythe du chômage volontaire** ;

5. Le chômage est un problème international ; il est tout à fait inévitable et les gouvernements n'y peuvent rien : **c'est le mythe de l'impuissance.**

Si la **plupart** de ces mythes sont largement acceptés dans la population, il ne faut pas chercher plus loin les raisons de l'inertie face au taux de chômage élevé ou à l'absence de pressions sociales favorisant le plein emploi.

Pour mieux connaître les attitudes des Québécois face à ces diverses croyances ou mythes, qui peuvent contenir des éléments de vérité, mais aussi des exagérations ou des erreurs, un sondage a été effectué à l'hiver 1981 en collaboration avec le Centre de sondage de l'Université de Montréal. Il a été réalisé auprès de 2 000 Québécois répartis sur tout le territoire du Québec. Les résultats sont présentés selon diverses caractéristiques socio-économiques des répondants : sexe, âge, statut marital, scolarité, occupation, genre d'emploi, syndicalisation, genre d'entreprise, revenu.

Le sondage comporte deux parties ; la première vise à apprécier où les Québécois se situent par rapport aux cinq mythes présentés ci-dessus ; la deuxième se veut une analyse des attitudes des Québécois à l'égard de l'emploi et du chômage. Les résultats de cette deuxième partie sont présentés au chapitre suivant.

L'information tirée d'un sondage doit évidemment être nuancée. Comme tout autre sondage, celui-ci permet de saisir momentanément des attitudes qui peuvent être superficielles ou changeantes. Il représente également un reflet de certaines idéologies plus ou moins renforcées par le discours dominant, et qui sont loin d'être définitives. Celles-ci sont souvent susceptibles de changer rapidement selon les circonstances économiques, sociales et politiques. L'objectif de ce sondage n'est évidemment pas de nous permettre de réaliser une étude sociologique approfondie sur les questions traitées ; d'autres études pourront pousser beaucoup plus à fond l'analyse des résultats.

Ce sondage est plutôt un outil parmi d'autres pour provoquer et stimuler la réflexion sur les diverses questions abordées. Il vise à imposer une remise en cause de diverses croyances ou préjugés que chacun de nous peut entretenir à l'égard du chômage et des chômeurs. Et malgré les limites reconnues de la technique du sondage, ainsi que les difficultés d'interprétation qui font surgir souvent autant de questions que de réponses, celui-ci nous est apparu un excellent moyen pour réaliser certains des objectifs de cette étude.

Le mythe du surplus

Les Québécois croient-ils réellement que le progrès économique peut reposer sur les épaules d'une partie seulement de la population adulte disponible pour travailler, les autres devant être pris en charge, d'une manière acceptable pour tous, par la société ou leur famille au moyen de mesures de sécurité du revenu ou des transferts familiaux? S'il en est ainsi, la mise en œuvre de toutes les ressources humaines disponibles n'apparaît pas à chacun comme un élément essentiel du progrès social et économique.

La question suivante du sondage s'attaque à ce mythe: «Croyez-vous que tous les adultes, hommes et femmes, en état de travailler devraient être obligés de travailler pour vivre?» C'est intentionnellement que nous avons mentionné «hommes et femmes» et «être obligés». Il nous semble que ces deux éléments contribuent à donner à cette question un caractère assez extrême pour pouvoir interpréter une réponse affirmative comme un indice de l'importance attribuée par les Québécois à la mise en œuvre de toutes les ressources humaines, soit pour le bien-être des individus, soit pour le progrès de la société. Or, dans le tableau I, le taux de réponses affirmatives à cette question, 68,3%, est très élevé compte tenu du terme «obligation de travailler» qui aurait pu rebuter l'esprit libéral des Québécois et les attitudes traditionnelles face au rôle familial de la femme jugé encore comme prioritaire. Qu'une aussi forte proportion de Québécois soient d'accord avec cette affirmation indique que les gens perçoivent le travail comme un besoin économique et social important. Cette attitude des Québécois est conforme à la valeur traditionnelle attachée à l'importance pour chacun d'assurer son autonomie par le travail. Cette même question a été posée dans un sondage français et on observe également un taux très élevé de réponses affirmatives, soit 75%.[1]

Il est révélateur que les gens qui dépendent des mesures sociales pour vivre — chômeurs, retraités, malades et accidentés — répondent en plus grand nombre par l'affirmative à cette question. Pour ces catégories, les proportions de «oui» à la question sur l'obligation de travailler grimpent à 71,5% pour les chômeurs, à 73% pour les retraités, et à 75,6% pour les malades et les accidentés. Même chez les personnes au foyer, la proportion qui répondent affirmativement est légèrement supérieure à la moyenne. Une interprétation logique est la

1. André Gorz, *Adieux au prolétariat; au-delà du socialisme,* Éditions Galilée, Paris, 1980.

TABLEAU I

Croyez-vous que tous les adultes, hommes ou femmes, en état de travailler devraient être obligés de travailler pour vivre?

	Oui	Non		Oui	Non
Ensemble de la population	68,3	31,7	*Genre d'emploi*		
			Professionnel	63,0	37,0
			Gérance & adm.	59,3	40,7
Sexe			Semi-professionnel	55,0	45,0
Hommes	69,9	30,1	Petit administrateur	62,5	37,5
Femmes	66,9	33,1	Bureau	63,4	36,6
			Spécialisé	73,3	26,7
Âge			Semi-spécialisé	74,0	26,0
18-24	67,0	33,0	Non spécialisé	74,3	25,7
25-34	64,2	35,8	Agricole	76,0	24,0
35-44	68,8	31,2			
45-54	72,7 –	27,3	*Syndicalisation*		
55-64	74,1 –	25,9	Oui	66,6	33,4
65 et plus	67,8	32,2	Non	67,2	32,8
Statut			*Genre d'entreprise*		
Marié	68,9	31,1	Privée	68,6	31,4
Séparé	71,0	29,0	Gouvernementale	62,6	37,4
Divorcé	64,4	35,6	Paragouvernementale	66,4	33,6
Veuf	72,2	27,8			
Célibataire	66,2	33,8	*Revenu brut annuel*		
			Aucun	66,4	33,6
Années de scolarité			Moins de 10 000 $	71,6	28,4
0- 7	76,0	24,0	10 000 — 15 000 $	66,5	33,5
8-11	72,9	27,1	15 000 — 20 000 $	61,5	38,4
12-15	65,2	34,8	20 000 — 30 000 $	67,5	32,5
16 et plus	54,4	45,6	30 000 — 50 000 $	60,2	39,8
			Plus de 50 000 $	71,3	28,7
Genre d'occupation					
Emploi: temps plein	67,6	32,4	*Revenu brut familial*		
temps partiel	66,0	34,0	Moins de 10 000 $	74,9	25,1
Chômage	71,5	28,5	10 000 — 15 000 $	71,8	28,2
Retraite	73,0	27,0	15 000 — 20 000 $	69,1	30,9
Études	63,3	36,7	20 000 — 30 000 $	66,6	33,4
Au foyer	69,1	30,9	30 000 — 50 000 $	62,0	38,0
Malade-acc.	75,6	24,4	Plus de 50 000 $	64,3	35,7
Autres	68,9	31,1			

suivante : ce groupe est le plus sensible aux problèmes sociaux et financiers que leur non-participation à la production leur apporte et à l'importance pour l'individu d'avoir un emploi pour vivre décemment.

L'autre élément intéressant est que la proportion ayant répondu par l'affirmative diminue avec les années de scolarité. Les travailleurs les plus qualifiés sont moins en accord avec cette affirmation que les moins qualifiés. Ce résultat semble indiquer que pour les moins qualifiés et les moins scolarisés, l'importance de l'indépendance économique par le travail est plus qu'une valeur, c'est une réalité. Par ailleurs, pour les groupes plus scolarisés et plus qualifiés, les valeurs sont plus libérales et leur réalité économique caractérisée par une plus grande sécurité économique sur le marché du travail semble les empêcher de constater que l'indépendance économique peut difficilement s'acquérir en dehors du travail. Il est peu probable que ces derniers aient à vivre d'aide sociale ou d'assurance-chômage ou d'avoir des parents ou des amis qui vivent dans de telles conditions. C'est donc un groupe qui connaît mal la réalité de ceux qui subissent ces situations. Plus que les autres, ils peuvent avoir une vision tronquée de la vie des gens en loisir forcé par le chômage, la maladie, voire même la retraite ou les charges familiales (sic !). Par ailleurs, les plus vulnérables sur le marché du travail, ceux qui ont les emplois les plus instables et qui doivent le plus souvent, faire appel aux mesures sociales, sont à même de constater que malgré certains aspects rebutants, c'est l'emploi qui permet de vivre décemment.

D'ailleurs, comme on le constate au tableau I du chapitre suivant, plus que les autres groupes, les plus scolarisés et ceux ayant les emplois les plus qualifiés ont répondu non à cette autre question : « Pourriez-vous vivre sans travailler ? ». Plus la scolarité est élevée et plus on occupe des emplois qualifiés qui offrent des défis, plus on préfère le travail au loisir. Mais en même temps, plus on considère que les gens ne devraient pas être obligés de travailler pour vivre. Le loisir forcé ne leur est pas très attirant mais ils connaissent mal ou pas du tout la façon dont on vit au Québec quand l'emploi fait défaut. Ils ne voient pas l'importance de travailler pour vivre dignement, et l'importance pour tous d'avoir un emploi.

Si les responsables ou les conseillers politiques qui sont généralement plus scolarisés que la moyenne ont une image idéalisée des conditions de vie des sans-emploi, ils peuvent considérer très « libéral » ou « progressiste » que la société supporte financièrement le chômage même volontaire, sans chercher à régler le problème des chômeurs. Par contre, ceux qui sont les plus vulnérables sur le marché du travail considèrent probablement qu'une société n'est pas très « progressiste » quand elle laisse ses membres tomber dans le piège de l'insécurité et de la pauvreté.

Le mythe de l'opulence

Ce mythe est relié autant au mythe du surplus qu'au mythe du chômage volontaire. Ceux qui considèrent que tous les adultes en âge de travailler et aptes à le faire ne devraient pas nécessairement travailler pour vivre peuvent prétendre, à l'instar de Kenneth Galbraith, que notre société est suffisamment riche qu'elle a même avantage à supporter une partie de ses membres qui ne travaillent pas[2]. Des mesures de sécurité du revenu, tel le revenu minimum garanti, pourraient être instaurées et ceux qui préfèrent ne pas participer à l'effort social ou bien ceux qui ont une très faible productivité pourraient être supportés par ces mesures. Le problème majeur de cette solution, que plusieurs sous-estiment, est que les membres d'une société, si riche soit-elle, semblent rarement atteindre un niveau de richesse jugé suffisant pour accepter facilement de la partager avec ceux qui ne participent pas directement à l'effort social. Comme les écarts de revenu et de richesse persistent dans toutes les sociétés, il semble que peu de citoyens croient avoir atteint un revenu suffisamment élevé. La pauvreté et la richesse sont des notions relatives et tous les efforts sociaux pour redistribuer les revenus donnent de faibles résultats; en effet, les groupes en dehors du marché du travail dont le niveau de vie dépend de mesures sociales ou de la bienveillance d'un conjoint subissent généralement une pauvreté relative ou une forte insécurité économique.

À l'aide de deux questions, nous avons tenté de savoir si les Québécois croient vivre dans une société d'opulence où le chômage pourrait ne plus être un problème économique. La première question relative à ce mythe est la suivante : «Croyez-vous que le nombre de familles pauvres au Québec au cours des dix dernières années, a augmenté, est resté stable ou a diminué?» Or, selon les données réelles, cette proportion a diminué. De 1971 à 1980, elle est passée de 20,7% à 13%. Avec cette question, on tente de voir plus précisément si les Québécois ont l'impression que notre société a réalisé de grands progrès dans la lutte contre la pauvreté. Leur expérience personnelle les amène-t-elle à croire que la pauvreté a régressé? Au tableau II, il est étonnant de constater la faible proportion de répondants, 23,3%, qui considèrent que la pauvreté des familles a diminué. Plus étonnant encore, c'est la proportion très élevée de répondants, 41%, qui considèrent que la pauvreté a augmenté. À ce sujet, les femmes ont une perception de la situation plus pessimiste que les hommes. Parce qu'elles gèrent le budget familial? Ou parce que la situation personnelle de plusieurs d'entre elles s'est dégradée ces dernières années suite à l'augmentation du taux de divorce et de séparation? Dans le sondage, on constate en effet que les gens séparés et divorcés sont encore plus pessimistes que les autres sur cette question. Tous les groupes les plus vulnérables économiquement, ceux

---

2. J. Kenneth Galbraith, *The Affluent Society,* A Newton Book, 1978.

TABLEAU II

Croyez-vous que le nombre de familles pauvres au Québec
au cours des dix dernières années a augmenté,
est resté stable ou a diminué?

Passé de 20.7% (1971) à 13% (1980)

	Augmenté %	Stable %	Diminué %
Ensemble de la population	41,0	35,7	23,3
Sexe			
Hommes	40,3	32,9	26,8
Femmes	41,6	38,9	20,2
Âge			
18-24	36,2	36,1	27,6
25-34	39,0	39,1	21,9
35-44	42,9	38,8	18,3
45-54	47,5	31,6	20,9
55-64	41,0	30,5	28,5
65 et plus	42,9	31,0	26,1
Statut			
Marié	40,7	37,2	22,0
Séparé	57,3	32,4	10,3
Divorcé	60,9	22,6	16,6
Veuf	44,5	26,0	29,5
Célibataire	36,9	35,7	27,3
Années de scolarité			
0- 7	46,0	36,2	17,9
8-11	45,8	35,7	18,5
12-15	35,8	37,2	27,1
16 et plus	37,6	31,4	31,0
Genre d'occupation			
Emploi: temps plein	37,7	36,1	26,2
temps partiel	40,1	38,7	21,2
Chômage	57,9	26,4	15,8
Retraite	42,1	32,9	25,0
Études	34,9	35,8	29,3

	Augmenté %	Stable %	Diminué %
Au foyer	42,3	40,3	17,4
Malade-acc.	58,7	22,1	19,2
Autres	78,9	7,0	14,1
Genre d'emploi			
Professionnel	25,4	40,0	34,6
Gérance & adm.	21,2	37,2	41,7
Semi-professionnel	42,8	30,8	26,4
Petit administrateur	29,6	41,7	28,6
Bureau	31,6	40,2	28,2
Spécialisé	40,3	35,4	24,4
Semi-spécialisé	46,6	39,0	14,4
Non spécialisé	48,8	28,3	22,9
Agricole	40,4	46,8	12,8
Syndicalisation			
Oui	43,6	43,8	21,7
Non	34,5	37,5	28,1
Genre d'entreprise			
Privée	37,7	37,4	24,9
Gouvernementale	40,0	34,2	25,8
Paragouvernementale	36,7	35,3	28,0
Revenu brut annuel			
Aucun	38,6	41,1	20,4
Moins de 10 000 $	46,3	33,5	20,2
10 000 — 15 000 $	41,8	37,4	20,8
15 000 — 20 000 $	38,8	34,1	27,1
20 000 — 30 000 $	33,1	38,7	28,3
30 000 — 50 000 $	30,2	36,2	33,6
Plus de 50 000 $	27,6	21,8	50,6
Revenu brut familial			
Moins de 10 000 $	49,9	32,5	17,6
10 000 — 15 000 $	46,1	31,6	22,4
15 000 — 20 000 $	35,7	41,7	22,6
20 000 — 30 000 $	40,3	39,0	20,7
30 000 — 50 000 $	37,1	36,3	26,7
Plus de 50 000 $	24,7	35,4	39,9

qui sont le plus susceptible d'avoir eu recours aux mesures de sécurité du revenu, les chômeurs, les accidentés et les malades, les femmes au foyer et ceux qui ont de faibles revenus ont aussi une vision beaucoup plus pessimiste que la moyenne.

Encore une fois, la perception des professionnels et des administrateurs est différente des autres. Une proportion beaucoup plus forte que la moyenne considère que la pauvreté a diminué, soit 34,6 pour les professionnels et 41,7% pour les gérants et administrateurs comparés à 23,3% pour la moyenne. Les non-syndiqués ont aussi une vision plus optimiste que les syndiqués. Ceux qui sont le moins susceptible de vivre des situations de pauvreté, de la côtoyer ou d'y être sensibilisés sont donc moins pessimistes que les autres. Mais en général, les Québécois semblent rejeter l'idée que la lutte à la pauvreté est terminée et que nous vivons dans une société où il n'y a plus que des gens à l'aise.

La deuxième question relative à ce mythe est la suivante: « Croyez-vous qu'actuellement, la proportion des familles québécoises qui ont de la difficulté à boucler leur budget est:

1. moins de 10% ;
2. entre 10 et 29% ;
3. entre 30 et 49% ;
4. plus de 50%.

Cette question cherche à connaître la perception des Québécois sur la situation de richesse que connaissent l'ensemble des Québécois. On ne cherche pas à savoir s'ils ont de la difficulté à boucler leur budget mais plutôt s'ils considèrent que beaucoup de Québécois ont des problèmes. Évidemment, leur situation personnelle influence leur réponse. Le tableau III révèle un pessimisme très répandu dans toute la population. En effet, 62% des répondants considèrent que plus de 30% des familles québécoises ont de la difficulté à boucler leur budget. Aussi, est-il étonnant de constater que 16% des Québécois considèrent que plus de la moitié des familles ont des problèmes budgétaires. Les répondants les plus pessimistes à ce sujet sont les mêmes qu'à la question précédente: c'est-à-dire les personnes les moins scolarisées, au foyer, les malades et les accidentés, les chômeurs et les employés à temps partiel. Les professionnels, les gérants et les administrateurs se distinguent encore des autres catégories en étant beaucoup plus optimistes. Les réponses des Québécois à ces deux questions indiquent que la très grande majorité des Québécois ne considèrent pas qu'ils vivent dans une société d'opulence. Leur perception de la situation est très pessimiste et il serait étonnant qu'ils jugent la société québécoise suffisamment riche pour accepter de résoudre le problème du chômage par la seule redistribution des revenus.

TABLEAU III

**Croyez-vous qu'actuellement, la proportion des familles québécoises
qui ont de la difficulté à boucler leur budget est...**

	–10%	10-29%	30-50%	+50%
Ensemble de la *population*	3,3	35,0	46,0	15,7
Sexe				
Hommes	4,9	38,9	41,4	14,8
Femmes	1,9	31,5	50,0	16,5
Âge				
18-24	5,0	38,5	40,8	15,7
25-34	2,0	35,1	49,0	13,9
35-44	1,8	34,2	47,8	16,2
45-54	4,2	31,1	43,5	21,2
55-64	3,3	34,2	47,6	14,8
65 et plus	5,4	35,9	47,2	11,5
Statut				
Marié	3,2	33,1	48,1	15,6
Séparé	1,8	31,0	51,3	15,9
Divorcé	2,9	32,7	33,5	31,0
Veuf	4,4	25,7	50,8	19,1
Célibataire	3,8	41,4	41,0	13,8
Années de scolarité				
0- 7	4,0	26,9	49,7	19,4
8-11	3,6	27,7	51,6	17,2
12-15	2,4	41,6	43,8	12,2
16 et plus	4,7	43,4	34,0	17,9
Genre d'occupation				
Emploi: temps plein	3,9	36,5	44,7	14,8
temps partiel	0,5	34,6	44,6	20,3
Chômage	1,7	33,5	48,2	16,6
Retraite	5,4	42,0	41,3	11,2
Études	6,9	49,1	30,9	13,2
Au foyer	2,3	25,4	56,5	15,7
Malade-acc.	2,5	25,4	43,2	29,0
Autres	0,0	28,5	44,9	26,6

	−10%	10-29%	30-50%	+50%
Genre d'emploi				
Professionnel	10,8	44,1	32,1	13,0
Gérance & adm.	2,8	50,2	33,6	13,4
Semi-professionnel	1,1	39,4	40,9	18,6
Petit administrateur	2,7	37,0	45,1	15,1
Bureau	1,1	35,6	47,5	15,8
Spécialisé	4,1	32,9	47,8	15,2
Semi-spécialisé	5,3	34,4	46,2	14,1
Non spécialisé	2,0	36,6	42,4	18,9
Agricole	20,8	14,4	56,3	8,3
Syndicalisation				
Oui	2,9	36,2	43,0	17,9
Non	3,4	35,9	46,2	14,5
Genre d'entreprise				
Privée	3,5	35,9	45,9	14,8
Gouvernementale	1,9	37,1	45,5	15,5
Paragouvernementale	4,9	36,2	38,4	20,5
Revenu brut annuel				
Aucun	3,6	31,7	51,3	13,4
Moins de 10 000 $	3,9	35,9	42,5	17,7
10 000 — 15 000 $	2,1	32,1	52,0	13,8
15 000 — 20 000 $	5,0	33,4	46,7	15,0
20 000 — 30 000 $	2,8	42,4	41,5	13,3
30 000 — 50 000 $	1,1	42,0	36,5	20,3
Plus de 50 000 $	0,0	41,9	38,0	20,1
Revenu brut familial				
Moins de 10 000 $	4,8	36,7	41,1	17,4
10 000 — 15 000 $	3,2	34,5	45,2	17,1
15 000 — 20 000 $	3,7	30,3	50,2	15,7
20 000 — 30 000 $	2,8	36,2	47,0	14,0
30 000 — 50 000 $	0,9	37,3	47,3	14,5
Plus de 50 000 $	0,8	42,6	38,9	17,7

Le mythe de la cybernétique

Les Québécois peuvent avoir été amenés à croire qu'il faudra s'habituer à vivre dans une société de loisirs forcés ou de chômage à cause des changements technologiques. Sur cette question, les termes en vogue, hier le machinisme et aujourd'hui la robotique, la télématique, la bureautique et les images qu'ils font naître, peuvent avoir semé de nouveau dans la population l'idée que l'homme sera très bientôt remplacé par la machine et ce, de manière définitive.

Cette idée renaît à chaque période de chômage persistant. Un tel débat semblable a eu lieu au Canada à la fin des années cinquante, en période de chômage élevé. Il s'est éteint de lui-même quand les problèmes d'emploi se sont résorbés. La cybernétique, terme utilisé à cette période, a alors perdu son intérêt. [3]

Depuis quelques années, une série d'études sur les changements technologiques et sur la nature de ces changements, surtout dans le secteur des communications, ont provoqué de l'inquiétude quant à l'impact qu'ils auront sur le marché du travail au cours des prochaines années : réduction certaine de l'emploi dans certains secteurs, transformation de la nature des emplois existants, modification à l'organisation du travail, besoin pressant d'adapter la main-d'œuvre aux emplois modelés par les changements technologiques, [4] etc. Si les diverses études s'entendent généralement sur la nature de ces changements, elles arrivent toutefois plus difficilement à mesurer l'impact que ces changements produiront sur le nombre d'emplois, c'est-à-dire l'effet net sur l'emploi total. D'où la source d'inquiétude, surtout à cause du chômage actuel, élevé et persistant.

De tout temps, au cours du développement industriel, il a toujours été presque impossible de calculer à l'avance ces effets nets, à cause du processus dynamique en cause. En période de faible chômage et de forte croissance économique, on s'inquiète peu de calculer ces impacts puisque les changements technologiques augmentent alors les revenus plutôt que le chômage. Certains modèles théoriques prédisent une baisse de l'emploi, et d'autres une hausse. Selon la nature déterministe du modèle choisi et la période étudiée — court, moyen et long terme — les conclusions se contredisent. Mais un effet sur lequel

---

3. Stanley Lebergott, *Men Without Work; The Economics of Unemployment,* Stanley Lebergott (ed.), Prentice-Hall, 1964.

4. Voir à ce propos l'étude du ministère de l'Emploi et de l'Immigration, *L'évolution du marché du travail dans les années '80,* juillet 1981, (Rapport Axworthy); Science Council of Canada, *The Impact of the Micro-Electronics Revolution on Work and Workers,* Proceedings of a workshop sponsored by the Science council of Canada, Ottawa, 1980; Nora Simon et Alain Minc, *L'informatisation de la société,* La documentation française, Paris, 1978; Institut syndical européen, *L'impact de la micro-électronique sur l'emploi en Europe occidentale dans les années '80,* Bruxelles, 1979.

tous s'entendent, c'est que dans les secteurs concernés, les changements techno-logiques entraînent une hausse de productivité. Or, si la productivité augmente dans les secteurs touchés par des changements technologiques sans que la demande pour ces produits n'augmente, il est évident que le nombre total d'emploi de ces secteurs devrait diminuer. Cependant, il est difficile de prédire si l'emploi augmentera dans d'autres secteurs. Tout dépend de la façon dont se distribuera les gains de productivité et surtout des politiques adoptées pour éviter les effets négatifs. En Europe, par exemple, les milieux syndicaux proposent actuellement la réduction de la durée du travail comme une des solutions possibles aux problèmes que posent les changements techno-logiques. L'augmentation de la productivité sert alors à augmenter, en partie, le loisir de tous les travailleurs.[5]

On voit actuellement, comme ce fut le cas dans les années soixante, que l'introduction de changements technologiques, dans une période économique où la demande est insuffisante et le chômage élevé, se fait toujours dans un climat de grande inquiétude et de conflit. Les travailleurs et les milieux syndicaux s'inquiètent avec raison des effets sur l'emploi et résistent à ces changements.[6] Il est toutefois important de noter que ces mêmes changements technologiques augmentent la productivité et ne sont pas nécessairement négatifs pour l'emploi; ils peuvent même être essentiels pour conserver des emplois.

Par ailleurs, ce qui apparaît inquiétant au Canada, ce n'est pas tant la résistance de certains travailleurs à accepter de tels changements, c'est l'absence de politique de plein emploi. On peut même considérer que cette résistance disparaîtrait avec une véritable politique de plein emploi. Pourtant celle-ci ne paraît pas du tout prioritaire pour le gouvernement fédéral. En effet, dans une étude publiée en 1981 portant sur les problèmes du marché du travail dans les années 80 et connue sous le nom de rapport Axworthy, l'accent est fortement mis sur les problèmes de formation et d'adaptation de la main-d'œuvre qualifiée dans les secteurs de pointe.[7] Par ailleurs, malgré un taux de chômage très élevé, on reste muet quant à la nécessité d'une politique de l'emploi beaucoup plus agressive afin que le taux élevé de chômage actuel ne devienne chronique et qu'il ne continue à frapper plus fortement certaines régions et certains groupes, même après une reprise plus forte de l'activité économique. Or, malgré l'absence d'une telle stratégie, les recommandations du rapport Axworthy ont été très favorablement accueillies par le gouvernement fédéral.

---

5. Institut syndical européen, *La réduction du temps de travail en Europe occidentale, deuxième partie: analyse des conséquences économiques et sociales*, Bruxelles, 1980.

6. Boris Mather et al., «Les conséquences de la micro-électronique pour les travailleurs et les travailleuses au Canada», *Réflexions*, Irat, 1982.

7. Ministère de l'Emploi et de l'Immigration, *op. cit.*

Par ailleurs, le rapport Allmand, réalisé par un groupe de parlementaires canadiens qui a tenu des audiences publiques à travers le Canada, donc qui s'est mis à l'écoute des gens, propose quant à lui une politique beaucoup plus agressive face au chômage.[8] Il fixe un objectif de plein emploi de 4% pour le Canada. Or, ce rapport n'a pas été accueilli favorablement par le gouvernement canadien qui l'a très peu publicisé.

Face à une telle inertie des responsables politiques, il est fort possible que les Québécois jugent que les changements technologiques conduiront inévitablement au chômage, c'est-à-dire au loisir forcé.

Le loisir forcé peut apparaître inévitable et souhaitable pour certains groupes; on peut aussi considérer que tous les travailleurs devraient travailler moins d'heures à cause de ces changements. Deux questions du sondage ayant trait à la durée du travail visent à mieux cerner ces perceptions: la première se lit: «Dans les dix prochaines années, croyez-vous que le nombre d'heures de travail par semaine pour la majorité des gens sur le marché du travail va: augmenter, rester stable, diminuer?»

Le tableau IV indique que la grande majorité des Québécois s'attendent à une diminution de la semaine de travail, soit 68,3%. Plus les gens sont scolarisés, plus ils s'attendent à une telle diminution. Également, une plus forte proportion de ceux qui sont en emploi ou qui sont au foyer anticipent une telle diminution. La perception face à la durée du travail ne varie pas de façon systématique ni avec le revenu, ni avec l'âge ou le genre d'emploi. Toutefois, un aspect révélateur indique que les travailleurs syndiqués, beaucoup plus que les non syndiqués anticipent une telle réduction, soit 76,9% contre 66,7%. Également, les différences entre les travailleurs du secteur privé et du secteur public et parapublic peuvent s'expliquer par le fait que la syndicalisation est beaucoup plus forte dans ce dernier. Les travailleurs du secteur public et parapublic anticipent plus une diminution des heures que ceux du secteur privé. Le milieu syndical semble donc avoir contribué à sensibiliser les travailleurs à cette question. Ce résultat correspond tout à fait au comportement traditionnel du mouvement syndical en période de chômage élevé. Il est le dirigeant naturel dans ce domaine et son influence est déterminante. L'histoire du mouvement syndical et de ses luttes montre en effet qu'il s'engage systématiquement dans la promotion de la réduction du temps de travail en période de chômage élevé et persistant et ce, dans une perspective de partage de l'emploi.[9]

---

8. Chambre des Communes du Canada, *Les perspectives d'emploi pour les années 80, Du travail pour demain,* 1981, (Rapport Allmand).

9. Lise Poulin Simon, *Le loisir industriel au Canada: une histoire économique,* thèse de doctorat, université McGill, 1977.

TABLEAU IV

**Dans les dix prochaines années,
croyez-vous que le nombre d'heures de travail par semaine
pour la majorité des gens sur le marché du travail va augmenter,
va rester stable ou va diminuer ?**

	Augmenté %	Stable %	Diminué %
Ensemble de la *population*	7,0	24,7	68,3
Sexe			
Hommes	7,2	24,5	68,2
Femmes	6,8	24,8	68,4
Âge			
18-24	11,7	26,6	61,7
25-34	5,6	25,2	69,2
35-44	5,6	20,1	74,4
45-54	4,8	21,9	73,3
55-64	5,6	28,0	67,4
65 et plus	9,3	29,6	61,2
Statut			
Marié	5,1	23,7	71,2
Séparé	8,0	23,6	68,4
Divorcé	5,7	27,5	66,8
Veuf	13,1	30,8	56,7
Célibataire	10,4	25,8	63,8
Années de scolarité			
0- 7	9,4	27,1	63,5
8-11	8,2	26,9	64,9
12-15	5,8	22,1	72,1
16 et plus	4,3	23,7	72,0
Genre d'occupation			
Emploi: temps plein	5,0	24,0	70,9
temps partiel	9,5	21,2	69,3
Chômage	13,9	30,3	55,8
Retraite	9,1	28,3	62,6
Études	12,4	24,2	63,4

	Augmenté %	Stable %	Diminué %
Au foyer	5,0	24,9	70,1
Malade-acc.	15,6	27,8	56,6
Autres	13,0	42,1	44,9
Genre d'emploi			
Professionnel	4,5	25,0	70,5
Gérance & adm.	0,0	25,9	74,1
Semi-professionnel	6,8	21,0	72,2
Petit administrateur	4,1	24,3	71,6
Bureau	4,6	21,3	74,1
Spécialisé	5,0	26,5	68,4
Semi-spécialisé	6,5	22,2	71,3
Non spécialisé	10,8	21,4	67,8
Agricole	3,8	42,3	53,9
Syndicalisation			
Oui	6,0	17,1	76,9
Non	5,8	27,5	66,7
Genre d'entreprise			
Privée	5,3	25,6	69,0
Gouvernementale	7,0	17,1	75,9
Paragouvernementale	7,4	17,0	75,6
Revenu brut annuel			
Aucun	9,1	29,2	61,7
Moins de 10 000 $	9,4	24,6	66,0
10 000 — 15 000 $	4,8	23,4	71,8
15 000 — 20 000 $	4,9	19,7	75,4
20 000 — 30 000 $	3,9	23,4	72,7
30 000 — 50 000 $	3,9	25,4	70,4
Plus de 50 000 $	2,3	28,5	69,2
Revenu brut familial			
Moins de 10 000 $	9,9	27,6	62,4
10 000 — 15 000 $	6,4	32,6	61,0
15 000 — 20 000 $	7,7	27,0	65,3
20 000 — 30 000 $	3,1	21,0	75,8
30 000 — 50 000 $	3,3	19,6	77,0
Plus de 50 000 $	8,4	18,5	73,0

Deux hypothèses contradictoires peuvent cependant expliquer cette forte proportion de Québécois anticipant la réduction du temps de travail. Elle peut être attribuable à une vision optimiste du marché du travail: les Québécois, désirant eux-mêmes fortement une réduction de leur temps de travail, considèrent qu'ils pourront obtenir cet avantage au cours des dix prochaines années. Elle peut être attribuable également à une vision pessimiste du marché du travail: les Québécois ne désirent pas vraiment obtenir une réduction du temps de travail. Mais considérant les changements technologiques qui s'annoncent et les prévisions pessimistes au sujet de l'activité économique des dix prochaines années, cette baisse leur paraît inévitable car il faudra partager l'emploi entre tous les travailleurs.

La question suivante, portant sur les préférences individuelles des Québécois au sujet de la durée du travail, permet de faire une discrimination entre ces deux explications optimiste et pessimiste: «Si vous aviez le choix, laquelle des trois propositions suivantes vous intéresserait le plus:

1. travailler plus d'heures par semaine avec un salaire augmenté en conséquence?
2. travailler moins d'heures par semaine avec un salaire diminué en conséquence?
3. travailler le même nombre d'heures au même salaire qu'actuellement?»

Le tableau V indique qu'au-delà de 90% déclarent que s'ils avaient le choix, ils seraient intéressés à travailler plus (28,2%), ou le même nombre d'heures, (63,2%). Moins de 10% de ceux qui travaillent à temps plein déclarent être intéressés à travailler moins d'heures avec réduction de salaire. Ces résultats indiquent que l'hypothèse pessimiste est la plus plausible: les travailleurs québécois ne semblent pas désirer réduire leur temps de travail; au contraire, plus du quart voudraient travailler plus d'heures.

On pourrait considérer que ce résultat est attribuable à l'inflation et aux faibles progrès des salaires réels ces dernières années. Cela même si les pourcentages de travailleurs désirant travailler plus d'heures ne diminuent pas de façon systématique avec le revenu, et même si les pourcentages élevés se retrouvent plus chez les professionnels et les petits administrateurs. Il est plus que probable que certains veulent travailler plus d'heures pour des raisons économiques. L'inflation et la faible progression des salaires permet difficilement à certains de conserver leur niveau de vie. La majorité des Québécois voudraient travailler plus ou le même nombre d'heures mais ils croient qu'ils ne pourront pas le faire.

Ces résultats suggèrent que les Québécois semblent majoritairement accepter l'idée que la société des loisirs plus ou moins forcés est à nos portes et

Tableau V

Si vous aviez le choix,
laquelle des trois propositions suivantes vous intéresserait le plus?
(UNE SEULE RÉPONSE)

— Travailler plus d'heures par semaine avec un salaire augmenté en conséquence
— Travailler moins d'heures par semaine avec un salaire diminué en conséquence
— Travailler le même nombre d'heures au même salaire qu'actuellement

	+ hres	– hres	Même	Pas d'emploi
Ensemble de la	26,7	7,9	59,7	5,6
population	28,2	8,3	63,2	
Sexe				
Hommes	32,5	7,2	57,2	3,1
Femmes	21,7	8,5	62,0	7,8
Âge				
18-24	41,1	4,3	51,8	2,7
25-34	22,3	10,0	65,1	2,6
35-44	24,7	9,7	61,8	3,8
45-54	23,7	7,6	64,4	4,3
55-64	19,6	8,7	64,6	7,0
65 et plus	25,8	6,4	43,2	24,7
Statut				
Marié	24,0	8,7	62,3	5,1
Séparé	17,2	7,7	66,5	8,7
Divorcé	31,9	3,9	60,2	3,9
Veuf	14,9	9,9	56,9	18,2
Célibataire	35,9	6,2	53,6	4,3
Années de scolarité				
0- 7	23,3	5,8	57,4	13,5
8-11	29,0	6,9	58,1	5,9
12-15	27,4	8,2	61,3	3,0
16 et plus	24,0	12,9	61,8	1,4
Genre d'occupation				
Emploi: temps plein	26,4	8,7	64,6	0,3
temps partiel	22,3	10,1	67,1	0,5
Chômage	38,2	3,8	50,2	7,9
Retraite	24,9	7,1	44,5	23,4
Études	38,7	4,5	52,3	4,5

	+ hres	– hres	Même	Pas d'emploi
Au foyer	23,5	7,2	56,6	12,7
Malade-acc.	12,8	8,6	57,2	21,3
Autres	55,9	13,5	27,5	3,3
Genre d'emploi				
Professionnel	29,3	17,9	52,8	0,0
Gérance & adm.	19,9	18,1	61,9	0,0
Semi-professionnel	14,3	9,7	76,1	0,0
Petit administrateur	37,5	5,8	54,8	2,0
Bureau	22,1	11,3	66,2	0,3
Spécialisé	26,9	7,1	66,1	0,0
Semi-spécialisé	26,0	7,0	67,0	0,0
Non spécialisé	24,6	8,7	66,7	0,0
Agricole	44,4	3,7	51,9	0,0
Syndicalisation				
Oui	20,3	10,6	68,9	0,2
Non	29,9	7,8	61,9	0,4
Genre d'entreprise				
Privée	27,9	7,9	64,2	0,0
Gouvernementale	20,8	11,3	66,4	1,5
Paragouvernementale	19,8	12,0	68,2	0,0
Revenu brut annuel				
Aucun	28,9	3,7	57,5	9,9
Moins de 10 000 $	27,8	8,3	55,5	8,5
10 000 — 15 000 $	25,2	7,9	64,6	2,2
15 000 — 20 000 $	25,8	11,5	62,2	0,4
20 000 — 30 000 $	23,4	8,7	65,8	2,1
30 000 — 50 000 $	23,1	·7,3	67,4	2,2
Plus de 50 000 $	28,6	28,7	42,7	0,0
Revenu brut familial				
Moins de 10 000 $	27,1	6,6	54,0	12,3
10 000 — 15 000 $	25,3	8,5	57,2	9,0
15 000 — 20 000 $	28,9	4,9	61,5	4,7
20 000 — 30 000 $	23,8	7,8	64,9	3,5
30 000 — 50 000 $	24,8	10,3	62,9	2,0
Plus de 50 000 $	25,1	12,4	59,6	2,9

qu'il faut s'y adapter. En conséquence, ils peuvent considérer que le loisir forcé de certaines catégories — les jeunes, les travailleurs âgés et les femmes avec conjoint — n'est pas un problème très important. Peut-être croient-ils qu'il est préférable que ce soit les jeunes parce qu'ils apprécient les loisirs, les vieux parce qu'ils ont trimé dur toute leur vie et méritent de se reposer et les femmes parce qu'elles savent s'occuper des enfants et du ménage.

Or, le sondage indique que les jeunes de 18 à 24 ans désirent, encore plus que les autres, travailler plus d'heures, soit 41,1% ; et une forte proportion de personnes âgées ou à la retraite, soit près du quart, désirent aussi travailler plus d'heures. Si les Québécois acceptent le mythe de la société des loisirs, voudraient-ils faire supporter le loisir forcé par quelques groupes ou bien, malgré leur préférence à travailler autant d'heures sinon plus, accepteraient-ils eux-mêmes du loisir forcé en travaillant moins d'heures ? Les résultats paraissent indiquer qu'ils sont prêts à envisager cette dernière éventualité surtout si leurs salaires continuent à progresser pour compenser, en partie ou en totalité, ces réductions. D'ailleurs, l'expérience actuelle de plusieurs pays européens dans le domaine des relations de travail semble indiquer un tel choix.[10]

Le mythe du chômage volontaire

Les Québécois peuvent avoir accepté l'idée, répandue par un courant de recherche en économie du travail, qu'une importante proportion de chômeurs ne sont pas de véritables chômeurs.[11] Plusieurs d'entre eux entreraient sur le marché du travail ou délaisseraient des emplois satisfaisants uniquement pour profiter de l'assurance-chômage qui, selon certains, serait trop généreuse à leur égard. Le problème du chômage ne serait pas aussi important que les statistiques officielles l'indiquent puisqu'une bonne proportion de ce chômage est volontaire. Au cours des dernières années, cette thèse a trouvé beaucoup d'écho dans les journaux et elle fut publicisée par les milieux patronaux et certains milieux politiques.

---

10. Institut syndical européen, *La réduction du temps de travail en europe occidentale. Deuxième partie : analyse des conséquences économiques et sociales,* Bruxelles, 1980 ; Pierre Giraudet, *La durée du travail,* La documentation française ; *Droit social,* « Le partage du travail », janvier 1980, *Le Nouvel Observateur,* « Travail : L'horizon des trente-cinq heures », 23-29 mars 1981 ; James J. Hugues, « The Reduction in the Working Week : A Critical Look at Target 35 », *British Journal of Industrial Relations,* novembre 1980 ; Rollande Cuvillier, *Vers la réduction du temps de travail,* B.I.T., Genève 1981.

11. Guy Standing, « La notion de chômage volontaire », *Revue Internationale du Travail,* vol. 120, n° 5, septembre-octobre 1981.

On prétend que ce sont généralement les jeunes et les femmes qui ont de tels comportements sur le marché du travail. [12] C'est donc pour ces deux groupes que nous avons cherché à savoir si les Québécois partageaient cette croyance.

La question suivante nous a aidées à cerner ces perceptions : « Présentement, pensez-vous qu'il est plus difficile de trouver un emploi si on est : un jeune ? une femme ? » Si les Québécois considèrent que ces deux groupes, qui connaissent un taux de chômage plus élevé, ne devraient pas avoir plus de difficultés que les autres à se trouver un emploi c'est, doivent-ils généralement conclure, qu'ils sont plus difficiles dans leur recherche d'emplois. Leur chômage serait plus ou moins volontaire.

Le tableau VI indique qu'une très forte proportion de Québécois, soit 75,5%, considèrent qu'il est plus difficile pour les jeunes de trouver un emploi. Cette proportion varie peu et de façon non systématique selon l'âge, les années de scolarité et le revenu. Les chômeurs, les étudiants, les personnes au foyer et les travailleurs les plus qualifiés appuient cette idée davantage. Ces résultats indiquent que la majorité des Québécois n'ont pas accepté l'idée que les jeunes, qui représentent presque 50% des chômeurs québécois, soient volontairement en chômage.

Dans le cas des femmes, la situation est inversée. Le tableau VII indique la faible proportion de ceux qui considèrent que les femmes ont plus de difficulté que les autres à se trouver un emploi, soit 37,3%. Il est étonnant de constater que ces proportions varient peu selon le sexe : 34,7% pour les hommes et 39,5% pour les femmes. Ni l'âge, ni le revenu des répondants ne font apparaître de différences systématiques dans les proportions. Les gens très scolarisés, ceux dont le revenu est très élevé, les professionnels, les gérants et les administrateurs, sont ceux qui considèrent le plus que les femmes ont plus de difficulté que les autres. Il est vrai que les femmes de ces catégories socioprofessionnelles ont des problèmes plus importants que les autres catégories. Les statistiques du chômage féminin par catégorie socioprofessionnelle le prouvent bien. Ces résultats suggèrent donc que la perception d'un chômage volontaire pour un certain nombre de femmes est largement répandue dans la population, et même chez les femmes.

Faut-il admettre que le chômage des femmes est vraiment volontaire ou n'y a-t-il pas une autre explication à cette perception ? Les Québécois croient-ils que les femmes n'ont pas plus de difficulté que les autres à se trouver

---

12. M. Burstein et al., *Les Canadiens et le travail : conclusions d'une étude sur l'éthique du travail et d'une étude sur la satisfaction professionnelle*, Main-d'Œuvre et Immigration, Ottawa, 1975. Cette étude avait comme hypothèse de départ que le changement dans l'éthique du travail peut être responsable du chômage ; en conséquence, une partie de l'étude a porté sur les attitudes spécifiques des femmes et des jeunes à l'égard du travail.

TABLEAU VI

**Présentement, pensez-vous qu'il est plus difficile
de trouver un emploi si on est un jeune?**

	Oui	Non		Oui	Non
Ensemble de la			*Genre d'emploi*		
population	75,5	24,5	Professionnel	80,1	19,9
			Gérance & adm.	83,1	16,9
Sexe			Semi-professionnel	82,9	17,1
Hommes	73,5	26,5	Petit administrateur	70,6	29,4
Femmes	77,1	22,9	Bureau	73,8	26,2
			Spécialisé	74,7	25,3
Âge			Semi-spécialisé	78,8	21,2
18-24	75,1	24,9	Non spécialisé	67,5	32,5
25-34	74,1	25,9	Agricole	74,1	25,9
35-44	76,7	23,3			
45-54	79,4	20,6	*Syndicalisation*		
55-64	74,4	25,6	Oui	76,1	23,9
65 et plus	72,8	27,2	Non	74,1	25,9
Statut			*Genre d'entreprise*		
Marié	76,9	23,1	Privée	74,1	25,9
Séparé	69,4	30,6	Gouvernementale	76,6	23,4
Divorcé	79,8	20,2	Paragouvernementale	77,7	22,3
Veuf	79,2	20,8			
Célibataire	71,3	28,7	*Revenu brut annuel*		
			Aucun	77,9	22,1
Années de scolarité			Moins de 10 000 $	73,4	26,6
0- 7	74,2	25,8	10 000 — 15 000 $	80,0	20,0
8-11	74,6	25,4	15 000 — 20 000 $	72,9	27,1
12-15	76,9	23,1	20 000 — 30 000 $	78,5	21,5
16 et plus	75,5	24,5	30 000 — 50 000 $	74,4	25,6
			Plus de 50 000 $	76,5	23,5
Genre d'occupation					
Emploi: temps plein	74,6	25,4	*Revenu brut familial*		
temps partiel	75,2	24,8	Moins de 10 000 $	76,0	24,0
Chômage	78,4	21,6	10 000 — 15 000 $	75,2	24,8
Retraite	68,8	31,2	15 000 — 20 000 $	74,5	25,5
Études	79,9	20,1	20 000 — 30 000 $	77,0	23,0
Au foyer	79,8	20,2	30 000 — 50 000 $	79,1	20,9
Malade-acc.	67,1	32,9	Plus de 50 000 $	77,1	22,9
Autres	70,9	29,1			

TABLEAU VII

Présentement, pensez-vous qu'il est plus difficile
de trouver un emploi si on est une femme?

	Oui	Non		Oui	Non
Ensemble de la			*Genre d'emploi*		
population	37,3	62,7	Professionnel	54,6	45,4
			Gérance & adm.	53,5	46,5
Sexe			Semi-professionnel	50,1	49,9
Hommes	34,7	65,3	Petit administrateur	32,6	67,4
Femmes	39,5	60,5	Bureau	31,0	69,0
			Spécialisé	23,4	76,6
Âge			Semi-spécialisé	32,1	67,9
18-24	38,8	61,2	Non spécialisé	43,2	56,8
25-34	40,0	60,0	Agricole	29,4	70,6
35-44	35,1	64,9			
45-54	34,6	65,4	*Syndicalisation*		
55-64	36,8	63,2	Oui	34,3	65,7
65 et plus	34,9	65,1	Non	36,2	63,8
Statut			*Genre d'entreprise*		
Marié	36,5	63,5	Privée	33,4	66,6
Séparé	32,7	67,3	Gouvernementale	39,3	60,7
Divorcé	41,6	58,4	Paragouvernementale	42,8	57,2
Veuf	36,7	63,3			
Célibataire	39,2	60,8	*Revenu brut annuel*		
			Aucun	43,9	56,1
			Moins de 10 000 $	35,9	64,1
Années de scolarité			10 000 — 15 000 $	36,1	63,9
0- 7	34,8	65,2	15 000 — 20 000 $	33,9	66,1
8-11	35,1	64,9	20 000 — 30 000 $	33,4	66,6
12-15	35,1	64,9	30 000 — 50 000 $	37,2	62,8
16 et plus	52,8	47,2	Plus de 50 000 —	73,6	26,4
Genre d'occupation			*Revenu brut familial*		
Emploi: temps plein	34,0	66,0	Moins de 10 000 $	39,2	60,8
temps partiel	41,2	58,8	10 000 — 15 000 $	40,0	60,0
Chômage	40,7	59,3	15 000 — 20 000 $	34,3	65,7
Retraite	35,3	64,7	20 000 — 30 000 $	35,3	64,7
Études	49,2	50,8	30 000 — 50 000 $	35,5	64,5
Au foyer	40,4	59,6	Plus de 50 000 $	45,7	54,3
Malade-acc.	34,5	65,5			
Autres	27,0	73,0			

un emploi quand elles s'en donnent la peine ? Si elles subissent plus de chômage, c'est peut-être, pensent-ils, parce qu'elles ne sont pas aussi persévérantes que les autres ; ou est-ce parce qu'elles sont plus difficiles dans leur choix par goût personnel plutôt que par contrainte familiale. Il y a une autre explication tout aussi plausible. La population masculine et féminine peut encore percevoir la femme comme économiquement dépendante du conjoint et en conséquence, considérer sa recherche d'emploi comme peu sérieuse, voire même non souhaitable.

Un sondage du ministère fédéral de la Main-d'Œuvre et de l'Emploi, réalisé en 1975, indique que cette perception du rôle économique des femmes est encore largement partagée. Une question demandait aux Canadiens : «La place d'une femme est-elle au foyer ? » : 57% des hommes et 58% des femmes étaient d'accord avec cette affirmation. Plus le niveau de scolarité est faible plus cette proportion augmente. Aussi, à la question : «Une femme ne doit-elle pas travailler à moins qu'elle ne choisit de le faire ? : » 86% des hommes et 80% des femmes étaient d'accord. À la question : «Une femme doit-elle gagner de l'argent pour participer aux frais du ménage ? », seulement 41% des hommes et 57% des femmes étaient d'accord. [13]

Une grande partie de la population québécoise semble encore croire que les femmes qui entrent sur le marché du travail ont généralement plus le choix que les hommes et qu'elles ne sont pas obligées de travailler à l'extérieur, si ce n'est pour s'offrir du superflu à elles-mêmes et à leur famille. Cette idée persiste malgré la situation socio-économique des femmes qui évolue rapidement et qui leur impose de plus en plus, tout comme aux hommes, le travail rémunéré. On n'a qu'à songer à la faible progression des salaires au cours des dernières années, à l'inflation, combinée au chômage, qui font que les familles ont plus de difficulté à boucler leur budget ; au nombre élevé de femmes seules, célibataires, veuves, divorcées ; aux couples instables où la sécurité économique des femmes n'est plus garantie à vie par la famille ; aux familles monoparentales dirigées par des femmes et au taux élevé de pauvreté des femmes. Malgré cela, elles sont considérées comme ayant plus le choix que les jeunes ou les hommes et comme étant exigeantes quand elles entrent sur le marché du travail. En conséquence, si elles connaissent un taux de chômage élevé, c'est probablement du chômage volontaire dont il ne faut pas trop se préoccuper.

Les vieilles mentalités persistent même si la situation économique des femmes s'est profondément modifiée depuis plusieurs années. Non seulement sentent-elles nécessaire d'obtenir leur autonomie économique, mais leur situation économique est devenue suffisamment précaire pour rendre leur activité sur le marché du travail de plus en plus nécessaire.

---

13. *Ibid.*

Les mentalités s'adaptent donc très lentement aux réalités de la vie. Et les femmes ont intérêt à modifier ces perceptions si elles veulent occuper la place qui leur revient sur le marché du travail.

Le mythe de l'impuissance politique

Jusque dans les années trente, la science économique a supporté l'idée que dans un système de libre entreprise où tous les citoyens poursuivent leur intérêt personnel, le jeu de l'offre et de la demande fait en sorte que le chômage involontaire ne peut persister. Avec une telle vision, les gouvernements n'ont aucun rôle à jouer pour résoudre le problème du chômage : la meilleure politique étant alors celle du laisser-faire. Ce n'est que depuis les années trente que les erreurs de cette théorie ont été reconnues. L'État joue un rôle économique prépondérant pour empêcher le développement du chômage. Depuis les années soixante cependant, différentes théories économiques, anciennes et nouvelles, sont apparues. Elles remettent fortement en question la capacité de l'État de régler ce problème surtout quand le chômage et l'inflation frappent simultanément les économies.[14] La publicité accordée à ces théories a probablement amené les Québécois à croire que les gouvernements, malgré leur bonne volonté, sont incapables d'agir efficacement dans ce domaine.

Une telle croyance est peu fondée puisque dans la décennie 1970-1980, la crise économique a frappé d'autres pays industrialisés aussi durement que le Canada. Mais elle ne les a pas tous conduits à accepter un taux de chômage aussi élevé. En accordant la priorité de leurs politiques économiques à l'objectif de plein emploi, et en adoptant des politiques d'emploi énergiques, plusieurs pays ont réussi à limiter leur taux de chômage à des niveaux très inférieurs à ceux du Canada et du Québec.

L'annexe I présente les taux de chômage pour 15 pays industrialisés. D'une part, on peut remarquer qu'avec les États-Unis, la situation du Canada, et en particulier celle du Québec est la pire. D'autre part, six pays ont réussi à ne pas faire supporter cette crise par une partie des travailleurs seulement en acceptant un taux de chômage aussi élevé ; en effet, la Suède, la Norvège, l'Autriche, l'Allemagne, le Japon et les Pays-Bas ont maintenu des taux de chômage inférieurs à 4% tandis que le Québec a subi des taux de chômage toujours supérieurs à 8% pendant la même période. Il est évident que de tels résultats n'ont été atteints que parce que ces pays ont accordé priorité à l'objectif de plein emploi.

---

14. Bernard Laval, « Les théories récentes de l'emploi et du chômage », *Revue française des affaires sociales*, avril-juin 1980 ; James Tobin, « Inflation and Unemployment », *The American Economic Review*, 1972.

Les Québécois considèrent-ils que les gouvernements, responsables de la politique économique, ont fait tout ce qui était en leur pouvoir pour diminuer le chômage au Québec? Pour le savoir, nous leur avons posé la question suivante : pour diminuer le chômage, considérez-vous comme suffisante ou insuffisante l'action des gouvernements fédéral et provincial?

Le tableau VIII indique qu'une très forte majorité des Québécois, soit 76,2%, jugent insuffisante l'action du gouvernement fédéral pour diminuer le chômage. Ces proportions ne varient pas de façon systématique selon l'âge, le revenu, les années de scolarité ou le genre d'emploi. Les travailleurs à temps partiel et les gens séparés sont beaucoup plus mécontents du rôle du gouvernement fédéral que les autres; les moins mécontents étant les retraités et les femmes au foyer. Toutefois, même chez ces deux dernières catégories, encore plus de 65% trouvent insatisfaisante l'action du gouvernement fédéral, ce qui est très élevé. Par ailleurs, on peut déduire que les femmes qui travaillent à temps plein et à temps partiel constituent le groupe le plus mécontent puisque d'une part, le travail à temps partiel est principalement le lot des femmes; et que d'autre part, les femmes au foyer sont moins mécontentes que la moyenne mais le taux d'insatisfaction est aussi élevé pour l'ensemble des femmes que des hommes. En général, les travailleurs syndiqués sont plus mécontents que les non-syndiqués. Et les travailleurs du secteur public ont un taux d'insatisfaction très élevé, soit 84%.

Pour ce qui est du gouvernement provincial, le tableau IX indique que l'insatisfaction est un peu moins grande, mais elle est toutefois majoritaire : 66,6% des répondants la jugent insatisfaisante. Dans le cas du provincial comme du fédéral, les proportions ne varient pas de façon systématique selon l'âge, le revenu, les années de scolarité ou le genre d'emploi. Cependant, les travailleurs à temps partiel sont plus mécontents que les autres, mais dans le cas du provincial, les femmes au foyer sont également plus mécontentes que la moyenne. Donc dans le cas du gouvernement provincial, les femmes sont généralement plus mécontentes que les hommes de l'action gouvernementale, ce qui n'était pas le cas pour le gouvernement fédéral, où seulement les femmes au travail avaient un taux d'insatisfaction plus élevé.

Ces résultats indiquent que les Québécois n'ont pas accepté les différentes théories économiques qui, depuis la fin des années soixante, remettent fortement en question la capacité de l'État de remédier au problème du chômage. Au contraire, nos résultats indiquent que la population endosserait des politiques beaucoup plus actives dans le domaine de l'emploi.

TABLEAU VIII

Pour diminuer le chômage, considérez-vous comme suffisante ou insuffisante l'action du gouvernement fédéral ?

	Suffi-sante	Insuf-fisante		Suffi-sante	Insuf-fisante
Ensemble de la			*Genre d'emploi*		
population	23,8	76,2	Professionnel	22,6	77,4
			Gérance & adm.	24,7	75,3
Sexe			Semi-professionnel	16,2	83,8
Hommes	23,5	76,5	Petit administrateur	29,7	70,3
Femmes	24,2	75,8	Bureau	19,7	80,3
			Spécialisé	23,5	76,5
Âge			Semi-spécialisé	20,1	79,9
18-24	23,2	76,8	Non spécialisé	19,7	80,3
25-34	22,8	77,2	Agricole	31,7	68,3
35-44	21,9	78,1			
45-54	24,3	75,7	*Syndicalisation*		
55-64	23,0	77,0	Oui	18,2	81,8
65 et plus	33,8	66,2	Non	24,0	76,0
Statut			*Genre d'entreprise*		
Marié	23,2	76,8	Privée	22,6	77,4
Séparé	17,5	82,5	Gouvernementale	16,0	84,0
Divorcé	30,4	69,6	Paragouvernementale	28,4	71,6
Veuf	33,7	66,3			
Célibataire	23,4	76,6	*Revenu brut annuel*		
			Aucun	29,8	70,2
Années de scolarité			Moins de 10 000 $	23,5	76,5
0- 7	25,4	74,6	10 000 — 15 000 $	18,0	82,0
8-11	28,3	71,7	15 000 — 20 000 $	23,1	76,9
12-15	19,8	80,2	20 000 — 30 000 $	21,1	78,9
16 et plus	22,9	77,1	30 000 — 50 000 $	30,9	69,1
			Plus de 50 000 $	25,0	75,0
Genre d'occupation					
Emploi: temps plein	22,8	77,2	*Revenu brut familial*		
temps partiel	17,5	82,5	Moins de 10 000 $	22,3	77,7
Chômage	22,9	77,1	10 000 — 15 000 $	19,5	80,5
Retraite	34,0	66,0	15 000 — 20 000 $	28,3	71,7
Études	23,9	76,1	20 000 — 30 000 $	20,1	79,9
Au foyer	27,5	72,5	30 000 — 50 000 $	21,4	78,6
Malade-acc.	31,1	68,9	Plus de 50 000 $	23,3	76,7
Autres	7,9	92,1			

TABLEAU IX

Pour diminuer le chômage, considérez-vous comme suffisante ou insuffisante l'action du gouvernement provincial?

	Suffi-sante	Insuf-fisante		Suffi-sante	Insuf-fisante
Ensemble de la population	33,4	66,6	*Genre d'emploi*		
			Professionnel	29,0	71,0
			Gérance & adm.	45,6	54,4
Sexe			Semi-professionnel	33,9	66,1
Hommes	35,1	64,9	Petit administrateur	35,3	64,7
Femmes	31,7	68,3	Bureau	30,5	69,5
			Spécialisé	34,8	65,2
Âge			Semi-spécialisé	30,6	69,4
18-24	34,0	66,0	Non spécialisé	36,4	63,6
25-34	34,6	65,4	Agricole	26,2	73,8
35-44	31,1	68,9			
45-54	32,7	67,3	*Syndicalisation*		
55-64	29,3	70,7	Oui	30,8	69,2
65 et plus	39,4	60,6	Non	34,5	65,5
Statut			*Genre d'entreprise*		
Marié	31,7	68,3	Privée	32,8	67,2
Séparé	23,5	76,5	Gouvernementale	34,6	65,4
Divorcé	31,8	68,2	Paragouvernementale	32,5	67,5
Veuf	32,0	68,0			
Célibataire	38,3	61,7	*Revenu brut annuel*		
			Aucun	33,8	66,2
Années de scolarité			Moins de 10 000 $	34,1	65,9
0- 7	31,8	68,2	10 000 — 15 000 $	29,6	70,4
8-11	33,3	66,7	15 000 — 20 000 $	35,0	65,0
12-15	32,8	67,2	20 000 — 30 000 $	34,0	66,0
16 et plus	36,7	63,3	30 000 — 50 000 $	42,7	57,3
			Plus de 50 000 $	28,5	71,5
Genre d'occupation					
Emploi: temps plein	34,3	65,7	*Revenu brut familial*		
temps partiel	28,2	71,8	Moins de 10 000 $	28,8	71,2
Chômage	34,4	65,6	10 000 — 15 000 $	31,6	68,4
Retraite	36,7	63,3	15 000 — 20 000 $	34,0	66,0
Études	32,6	67,4	20 000 — 30 000 $	30,9	69,1
Au foyer	31,7	68,3	30 000 — 50 000 $	34,5	65,5
Malade-acc.	39,6	60,4	Plus de 50 000 $	37,6	62,4
Autres	29,2	70,8			

Conclusion

Nous avons cherché à voir dans ce chapitre, à l'aide d'un sondage auprès des Québécois, si leur inertie politique pouvait être attribuable en partie à certaines idées ou mythes qui les amèneraient soit à banaliser le chômage, ou à l'accepter comme un phénomène inéluctable; un phénomène presque aussi naturel que la crue des eaux au printemps.

Or, les informations tirées du sondage ne permettent pas d'accréditer l'idée que le chômage est devenu un problème relativement banal dont il ne faut pas trop s'inquiéter; même si le chômage des femmes semble moins inquiéter la population, une forte proportion de Québécois sont relativement pessimistes face à leur propre situation économique et face à celle de l'ensemble des Québécois.

Les mythes de l'opulence et du surplus n'ont généralement pas trouvé beaucoup d'écho. Un nombre aussi élevé de chômeurs québécois, 300 000 ou 400 000, doit apparaître comme une situation intenable, voire même absurde pour la population. Par ailleurs, l'idée que le chômage est peut-être devenu un problème inéluctable dans les circonstances actuelles, surtout à cause de la vitesse des changements technologiques, semble plus largement acceptée par la population. Toutefois, le sentiment d'impuissance des Québécois face à ce problème n'est peut-être pas aussi profond qu'on ne l'imagine puisqu'un grand nombre considèrent que les gouvernements pourraient faire plus que ce qu'ils ont fait dans ce domaine. Pour les Québécois, le chômage demeure donc un problème qu'il faudrait tenter de résoudre. Et l'inertie des gouvernements face à cette question ne peut être expliquée par une apathie générale de la population. Il faut en chercher les causes ailleurs.

CHAPITRE II

LES QUÉBÉCOIS ONT-ILS PERDU
LE GOÛT DU TRAVAIL?

Les Québécois paraissent s'accommoder facilement depuis plusieurs décennies d'une situation de chômage qui, selon les normes européennes, devrait être socialement et politiquement inacceptable.[1] et pourtant comme nous l'avons vu au chapitre précédent, les Québécois ne semblent pas être les victimes aveugles d'idées ou de mythes pouvant justifier une certaine passivité face au chômage. Comment expliquer alors cet accommodement relatif?

La théorie économique traditionnelle nous offre une réponse. Selon l'hypothèse implicite de cette théorie, l'activité du travail ne comporte, pour les travailleurs, que des désavantages qui sont généralement plus ou moins bien compensés par des avantages accordés par l'employeur: un salaire accompagné d'avantages sociaux. Si le travailleur peut obtenir des revenus d'autres sources que du travail, des programmes d'aide sociale ou d'assurance-chômage par exemple, à revenu égal ou semblable, les individus choisiront généralement de ne pas travailler et de profiter plutôt de loisirs rémunérés.

Dans cette perspective, un régime d'assurance-chômage qui indemnise les chômeurs pour une partie de leur salaire perdu se trouverait à répartir les coûts individuels du chômage; c'est du moins ce que prétendent l'économiste américain

---

1. Voir à cet effet l'annexe I.

M. Feldstein[2] et l'économiste québécois P. Fortin.[3] Les tenants de cette théorie ajoutent même que la libéralisation des mesures de sécurité du revenu auraient provoqué une augmentation du nombre de chômeurs. Ils en concluent qu'un des moyens de corriger cela est de réduire les prestations de chômage et d'aide sociale. Le chômage serait devenu alors un problème plutôt banal dont la correction n'exigerait pas d'effort social particulier.

Mais cette théorie repose sur l'hypothèse que le goût du travail, ou l'éthique du travail, n'existe pas. Or, des études sociologiques sur l'éthique du travail montrent que dans les sociétés industrielles, le travail rémunéré est une activité qui fournit aux hommes non seulement les moyens matériels de survivre mais aussi les moyens de mieux jouir de la vie. Pour la plupart, il est un moyen d'atteindre des objectifs extérieurs au travail lui-même et il conditionne même l'insertion sociale.[4]

À ce point de vue des sociologues, on doit ajouter une dimension politico-économique qui apparaît tout aussi fondamentale. Dans nos sociétés, le travail rénuméré est le moyen par excellence, sinon le seul:

1° d'assurer son indépendance et sa sécurité économique; avoir un emploi permet à l'individu de faire une planification économique comme il l'entend et lui donne la possibilité d'améliorer son sort, ce que les prestations publiques ne permettent pas;

2° d'obtenir un statut social généralement relié à la nature des emplois;

3° d'acquérir un certain pouvoir sur la réalité économique; l'emploi donne aux travailleurs syndiqués un pouvoir économique, pouvoir qui est d'autant plus fort que les conséquences d'une grève sont graves.

Le besoin de travailler, ou l'éthique du travail pris dans un sens très large, découle justement de ces divers avantages liés à l'emploi. En d'autres mots, l'éthique du travail est le sous-produit d'une réalité socio-économique où l'exercice d'un emploi rémunéré confère aux travailleurs un ensemble de privilèges qu'ils ne peuvent obtenir autrement. Dans cette perspective, une politique de sécurité du revenu est nettement insuffisante pour indemniser les chômeurs.

---

2. Martin Feldstein, «The Private and Social Costs of Unemployment», *American Economic Review*, mai 1978.

3. Pierre Fortin, *Chômage, Inflation et régulation de la conjoncture au Québec*, Institut de recherches C.D. Howe, 1980, pp. 36-37.

4. Mark A. Lutz, «Vers une théorie économique plus générale du travail», *Revue internationale des Sciences sociales*, vol. XXXII, 1980, UNESCO.

Notre conception du rôle de l'emploi contredit l'hypothèse fondamentale de la théorie orthodoxe à savoir que le travail n'est qu'une source de revenu[5]. Si l'attitude des Québécois face au travail s'avère conforme à notre conception de l'emploi, l'explication de la théorie économique orthodoxe à l'inertie politique face au chômage est fortement mise en doute. Il est donc essentiel d'apprécier l'attitude des travailleurs québécois sur ce sujet et de comparer dans quelle mesure elle diffère de celle d'autres travailleurs. Un sondage réalisé dans tout le Québec et dont il a été fait mention précédemment vise à faire le point sur cette question. Les résultats, analysés dans ce chapitre, permettent de discréditer la thèse selon laquelle le chômage est devenu un problème banal chez nous parce que le désir de travailler n'est pas très élevé. Pour la grande majorité des Québécois, il apparaît essentiel d'avoir un emploi.

Avec ce sondage, nous voulions aussi vérifier une seconde hypothèse : la perception que les gens se font de la réalité du chômage est-elle largement influencée par leur stabilité d'emploi relative? En d'autres mots, ceux qui ont une meilleure sécurité d'emploi, soit en raison d'un pouvoir de marché ou à cause de la négociation de mesures de protection dans l'entreprise, auraient-ils tendance à perdre de vue l'ampleur du problème des travailleurs souffrant d'instabilité d'emploi chronique comme c'est le cas pour une forte proportion de travailleurs? Les résultats de notre sondage ne permettent pas de rejeter cette hypothèse.

L'importance d'avoir un emploi

Des études menées auprès de travailleurs mis en chômage aux États-Unis, en Angleterre et en France indiquent que très souvent la perte d'un emploi impose un choc psychologique qui peut dégénérer en stress grave, en dépression ; il peut même entraîner la détérioration de la santé des chômeurs et de leurs proches.[6] Ces recherches, dont on fait état dans le chapitre sur les coûts sociaux, réalisées par des psychologues, des médecins et des sociologues ailleurs qu'au Québec, imposent une sérieuse remise en question de l'idée que l'on se fait généralement de la situation du chômeur dans nos sociétés industrielles. En effet, les travailleurs de tous les pays industriels peuvent maintenant compter, comme au Québec, sur une aide financière minimale de l'État en cas de besoin ; le chômage ne devrait donc pas produire de tels effets sur eux si la perte de

---

5. Eileen Appelbaum, « The Labor Market in Post-Keynesian Theory », *Unemployment and Inflation,* Michel J. Piore (éd.) États-Unis, 1979. Cette étude défend une hypothèse semblable à la nôtre.

6. Voir à ce sujet l'étude suivante : Harvey Brenner, *Estimating the Social Costs of National Economic Policy : Implications for Mental and Physical Health, and Criminal Aggression,* Joint Economic Committee, Congress of United States, October 1976.

l'emploi, comme le prétend la théorie orthodoxe, ne présente pas beaucoup plus pour l'individu que la perte temporaire d'une partie du revenu d'emploi. Comment expliquer ces réactions excessives?

Une première façon de déceler l'importance attachée à l'emploi c'est d'interroger les salariés eux-mêmes. Une sociologue française a mené, pour le compte de divers ministères du gouvernement français, une série d'entretiens non directifs auprès de salariés pendant la période 1975-1978.[7] À la suite de ces enquêtes, elle conclut que le travail répond à des besoins vitaux autres que financiers. Pour la plupart des interviewés, la vie sans travail était inconcevable. Même pour les travailleurs qui occupent les emplois les plus rebutants, elle conclut: «Un vécu négatif de l'activité professionnelle peut très bien cohabiter chez une même personne avec une perception très positive et valorisante du rôle que joue le travail dans la vie.»[8] Selon ces enquêtes, on constate que le travail assure non seulement la subsistance mais aussi l'aisance, le confort; il est un moyen de lutter contre la monotonie de la vie; il ordonne le temps; il augmente les contacts humains; il offre des défis constants. Les théories de la désaffectation du travail indiquent que les jeunes constituent le groupe le plus susceptible de préférer le loisir au travail, mais dans ces enquêtes, c'est leur ardeur à se chercher du travail qui frappe le plus!

Une autre méthode pour évaluer l'importance de l'emploi dans la vie des individus a été de réaliser des enquêtes auprès des salariés pour connaître les éléments qui assuraient leur satisfaction au travail. Une revue des études les plus récentes sur la satisfaction au travail conclut à ce propos que: «L'existence d'un préjugé social favorable au travail intense, à l'indépendance et à la promotion sociale et économique contribuait grandement à susciter une attitude positive à l'égard du travail.»[9] Selon les résultats d'enquêtes de divers pays ainsi que du Canada, les gens désirent occuper un emploi pour beaucoup d'autres raisons que d'obtenir un revenu.

Afin de vérifier si les Québécois entretenaient des attitudes similaires face à l'emploi, une des questions de notre sondage leur demandait «s'ils aimeraient pouvoir vivre sans être obligés de travailler». Cette question propose à l'individu de s'imaginer en situation où il aurait les moyens de ne pas travailler, par exemple en gagnant un million de dollars à la loterie, en héritant d'un oncle riche. Étant donné la nature extrême de la question, il est révélateur de constater au tableau I que seulement 38,5 de l'ensemble des répondants avouent qu'ils voudraient vivre sans travailler. Cette même question a été posée dans

---

7. Danielle Linhart, *L'appel de la sirène,* le Sycomore, Paris, 1981.

8. *Ibid.,* p. 24.

9. J.E. Thurman, «La satisfaction au travail: aperçu internatinal», *Revue internationale du travail,* novembre-décembre 1977.

TABLEAU I

Aimeriez-vous pouvoir vivre sans être obligé de travailler?

	Oui	Non		Oui	Non
Ensemble de la population	38,5	61,5	*Genre d'emploi*		
			Professionnel	30,7	69,3
			Gérance & adm.	30,1	69,9
Sexe			Semi-professionnel	41,0	59,0
Hommes	32,1	67,9	Petit administrateur	30,9	69,1
Femmes	44,1	55,9	Bureau	45,2	54,8
			Spécialisé	35,5	64,5
Âge			Semi-spécialisé	30,0	70,0
18-24	42,0	58,0	Non spécialisé	49,4	50,6
25-34	46,0	54,0	Agricole	11,5	88,5
35-44	39,9	60,1			
45-54	31,3	68,7	*Syndicalisation*		
55-64	30,2	69,8	Oui	41,4	58,6
65 et plus	29,5	70,5	Non	36,9	63,1
Statut			*Genre d'entreprise*		
Marié	39,3	60,7	Privée	36,3	63,7
Séparé	33,6	66,4	Gouvernementale	41,6	58,4
Divorcé	42,8	57,2	Paragouvernementale	49,4	50,6
Veuf	32,5	67,5			
Célibataire	38,2	61,8	*Revenu brut annuel*		
			Aucun	40,8	59,2
Années de scolarité			Moins de 10 000 $	42,5	57,5
0- 7	38,4	61,6	10 000 — 15 000 $	41,3	58,7
8-11	37,1	62,9	15 000 — 20 000 $	36,0	64,0
12-15	40,6	59,4	20 000 — 30 000 $	34,6	64,5
16 et plus	36,8	63,2	30 000 — 50 000 $	26,5	73,3
			Plus de 50 000 $	24,1	75,9
Genre d'occupation					
Emploi: temps plein	37,2	62,8	*Revenu brut familial*		
temps partiel	43,3	56,7	Moins de 10 000 $	32,4	67,6
Chômage	34,8	65,2	10 000 — 15 000 $	37,0	63,0
Retraite	30,8	69,2	15 000 — 20 000 $	44,3	55,7
Études	30,5	69,5	20 000 — 30 000 $	43,2	56,8
Au foyer	47,1	52,9	30 000 — 50 000 $	37,6	62,4
Malade-acc.	39,0	61,0	Plus de 50 000 $	39,8	60,2
Autres	13,5	86,5			

une enquête française et la comparaison des résultats des deux enquêtes indique que le travail est encore plus valorisé chez les Québécois que chez les Français: en effet, 43% des Français répondaient vouloir vivre sans être obligés de travailler. [10]

Un résultat très intéressant et révélateur est que le désir de travailler des Québécois augmente avec les classes de revenu puisque la proportion de ceux qui répondent vouloir vivre sans travailler diminue fortement avec le niveau de revenu, passant de 40,8% pour les plus faibles à 24,1% pour les plus élevés. Ce résultat suggère que l'emploi n'est pas uniquement considéré comme une source de revenu mais qu'il comporte d'autres avantages; et plus le travail est intéressant, plus le désir de travailler est intense.

Comme l'indique le tableau I, ceux qui exercent les emplois les moins spécialisés, et probablement les plus monotones, tels les non-spécialisés et les employés de bureaux, sont ceux qui répondent plus fortement vouloir vivre sans travailler. Cependant, il est important de noter que pour cette catégorie qui occupe quelquefois des emplois très rebutants, il n'y ait encore qu'une minorité qui voudraient vivre sans travailler. Au niveau des politiques, ces résultats suggèrent que la meilleure façon de soutenir l'éthique du travail consiste à améliorer la qualité des emplois.

On constate aussi que l'éthique du travail varie selon la relation des individus avec le marché du travail. L'éthique est plus forte chez les catégories qui ont déjà participé au marché du travail et qui en sont exclues; en effet, seulement 34,8% des chômeurs et 30,8% des retraités affirment vouloir vivre sans travailler. Chez les étudiants, le goût du travail est également plus fort que pour la moyenne. Ainsi, contrairement aux préjugés courants, l'éthique du travail pour ces trois groupes est élevée, même plus que pour la moyenne.

Selon les résultats de notre sondage, l'éthique du travail ne semble aucunement reliée aux années de scolarité. Ainsi, le goût du travail semble moins dépendre des caractéristiques individuelles que du type de travail ou de l'occupation. On constate également que le goût du travail augmente avec l'âge. Ces résultats ne peuvent nous amener à déduire, comme certains seraient tentés de le faire, que l'éthique du travail aurait diminué au cours des dernières années parce que les plus jeunes la partagent moins. Au contraire, l'explication qui apparaît pertinente est la suivante: le désir de travailler est toujours réparti de cette façon entre les différents groupes d'âge, et cette répartition structurelle est stable dans le temps. D'ailleurs, une étude américaine constate la même différence entre l'éthique du travail dans les divers groupes d'âge. Elle attribue cette différence, entre autres, au fait que l'éthique du travail augmente avec la maturité et sûrement aussi parce que les responsabilités augmentent avec l'âge.

10. André Gorz, *Adieu au prolétariat*, Éditions Galilée, Paris, 1980.

De plus, l'insécurité vécue par ceux qui ont connu des périodes de chômage prolongées augmenterait leur éthique du travail.[11]

Les résultats de notre sondage concordent avec cette dernière explication puisque l'éthique est plus forte chez le groupe d'âge des 18-24 ans qui entrent sur le marché du travail à une période de chômage élevé et persistant comparativement au groupe des 25-34 ans dont l'éthique est la plus faible parmi les groupes d'âge. Or, ce groupe a moins souffert du chômage lors de l'entrée sur le marché du travail puisque la situation de l'emploi dans les années 1960-70 y était meilleure qu'aujourd'hui. Pourtant, on remarque de façon ironique qu'en dépit de cette éthique plus faible, cette catégorie de salariés chôme actuellement moins que les autres catégories.

L'étude de D. J. Cherrington sur l'éthique du travail suggère aussi que le goût du travail est une valeur qui est probablement transmise d'une génération à l'autre. Or, serait-il imaginable que cet enseignement n'aie peut-être pas été suffisant dans les décennies de forte croissance? En effet, selon l'étude de Cherrington, dans les périodes de forte croissance de l'emploi, on s'est peu préoccupé, aux États-Unis, de stimuler le goût au travail puisqu'il y avait généralement peu de chômeurs. Le loisir était alors très valorisé. La génération des Québécois de 25 à 34 ans a probablement été marquée par le fameux mythe d'une société des loisirs à la portée de tous. Au cours des années soixante en effet, on a assisté à la mise en œuvre de nombreuses innovations technologiques que la période de forte croissance a permis d'adopter sans de trop fortes croissances de chômage. À cette époque, au Canada comme aux États-Unis, le problème de la désaffectation des travailleurs par rapport au travail n'avait pas de résonnance.

En somme, si l'on en juge par les résultats du tableau I, la majorité des Québécois croient que l'emploi est un élément essentiel de leur vie. Ceci confirme d'ailleurs les résultats d'un vaste sondage sur l'éthique du travail réalisé au Canada en 1975. À la question: «Je travaille plus par goût que par obligation», 70% des hommes et 73% des femmes approuvaient fortement ou légèrement, et donc une minorité seulement désapprouvait. À la question: «Selon moi, le travail ne sert qu'à gagner de l'argent, et je ne m'attends pas en retirer de la satisfaction ou du plaisir», 56% désapprouvaient fortement et 28% désapprouvaient légèrement, soit un taux de désapprobation de 84%.[12] Ces résultats

---

11. David J. Cherrington, *The Work Ethic: Working Values and Values that Work*, AMACON, New York, 1980; voir aussi, David H. Freedman, «Attitudes actuelles à l'égard du travail», *Emploi, faits et réflexions*, B.I.T., Genève, 1980.

12. M. Burstein et al., *Les Canadiens et le travail; conclusions d'une étude sur l'éthique du travail et d'une étude sur la satisfaction professionnelle*, Main-d'Œuvre et Immigration, Ottawa, 1975, p. 20.

et d'autres amenèrent les auteurs de ce rapport canadien à conclure : « En résumé, par conséquence, il est établi que les Canadiens travaillent non seulement parce qu'ils le doivent mais aussi parce qu'ils le veulent. Peu importe que leur but du travail soit d'acquérir un téléviseur couleur ou d'éprouver un sentiment de valeur personnelle, les Canadiens ont une « éthique du travail ». » [13]

Les aspects du travail que les Québécois valorisent

Les Québécois peuvent considérer le travail comme le moyen par excellence d'obtenir un revenu satisfaisant et plus satisfaisant que celui versé par l'aide sociale ou l'assurance-chômage. Le travail peut être considéré comme le seul moyen d'améliorer son niveau de vie, pour espérer de vivre un jour dans une aisance relative, pour acquérir une sécurité financière stable qui permettra la planification de projets d'avenir. Enfin, le travail peut être considéré comme le moyen par excellence pour utiliser pleinement son potentiel, pour relever des défis, pour se valoriser soi-même et aux yeux des autres ; enfin, pour se réaliser pleinement.

Pour connaître l'importance que les Québécois accordent à ces différents aspects du travail, une des questions du sondage était : « La chose la plus importante pour vous dans un emploi, est-ce : 1) un salaire élevé ; 2) un emploi stable ou permanent ; 3) ou un travail intéressant ? ».

Le tableau II indique qu'une très forte proportion des répondants, 61,5%, ont choisi le travail intéressant comme la chose la plus importante dans un emploi. Seulement 3,1% ont choisi le salaire élevé ; et enfin 35,3% ont choisi l'emploi stable.

Les réponses à cette question indiquent que la variable salaire élevé est très peu significative et que d'un groupe à l'autre, elle varie de façon très erratique. On constate plutôt que le partage se fait entre ceux qui privilégient l'emploi stable et le travail intéressant.

Par exemple, plus les gens sont âgés, plus ils privilégient l'emploi stable par rapport au travail intéressant. Également, moins les gens sont scolarisés plus ils privilégient l'emploi stable qui est choisi par 53,8% contre 41,2% pour le travail intéressant ; par contre l'emploi intéressant est choisi par 82,6% des plus scolarisés.

Ceux qui travaillent à temps plein ou à temps partiel et les étudiants privilégient aussi l'emploi intéressant plus que ceux qui sont exclus du marché du travail — les chômeurs, les retraités, les malades et les accidentés — qui eux recherchent davantage un emploi stable. Ceux qui ont des emplois moins qualifiés

---

13. *Ibid.*, p. 22.

TABLEAU II

La chose la plus importante pour vous dans un emploi, est-ce...

	Salaire élevé	Emploi stable	Travail intéressant
Ensemble de la population	3,1	35,3	61,5
Sexe			
Hommes	3,6	39,4	57,0
Femmes	2,7	31,8	65,5
Âge			
18-24	3,0	26,2	70,8
25-34	2,5	29,2	68,3
35-44	2,3	37,6	60,1
45-54	4,0	40,9	55,2
55-64	4,3	48,6	47,0
65 et plus	4,2	43,5	52,4
Statut			
Marié	3,1	37,4	59,5
Séparé	3,4	45,6	51,0
Divorcé	1,9	32,7	65,4
Veuf	4,6	43,0	52,4
Célibataire	3,2	28,0	68,8
Années de scolarité			
0- 7	5,0	53,8	41,2
8-11	3,4	44,7	51,9
12-15	2,0	25,4	72,7
16 et plus	3,0	14,4	82,6
Genre d'occupation			
Emploi: temps plein	2,9	35,9	61,2
temps partiel	3,1	28,2	68,8
Chômage	5,0	41,3	53,8
Retraite	3,5	43,1	53,4
Études	3,7	14,0	82,3
Au foyer	2,7	37,9	59,3
Malade-acc.	2,3	48,1	49,6
Autres	9,7	35,6	59,7

	Salaire élevé	Emploi stable	Travail intéressant
Genre d'emploi			
Professionnel	5,3	16,0	78,7
Gérance & adm.	2,8	21,2	76,0
Semi-professionnel	0,4	15,8	83,8
Petit administrateur	3,4	28,6	68,0
Bureau	1,6	25,2	73,2
Spécialisé	3,8	43,3	52,8
Semi-spécialisé	2,6	53,5	43,9
Non spécialisé	4,7	46,2	49,1
Agricole	5,5	59,2	35,3
Syndicalisation			
Oui	2,8	39,0	58,1
Non	2,8	31,7	64,5
Genre d'entreprise			
Privée	2,9	37,9	59,2
Gouvernementale	2,5	31,4	66,2
Paragouvernementale	4,6	19,4	76,1
Revenu brut annuel			
Aucun	4,5	33,5	62,0
Moins de 10 000 $	2,9	36,4	60,7
10 000 — 15 000 $	2,8	35,9	61,3
15 000 — 20 000 $	3,5	37,6	58,8
20 000 — 30 000 $	2,1	34,1	63,8
30 000 — 50 000 $	0,0	28,4	71,6
Plus de 50 000 $	16,8	9,3	73,9
Revenu brut familial			
Moins de 10 000 $	4,7	43,7	51,6
10 000 — 15 000 $	2,2	46,2	51,6
15 000 — 20 000 $	4,3	37,4	58,3
20 000 — 30 000 $	2,3	34,2	63,5
30 000 — 50 000 $	1,2	28,2	70,6
Plus de 50 000 $	2,9	15,8	81,3

privilégient également, plus que les autres catégories, l'emploi stable par rapport à l'emploi intéressant. Ces résultats indiquent que la stabilité d'emploi qui assure une sécurité économique et permet la planification de projets éventuels est très importante pour tous. Cependant, certaines catégories n'ont plus à s'en préoccuper ou n'ont jamais eu à s'en préoccuper à cause de leur pouvoir de négociation individuel sur le marché ; il en est ainsi par exemple des plus scolarisés, ou de ceux qui, par la syndicalisation, se sont donnés un pouvoir collectif de marché qu'ils ont pu exercer dans le domaine de la sécurité d'emploi. C'est le cas, entre autres, des employés du secteur public et parapublic qui ont pu se négocier des mesures de sécurité d'emploi plus satisfaisantes que celles du secteur privé.

Ainsi, ceux qui éprouvent la plus forte instabilité de l'emploi — les moins scolarisés, les employés les moins qualifiés, les chômeurs, les retraités, les malades ainsi que les salariés à plus faibles revenus — privilégient davantage la stabilité d'emploi et ils privilégient moins les emplois intéressants. Par ailleurs les jeunes, moins préoccupés par leur sécurité économique, recherchent moins que les plus âgés la stabilité d'emploi et recherchent plus un travail intéressant. On peut toutefois présumer que lorsque ces jeunes vieilliront, eux aussi seront préoccupés davantage par cet aspect de l'emploi.

Les deux variables, travail intéressant et emploi stable, regroupent 96,8% des réponses des Québécois : ce résultat souligne à lui seul qu'avoir un emploi s'avère très important, d'une part pour planifier sa vie, et d'autre part pour se réaliser et avoir une vie satisfaisante.

L'attitude des Québécois face à l'emploi ne diffère pas de celle des Canadiens et des Américains. Une partie du sondage de l'enquête canadienne sur l'éthique du travail visait à identifier ce que les Canadiens recherchent dans le travail. On a demandé aux répondants de classer 34 caractéristiques de l'emploi selon le niveau d'importance qu'ils lui attribuent. Or, les trois variables qui ont été utilisées dans le sondage québécois — travail intéressant, bonne sécurité d'emploi et bon salaire — se retrouvent parmi les 34 caractéristiques. L'item « travail intéressant » se classe le premier parmi les 34 et reçoit la plus forte proportion de points ; la « bonne sécurité d'emploi » se classe 12e ; et « le bon salaire » 17e. Dans cette enquête, l'emploi intéressant augmente en importance avec l'augmentation des revenus. [14]

L'enquête américaine sur l'éthique du travail constate aussi qu'à la question « Pourquoi les gens travaillent », l'argent n'est pas le principal motif de la volonté de travailler. Le principal motif est que le travail procure de la fierté, du respect, de la satisfaction personnelle et le sentiment d'être au service des autres. Ces raisons sont choisies par plus de travailleurs américains

---

14. *Ibid.*, p. 35.

que la raison d'argent. L'aspect stabilité d'emploi n'entrait pas comme variable dans ce sondage.[15]

Qu'est-ce que les Québécois sont prêts à faire pour conserver ou trouver un emploi?

Selon nos hypothèses et selon les résultats de diverses études, les Québécois, à l'instar des Canadiens, des Américains et des Français, désirent travailler; d'une part, parce que le travail leur apparaît comme un moyen de se réaliser et, d'autre part, pour s'assurer une sécurité économique. Afin de mesurer l'intensité de ce désir de travailler, quatre questions du sondage québécois ont tenté de faire le point. Les résultats apparaissent aux tableaux III, IV, V et VI.

À la question: «Pour conserver votre emploi, seriez-vous prêt(e) à suivre des cours de formation, c'est-à-dire à vous recycler?» Comme l'indique le tableau III, la très forte majorité des Québécois, soit 89,5%, répondent oui à cette question. Ce qui est intéressant ici, c'est que cette proportion varie de façon systématique seulement avec l'âge et les années de scolarité. Plus les répondants sont jeunes, plus ils sont prêts à se recycler pour conserver un emploi; cependant, même chez les plus âgés, la proportion de ceux qui accepteraient le recyclage pour conserver un emploi dépasse 75%. Quant aux années de scolarité, plus les Québécois sont scolarisés, plus ils sont prêts à se recycler; mais encore une fois, plus de 75% des moins scolarisés acceptent le recyclage pour conserver leur emploi. D'ailleurs, ce résultat qui peut paraître surprenant à première vue, l'est moins qu'on le pense; en effet, le travailleur qui n'a aujourd'hui qu'un niveau primaire peut avoir à entreprendre un cheminement long et pénible pour se recycler alors que les plus scolarisés auront un cheminement relativement court. Ces résultats indiquent que le recyclage et l'adaptation de la main-d'œuvre, nécessaires aux nouvelles technologies des divers secteurs industriels, devraient rencontrer très peu de résistance chez les travailleurs si des programmes de formation sont mis en œuvre, et si les travailleurs obtiennent des protections suffisantes quant à leurs conditions de travail.

À la question: «Maintenant, si vous êtes ou étiez à la recherche d'un emploi, seriez-vous prêt(e) à accepter un emploi vous obligeant à déménager dans une autre région du Québec?» Le résultat du tableau IV contredit, à notre avis, l'idée que les Québécois sont en général peu mobiles et sédentaires. En effet, que 52,9% des Québécois acceptent de déménager pour obtenir un emploi apparaît comme une proportion très élevée. Celle-ci passe à 65,5% pour

---

15. David J. Cherrington, *op. cit.*, p. 43.

TABLEAU III

**Pour conserver votre emploi, seriez-vous prêt(e) à suivre
des cours de formation (c'est-à-dire vous recycler)?**

	Accepter recyclage			Accepter recyclage	
	Oui	Non		Oui	Non
Ensemble de la population	89,5	10,5	*Genre d'emploi*		
			Professionnel	91,6	8,4
			Gérance & adm.	100,0	0,0
Sexe			Semi-professionnel	96,6	3,4
Hommes	88,2	11,8	Petit administrateur	89,6	10,4
Femmes	90,5	9,5	Bureau	92,5	7,5
			Spécialisé	87,8	12,2
Âge			Semi-spécialisé	83,3	16,8
18-24	94,1	5,9	Non spécialisé	87,4	12,6
25-34	96,2	3,8	Agricole	76,9	23,1
35-44	94,4	5,6			
45-54	81,6	18,4	*Syndicalisation*		
55-64	76,5	23,5	Oui	88,7	11,3
65 et plus	77,9	22,1	Non	90,4	9,6
Statut			*Genre d'entreprise*		
Marié	88,5	11,5	Privée	88,6	11,4
Séparé	87,6	12,4	Gouvernementale	92,0	8,0
Divorcé	85,9	14,1	Paragouvernementale	94,1	5,9
Veuf	78,9	21,1			
Célibataire	94,2	5,8	*Revenu brut annuel*		
			Aucun	91,1	8,9
Années de scolarité			Moins de 10 000 $	87,1	12,9
0- 7	75,5	24,5	10 000 — 15 000 $	93,0	7,0
8-11	89,1	10,9	15 000 — 20 000 $	89,4	10,6
12-15	93,6	6,4	20 000 — 30 000 $	91,4	8,6
16 et plus	97,2	2,8	30 000 — 50 000 $	88,8	11,2
			Plus de 50 000 $	95,4	4,6
Genre d'occupation					
Emploi : temps plein	89,4	10,6	*Revenu brut familial*		
temps partiel	91,5	8,5	Moins de 10 000 $	81,8	18,2
Chômage	87,5	12,5	10 000 — 15 000 $	89,1	10,9
Retraite	80,8	19,2	15 000 — 20 000 $	88,3	11,7
Études	97,1	2,9	20 000 — 30 000 $	93,6	6,4
Au foyer	91,2	8,8	30 000 — 50 000 $	92,2	7,8
Malade-acc.	86,4	13,6	Plus de 50 000 $	96,0	4,0
Autres	72,5	27,5			

TABLEAU IV

**Maintenant, si vous êtes ou étiez à la recherche d'un emploi,
seriez-vous prêt(e) à accepter un emploi
qui oblige à déménager dans une autre région du Québec?**

	Oui	Non		Oui	Non
Ensemble de la population	52,9	47,1	*Genre d'emploi*		
			Professionnel	73,9	26,1
			Gérance & adm.	81,4	18,6
Sexe			Semi-professionnel	50,3	49,3
Hommes	65,5	34,5	Petit administrateur	67,1	32,9
Femmes	41,9	58,1	Bureau	51,5	48,5
			Spécialisé	56,8	43,2
Âge			Semi-spécialisé	55,6	44,4
18-24	63,7	36,3	Non spécialisé	53,7	46,3
25-34	55,1	44,9	Agricole	55,8	44,2
35-44	54,2	45,8			
45-54	45,7	54,3	*Syndicalisation*		
55-64	43,2	56,8	Oui	57,1	42,9
65 et plus	44,9	55,1	Non	57,5	42,5
Statut			*Genre d'entreprise*		
Marié	49,8	50,2	Privée	57,2	42,8
Séparé	55,0	45,0	Gouvernementale	57,2	42,8
Divorcé	46,9	53,1	Paragouvernementale	59,1	40,9
Veuf	37,7	62,3			
Célibataire	63,6	36,4	*Revenu brut annuel*		
			Aucun	41,7	58,3
Années de scolarité			Moins de 10 000 $	47,3	52,7
0- 7	39,5	60,5	10 000 — 15 000 $	54,7	45,3
8-11	46,3	53,7	15 000 — 20 000 $	58,6	41,4
12-15	60,3	39,3	20 000 — 30 000 $	64,8	35,2
16 et plus	67,1	32,9	30 000 — 50 000 $	68,7	31,3
			Plus de 50 000 —	78,5	21,5
Genre d'occupation					
Emploi: temps plein	58,0	42,0	*Revenu brut familial*		
temps partiel	52,3	47,7	Moins de 10 000 $	43,7	56,3
Chômage	53,9	46,1	10 000 — 15 000 $	46,8	53,2
Retraite	45,7	54,3	15 000 — 20 000 $	48,5	51,5
Études	76,8	23,2	20 000 — 30 000 $	56,6	43,4
Au foyer	37,0	63,0	30 000 — 50 000 $	61,8	38,2
Malade-acc.	47,6	52,4	Plus de 50 000 $	60,2	39,8
Autres	38,2	61,8			

les hommes et à 41,9% pour les femmes. Elle est plus élevée que la moyenne chez les travailleurs à temps plein, 58%, chez les chômeurs, 53,9% et chez les étudiants, 76,8%. Plus les Québécois sont jeunes, scolarisés et ont des revenus élevés, plus ils sont prêts à déménager. Cette attitude est tout à fait logique parce que déménager pour obtenir un emploi impose aux travailleurs des coûts que les moins scolarisés, ayant généralement les revenus les plus faibles, peuvent supporter plus difficilement. Quant aux plus âgés, ils sont généralement plus attachés que les jeunes à leur communauté, à leur famille, à leurs amis et ils peuvent donc avoir plus de réticences à accepter de rebâtir à nouveau ce réseau de relations familiales et sociales. Ce qui est révélateur cependant, c'est que plus de 40% des plus âgés accepteraient quand même de déménager pour obtenir un emploi.

Deux autres questions qui cherchaient à mesurer l'intensité du désir de travailler des Québécois ont trait au salaire. Il est intéressant de les analyser ensemble. La première question était : « Pour conserver votre emploi, seriez-vous prêt(e) à accepter une baisse de salaire ? ». La deuxième : « Maintenant, si vous étiez ou êtes à la recherche d'un emploi, seriez-vous prêt(e) à accepter un emploi à un salaire équivalent à l'assurance-chômage ou à l'aide sociale ? ». Les résultats sont présentés aux tableaux V et VI.

On observe alors que pour l'ensemble des répondants, 47,0% sont prêts à accepter une baisse de salaire ; cette proportion est beaucoup plus forte chez les chômeurs, 54,5%, les étudiants, 57,2% et un peu plus forte chez les retraités, 49,8%. Ce sont des proportions très élevées qui indiquent l'importance qu'on attache à conserver un emploi.

Pour la deuxième question, la proportion est encore plus élevée : 58,4% se disent prêts à accepter des salaires équivalents à l'aide sociale ou à l'assurance-chômage pour obtenir un emploi. En comparant les proportions des deux questions selon les diverses caractéristiques des Québécois interrogés, on observe des résultats qui, à première vue, apparaissent contradictoires. Ceux qui disent oui, en plus forte proportion que la moyenne, à la question sur la baisse de salaire disent non, en plus forte proportion, à la question sur l'aide sociale et vice-versa. En fait, les plus scolarisés ainsi que les travailleurs les plus qualifiés acceptent davantage une baisse de salaire pour conserver leur emploi. Cependant, ces mêmes catégories acceptent moins des salaires équivalents à l'aide sociale et inversement pour ceux à faible scolarisation, faible qualification et faible revenu. Ils sont moins prêts que les autres à accepter une baisse de salaire pour conserver leur emploi ; mais pour occuper un emploi, ils accepteraient davantage un salaire équivalent à l'aide sociale ou à l'assurance-chômage. En fait, cette réaction est tout à fait logique. Les salariés les plus scolarisés, les plus qualifiés et à revenu élevé ont un salaire très supérieur à l'aide sociale et à l'assurance-chômage ; ils sont donc plus disposés à accepter une certaine baisse de salaire

TABLEAU V

**Pour conserver votre emploi, seriez-vous prêt(e)
à accepter une baisse de salaire?**

	Oui	Non		Oui	Non
Ensemble de la population	47,0	53,0	*Genre d'emploi*		
			Professionnel	77,2	22,8
			Gérance & adm.	56,3	43,7
Sexe			Semi-professionnel	59,2	40,8
Hommes	50,7	49,3	Petit administrateur	48,7	51,3
Femmes	43,7	56,3	Bureau	42,2	57,8
			Spécialisé	47,3	52,7
Âge			Semi-spécialisé	29,5	70,5
18-24	47,5	52,5	Non spécialisé	40,0	60,0
25-34	40,9	59,1	Agricole	48,1	51,9
35-44	51,4	48,6			
45-54	49,9	50,1	*Syndicalisation*		
55-64	47,8	52,2	Oui	49,0	51,0
65 et plus	49,9	50,1	Non	43,8	56,2
Statut			*Genre d'entreprise*		
Marié	47,1	52,9	Privée	43,6	56,4
Séparé	42,3	57,7	Gouvernementale	53,4	46,6
Divorcé	48,4	51,6	Paragouvernementale	51,1	48,9
Veuf	36,7	63,3			
Célibataire	48,4	51,6	*Revenu brut annuel*		
			Aucun	44,2	55,8
Années de scolarité			Moins de 10 000 $	46,9	53,1
0- 7	41,2	58,8	10 000 — 15 000 $	39,7	60,3
8-11	39,9	60,1	15 000 — 20 000 $	44,4	55,6
12-15	51,6	48,4	20 000 — 30 000 $	57,7	42,3
16 et plus	59,4	40,6	30 000 — 50 000 $	56,0	44,0
			Plus de 50 000 $	82,1	17,9
Genre d'occupation					
Emploi: temps plein	47,1	52,9	*Revenu brut familial*		
temps partiel	40,4	59,6	Moins de 10 000 $	49,0	51,0
Chômage	54,5	45,5	10 000 — 15 000 $	39,3	60,7
Retraite	49,8	50,2	15 000 — 20 000 $	43,1	56,9
Études	57,2	42,8	20 000 — 30 000 $	43,9	56,1
Au foyer	43,2	56,8	30 000 — 50 000 $	56,7	43,3
Malade-acc.	45,9	54,1	Plus de 50 000 $	53,5	46,5
Autres	73,2	26,8			

TABLEAU VI

Maintenant, si vous êtes ou étiez à la recherche d'un emploi, seriez-vous prêt(e) à accepter un emploi à un salaire équivalent à l'assurance-chômage ou à l'aide sociale ?

	Oui	Non		Oui	Non
Ensemble de la population	58,4	41,6	*Genre d'emploi*		
			Professionnel	57,3	42,7
			Gérance & adm.	47,0	53,0
Sexe			Semi-professionnel	50,7	49,3
Hommes	55,5	44,5	Petit administrateur	57,6	42,4
Femmes	61,0	39,0	Bureau	52,0	48,0
			Spécialisé	58,0	42,0
Âge			Semi-spécialisé	57,0	43,0
18-24	61,9	38,1	Non spécialisé	61,6	38,4
25-34	50,8	49,2	Agricole	92,0	8,0
35-44	58,4	41,6			
45-54	58,5	41,5	*Syndicalisation*		
55-64	64,3	35,7	Oui	54,2	45,8
65 et plus	68,2	31,8	Non	58,0	42,0
Statut			*Genre d'entreprise*		
Marié	59,2	40,8	Privée	57,4	42,6
Séparé	50,1	49,9	Gouvernementale	55,2	44,8
Divorcé	48,9	51,1	Paragouvernementale	52,4	47,6
Veuf	64,4	35,6			
Célibataire	56,9	43,1	*Revenu brut annuel*		
			Aucun	64,8	35,2
Années de scolarité			Moins de 10 000 $	61,3	38,7
0- 7	62,2	37,8	10 000 — 15 000 $	50,8	49,2
8-11	58,6	41,4	15 000 — 20 000 $	59,7	40,3
12-15	58,5	40,5	20 000 — 30 000 $	51,0	49,0
16 et plus	49,3	50,7	30 000 — 50 000 $	59,0	41,0
			Plus de 50 000 $	64,2	35,8
Genre d'occupation					
Emploi: temps plein	56,7	43,3	*Revenu brut familial*		
temps partiel	57,3	42,7	Moins de 10 000 $	63,1	36,9
Chômage	52,5	47,5	10 000 — 15 000 $	57,4	42,6
Retraite	67,6	32,4	15 000 — 20 000 $	59,1	40,9
Études	56,4	43,6	20 000 — 30 000 $	55,9	44,1
Au foyer	63,7	36,3	30 000 — 50 000 $	58,2	41,8
Malade-acc.	49,1	50,9	Plus de 50 000 $	56,9	43,1
Autres	48,4	51,6			

pour conserver un emploi. Cependant, s'ils n'ont pu conserver leur emploi, la baisse de salaire qu'ils subiraient en acceptant un emploi offrant un salaire équivalent à l'assurance-chômage ou à l'aide sociale est beaucoup trop élevée pour qu'ils puissent l'accepter. Dans le cas des moins scolarisés et des moins qualifiés, leur salaire n'est déjà pas très élevé; ils sont donc moins disposés que les plus hauts salariés à accepter une baisse de salaire. Cependant, s'ils n'ont pu conserver leur emploi, ils sont plus disposés à accepter des emplois offrant des salaires équivalents à l'aide sociale; d'une part, parce que l'écart entre le salaire de leur dernier emploi et le niveau de salaire équivalent à l'aide sociale est moins élevé que pour les plus qualifiés et les plus scolarisés; et d'autre part, parce que moins que ces derniers, ils ont l'espoir de pouvoir obtenir un emploi à revenu plus élevé s'ils refusent celui-ci. Éventuellement, leur salaire augmentera à plus ou moins brève échéance et ils peuvent alors espérer retrouver assez rapidement un niveau de salaire comparable à celui de leur dernier emploi. Ces résultats indiquent que pour chaque groupe de revenu, la marge de salaire à l'intérieur de laquelle ils sont prêts à travailler est peut-être plus large qu'on ne l'imagine.

Donc, contrairement à l'idée répandue par les théories sur la désincitation au travail, à l'effet que les mesures de sécurité du revenu réduisent chez les travailleurs, surtout ceux à faible revenu, le désir de travailler, on constate que la majorité des Québécois préfèrent, à revenu égal, le travail au chômage.

Ces résultats renforcent les doutes qu'on peut entretenir à l'égard du postulat économique strictement utilitariste qui prédit qu'à revenu égal, les travailleurs préféreront généralement l'inactivité au travail. Ce postulat découle, à notre avis, d'une vision médiévale de la réalité économique où le travail était une activité avilissante et sans valeur intrinsèque; les serfs travaillaient tandis que les seigneurs se complaisaient dans des activités de loisir. Dans une économie industrielle avancée, la réalité du travail apparaît tout à fait différente.

Les sondages canadiens et américains sur «l'éthique du travail», cherchaient à vérifier si en général les gens acceptaient aussi facilement de vivre d'assurance-chômage ou d'aide sociale que de travailler. Par exemple, l'enquête canadienne posait à cet effet la question suivante: «Il y a beaucoup d'emplois disponibles, mais j'aime mieux recevoir des prestations d'assurance-chômage que de travailler». Un total de 97% n'étaient pas d'accord avec cette affirmation. De plus, on demandait s'ils étaient d'accord avec cette autre affirmation: «Je voudrais travailler pendant quelque temps; puis vivre des prestations d'assurance-chômage». Un total de 95% étaient en désaccord. L'enquête canadienne en conclut que «les gens les plus susceptibles de se faire offrir des emplois au salaire minimum étaient les moins susceptibles de les repousser pour la raison que le salaire minimum est déshumanisant ou que l'assurance-chômage vaut mieux.»[16] Par exemple, une question de l'enquête

---

16. M. Burstein et al., *op. cit.*, p. 24.

canadienne était comparable à celle de l'enquête québécoise : « J'aimerais mieux recevoir des prestations d'assurance-chômage que de travailler au salaire minimum », 68% des Canadiens désapprouvaient fortement ou légèrement ce comportement.

Une enquête américaine visant à vérifier le comportement des gens par rapport aux revenus versés par l'aide sociale posait la question suivante : « S'il arrivait que vous ne fassiez pas suffisamment d'argent dans votre emploi actuel pour vous faire vivre vous-même et votre famille, quelles seraient pour vous les solutions les plus désirables ?

1. accepter l'aide sociale du gouvernement ;
2. accepter une aide sociale de l'Église ;
3. accepter de l'aide de votre famille ou de vos amis ;
4. obtenir plus de formation, vous recycler ;
5. travailler plus d'heures ou prendre un deuxième emploi ;
6. voir ma femme travailler à temps partiel ou à temps plein ;
7. changer d'emploi. »*

À cette question, ce qui apparaît le moins désirable pour les travailleurs américains, c'est d'accepter l'aide sociale du gouvernement ou de l'Église. Ce qui apparaît le plus désirable, c'est l'item recyclage ou formation. Comme le constate l'auteur de cette étude, quitter son emploi pour obtenir de l'aide sociale apparaît très peu désirable pour les travailleurs américains, même si les revenus gagnés en emploi sont très faibles. [17]

Les problèmes les plus graves du chômage

Quels types de problèmes les Québécois associent-ils au chômage ? Dans le chapitre sur les coûts sociaux, nous constatons qu'en plus des problèmes financiers qu'occasionne le chômage, plusieurs études soulignent l'importance des problèmes psychologiques et sociaux liés au chômage. Quelle est l'opinion des Québécois sur cette question ? Avec le taux de chômage élevé qui persiste au Québec depuis plusieurs années, on peut imaginer qu'un grand nombre de Québécois ont vécu une expérience de chômage à travers leur propre situation, ou celle de leurs parents ou amis. Est-elle considérée traumatisante ? La question suivante du sondage visait à mieux connaître leur perception sur cette question : « Une période économique où il y a un taux de chômage important cause plusieurs problèmes. Parmi les quatre problèmes suivants, quel est selon vous le problème le plus important relié au chômage ? Est-ce :

1. la situation humiliante dans laquelle les chômeurs se retrouvent ;

---

* Toutes les traductions de citations sont de nous.

17. M. Burstein et al., *op. cit.*, p. 24.

2. les problèmes sociaux et familiaux des chômeurs;

3. l'augmentation de la délinquance et de la criminalité;

4. l'augmentation des coûts de l'assurance-chômage et de l'aide sociale».

Le tableau VII indique que ce sont les problèmes sociaux et familiaux des chômeurs qui sont les plus importants. En effet, 40,3% des répondants considèrent ce type de problème comme le plus important; 29,4% choisissent les coûts de l'assurance-chômage et de l'aide sociale; 22,5% la criminalité et enfin 7,8% la situation humiliante.

Faut-il être surpris de constater que les problèmes sociaux liés au chômage tels la criminalité, les problèmes familiaux, la situation humiliante, et dont les médias parlent peu, soient choisis par 70,6% des répondants. On pourrait considérer que les problèmes sociaux sont surtout attribuables au manque à gagner que subissent les chômeurs. En effet, comme nous le verrons au chapitre V, l'assurance-chômage et l'aide sociale sont loin d'assurer aux travailleurs en chômage le maintien de leurs conditions de vie. Ils subissent une perte économique importante. Cependant, si on se réfère aux questions 1 et 2 du sondage, on apprend qu'il est très important d'avoir un emploi; et ce qui apparaît le plus important, c'est l'aspect intéressant du travail et son caractère stable.

En combinant les résultats à ces diverses questions, on peut alors présumer que les pathologies liées au chômage sont partiellement attribuables à la détérioration des conditions de vie du chômeur et de ses dépendants. Il faut chercher ailleurs, dans d'autres travaux, les raisons de ce choix appuyé par une aussi forte proportion de répondants québécois. Et comme nous le verrons plus loin, les études sur les coûts sociaux du chômage réalisées par des psychologues, des médecins, des criminologues ou des économistes, concluent que le chômage impose à certains des problèmes de stress et une grande insécurité qui peuvent être à la source des divers problèmes de famille, de santé, de criminalité, etc.

La réponse des Québécois à cette question indique que leur expérience personnelle confirme les résultats des divers travaux entrepris en dehors du Québec sur les coûts sociaux. Pourtant, les études québécoises et canadiennes courantes sur la question du chômage négligent généralement cet aspect. Il faut aussi noter la forte unanimité des Québécois sur cette question même si seulement dix à quinze pour cent des travailleurs étaient en chômage au moment de l'enquête. Il est certain qu'un grand nombre d'entre eux n'ont pas oublié leurs propres expériences passées ou que ces aspects du problème sont perçus à travers l'expérience de parents, d'amis ou de voisins. Il faut donc que les problèmes soient assez importants pour être ainsi perçus par ceux qui ne sont pas directement concernés.

TABLEAU VII

Une période économique où il y a un taux de chômage important amène
plusieurs problèmes. Parmi les quatre problèmes suivants,
quel est pour vous *le problème le plus important* relié au chômage.

	Situation familiale	Problèmes familiaux	Criminalité	Coûts
Ensemble de la population	7,8	40,3	22,5	29,5
Sexe				
Hommes	7,6	39,8	21,9	30,7
Hommes	7,9	40,8	23,0	28,3
Âge				
18-24	9,1	40,4	23,6	26,8
25-34	5,9	47,1	20,8	26,2
35-44	8,3	45,4	17,8	28,5
45-54	7,8	37,2	22,2	32,8
55-64	11,2	28,5	28,0	32,4
65 et plus	5,9	27,5	28,7	37,8
Statut				
Marié	7,1	41,5	21,9	29,6
Séparé	8,9	42,5	24,9	23,7
Divorcé	9,7	44,0	21,7	24,6
Veuf	13,1	23,1	29,7	34,2
Célibataire	8,3	40,1	22,3	29,2
Années de scolarité				
0- 7	6,4	35,4	20,1	38,1
8-11	9,1	32,6	25,4	32,9
12-15	7,0	45,5	22,5	25,0
16 et plus	8,9	50,5	17,6	23,0
Genre d'occupation				
Emploi: temps plein	6,9	40,8	22,9	29,5
temps partiel	9,7	41,1	24,2	25,0
Chômage	14,2	44,0	18,8	22,9
Retraite	6,0	27,5	34,4	31,6
Études	6,2	57,9	12,0	23,9

	Situation familiale	Problèmes familiaux	Criminalité	Coûts
Au foyer	8,0	38,6	19,3	34,1
Malade-acc.	8,2	25,3	24,2	42,3
Autres	20,3	44,1	35,6	0,0
Genre d'emploi				
Professionnel	10,2	50,0	13,5	26,3
Gérance & adm.	8,3	49,5	8,6	33,7
Semi-professionnel	11,2	54,6	16,6	17,6
Petit administrateur	8,1	36,2	21,1	34,6
Bureau	5,3	41,3	30,5	22,8
Spécialisé	4,6	40,3	23,2	31,9
Semi-spécialisé	10,9	31,9	21,6	35,6
Non spécialisé	6,5	39,4	24,6	29,5
Agricole	5,8	30,7	21,1	42,4
Syndicalisation				
Oui	6,9	40,5	26,1	26,5
Non	7,4	41,3	21,2	30,1
Genre d'entreprise				
Privée	6,7	38,9	22,4	32,1
Gouvernementale	8,4	46,3	24,7	20,6
Paragouvernementale	10,4	41,8	25,5	22,3
Revenu brut annuel				
Aucun	6,6	40,6	18,6	34,2
Moins de 10 000 $	9,4	37,0	25,1	28,5
10 000 — 15 000 $	5,9	38,2	25,6	30,3
15 000 — 20 000 $	5,5	46,3	21,8	26,4
20 000 — 30 000 $	7,9	47,2	21,5	23,4
30 000 — 50 000 $	6,7	50,0	10,8	32,6
Plus de 50 000 $	16,7	54,3	7,9	21,0
Revenu brut familial				
Moins de 10 000 $	10,0	37,5	24,7	27,8
10 000 — 15 000 $	9,1	33,8	26,9	30,2
15 000 — 20 000 $	5,9	40,1	23,1	30,9
20 000 — 30 000 $	8,7	41,9	20,9	28,4
30 000 — 50 000 $	5,0	44,2	21,5	29,3
Plus de 50 000 $	7,9	47,2	18,0	26,8

Un autre aspect à noter est que probablement à cause d'une plus grande vulnérabilité physique, le problème de la criminalité est perçu comme plus important par les personnes âgées : 28% du groupe âgé de 55 ans et plus et 34,9% du groupe des retraités considèrent ce problème comme le plus important en comparaison à 22,5% pour la moyenne des répondants. Les problèmes familiaux sont davantage choisis par le groupe 25-44 ans : le groupe d'âge ayant généralement des responsabilités familiales. On note aussi que les chômeurs et les étudiants choisissent davantage les problèmes sociaux et familiaux : 44% et 57,9% pour la moyenne des répondants.

Plus la scolarité est élevée, plus le revenu personnel et familial augmente, plus les problèmes sociaux et familiaux apparaissent importants. Il est clair que le chômage impose aux salariés à revenus plus élevés une perte plus importante de revenu puisque l'assurance-chômage ne compense que 60% des revenus bruts des chômeurs et ce, jusqu'à un certain niveau de salaire, inférieur au salaire industriel moyen. Toutefois, les salariés à revenus plus élevés sont plus susceptibles d'avoir des épargnes ou de pouvoir emprunter pendant leur période de chômage. Par ailleurs, dans une autre question du sondage, on constate que plus le revenu est élevé, plus les travailleurs considèrent important l'aspect intéressant du travail. Ces résultats semblent indiquer que pour les salariés à revenu élevé en chômage, les problèmes familiaux seraient causés non seulement par les perturbations de leur consommation mais aussi par leur difficulté à se réaliser dans une activité qui leur apparaît très valorisante.

Résumé

Les principales observations qui découlent des deux premiers chapitres, soit du volet social de cette étude, sont les suivantes :

- les Québécois croient qu'il est essentiel d'avoir un emploi ;

- même un emploi plus ou moins rémunéré leur semble préférable au chômage ;

- le contenu du travail est fortement valorisé et ils désirent avoir un emploi intéressant ;

- ils sont généralement peu conscients du fait que les femmes sont plus touchées par le chômage ;

- le type d'emploi qu'ils occupent influence leur perception de la réalité ; les groupes qui ont des emplois plus qualifiés, lesquels sont généralement plus stables, ont plus tendance à trouver le problème du chômage banal ;

- une très grande majorité d'entre eux jugent insuffisante l'action du gouvernement fédéral, et dans une moindre mesure du gouvernement provincial, pour contrer le chômage.

Ces résultats peuvent ne pas en surprendre certains. Il est quand même important de rappeler ces vérités car elles remettent en question des hyptohèses sur lesquelles s'appuie un certain discours théorique et politique justifiant une passivité à l'égard du chômage. Par exemple, les coupures proposées dans les régimes de sécurité du revenu et qui, dans certains cas, ont été réalisées, s'appuient sur l'hypothèse erronnée que le travail n'est qu'une source de revenu et que la sécurité du revenu augmente le taux de chômage. Or notre analyse indique clairement que le travail est une valeur fondamentale pour les Québécois et qu'un revenu de base ne saurait le remplacer.

Chapitre III

LES COÛTS ÉCONOMIQUES DU CHÔMAGE

Le chômage coûte cher à la fois aux chômeurs et à l'ensemble de la société. D'une part, les travailleurs qui sont en chômage subissent une perte de salaire que les prestations d'assurance-chômage ne suffisent pas à combler. Et d'autre part, le chômage entraîne pour l'ensemble de la société une perte de production qui se traduit par une perte de revenu pour tous. Or il semble que la société en général a tendance à négliger ou à sous-estimer l'importance de ces pertes de revenu. Si tel est le cas, ne serait-ce pas là une partie de l'explication de l'inertie sociale face au chômage ? Ce chapitre vise justement à mettre à jour l'ampleur de ces coûts pour les chômeurs, pour la société et pour chacun des groupes qui la composent.

Ce chapitre se divise en quatre parties : la première définit ce que l'on entend par coûts économiques du chômage ; la deuxième traite de la méthode de calcul utilisée pour les évaluer ; la troisième présente notre évaluation des coûts économiques du chômage pour le Canada et le Québec ; enfin, la quatrième section ventile la répartition de ces coûts pour chacun des groupes au Québec. Le matériel présenté dans ce chapitre est un peu plus technique que celui des autres chapitres. Néanmoins, il s'adresse à tout le monde et n'exige aucune connaissance préalable pour le comprendre. La deuxième section pourrait toutefois intéresser davantage ceux qui sont familiers avec ces concepts et le lecteur plus pressé de connaître les résultats pourra l'omettre.

La notion des coûts économiques du chômage

Généralement, quand on parle des coûts économiques du chômage, nombreux sont ceux qui les identifient automatiquement aux prestations d'assurance-chômage et aux déboursés de l'aide sociale pour les personnes aptes au travail. De façon courante, la majorité des gens croient que le chômage entraîne des pertes de salaires uniquement pour ceux qui perdent leur emploi; ils croient aussi que ces pertes de revenus sont adéquatement compensées par les prestations d'assurance-chômage et d'aide sociale. Il en ressort alors que les chômeurs subissent des pertes de revenus peu élevées et que pour la société, les prestations d'assurance-chômage et d'aide sociale constituent principalement les coûts économiques du chômage.

TABLEAU I

Prestations d'assurance-chômage
60% du salaire brut assurable jusqu'au maximum assurable
1982 = 350 $, 1981 = 315 $
Québec, octobre 1981

	Répartition par catégorie industrielle				
			Manufacturier		
	Forêt	Mines	Biens durables	Biens non-durables	Cons-truction
Rémunération hebdomadaire moyenne brute	445,78	519,90	410,47	348,66	544,85
Salaire net	a) 314,04	356,00	294,36	257,57	371,35
	b) 347,69	392,00	326,91	289,12	408,05
Salaire assurable	315,00	315,00	315,00	315,00	315,00
Prestation brute	189,00	189,00	189,00	189,00	189,00
Prestation nette	a) 162,35	162,35	162,35	162,35	162,35
	b) 187,25	187,25	187,25	187,25	187,25
Prestation brute/ rémunération brute	42,4%	36,4%	46,0%	54,2%	34,7%
Prestation nette/ rémunération nette	a) 51,7%	45,6%	55,2%	63,0%	43,7%
	b) 53,8%	47,8%	57,3%	64,8%	45,9%

a) Calculé selon les exemptions personnelles de célibataire.

b) Calculé selon les exemptions personnelles d'un chef de famille de 4 personnes, dont 2 enfants, l'un âgé de 17 ans et plus et l'autre de moins de 17 ans.

Mais cette façon de concevoir les coûts économiques du chômage est erronnée à deux points de vue. Premièrement, la compensation financière accordée aux chômeurs n'est peut-être pas aussi élevée qu'on le croit. Et deuxièmement, les coûts économiques du chômage pour la société dépassent largement les pertes de revenus nets que les travailleurs, les entreprises et les gouvernements doivent subir en raison des déboursés d'assurance-chômage et d'aide sociale.

En effet, c'est un mythe de penser que les chômeurs sont pleinement compensés financièrement par les régimes publics de sécurité du revenu. Le régime d'assurance-chômage prévoit des prestations égales à 60% du salaire brut assurable, lequel ne peut dépasser 315 $ et 350 $ en 1981 et 1982 respectivement. [1]

Le tableau I ventile, pour les travailleurs des différents groupes industriels, la protection dévolue par le régime d'assurance-chômage. On constate qu'avant paiement d'impôt et de cotisations sociales, seuls les travailleurs du commerce ou des services peuvent espérer obtenir une protection égale à 60%

	Transports Communications et autres	Commerce	Assurances	Services	Total
Rémunération hebdomadaire moyenne brute	451,31	276,46	353,73	259,41	364,36
Salaire net	a) 318,53	213,43	260,65	202,95	267,10
	b) 353,28	242,58	292,30	231,45	299,05
Salaire assurable	315,00	276,46	315,00	259,41	315,00
Prestation brute	189,00	165,88	189,00	155,65	189,00
Prestation nette	a) 162,35	146,63	162,35	139,45	162,35
	b) 187,25	165,88	187,25	155,65	187,25
Prestation brute/ rémunération brute	41,9%	60,0%	53,4%	60,0%	51,9%
Prestation nette/ rémunération nette nette	a) 51,0%	68,7%	62,3%	68,7%	60,8%
nette	b) 53,2%	68,4%	64,1%	67,2%	62,6%

Source : Statistique Canada, 72-002, 71-001 ; Tables de déduction à la source (A.C., RRQ, Impôt fédéral et provincial, 1981).

___

1. Ces maximums sont des moyennes sur trois ans des gains industriels moyens de telle sorte qu'ils sont continuellement en-deçà des gains industriels moyens de l'année en cours.

de leurs revenus bruts. Dans tous les autres cas, la prestation d'assurance-chômage est largement inférieure aux gains antérieurs. Quand on compare les revenus nets, la situation s'améliore légèrement. Les travailleurs célibataires ou les pères de famille de deux enfants œuvrant dans les industries du commerce, des finances et assurances, des services et des industries manufacturières de biens non durables jouissent en effet d'une protection nette supérieure à 60%. Néanmoins, aucun travailleur ne peut bénéficier d'une protection supérieure à 69% de ses revenus nets. Or, une amputation de 31% des revenus nets, comme c'est le cas pour les travailleurs du secteur du commerce, représente une réduction du niveau de vie qui peut entraîner des coupures au niveau des dépenses essentielles et mener la famille à la pauvreté. Les salariés qui ont des revenus supérieurs à la moyenne subissent, quant à eux, une baisse importante de leur niveau de vie, puisqu'ils voient leurs revenus nets diminuer de près de la moitié. Par exemple, les employés des mines qui sont particulièrement frappés par la crise actuelle et ceux de la construction qui ont droit à la prestation maximum reçoivent une prestation nette variant entre 43 et 47% de leur rémunération nette, selon qu'ils sont célibataires ou pères de famille.

Quant aux prestations d'aide sociale, elles ne permettent pas d'échapper à la pauvreté. Ainsi au Québec, en 1981, les prestations versées pour les besoins ordinaires étaient de 331 $ par mois pour une personne seule de plus de trente ans, et de 613 $ pour une famille de deux enfants et de deux adultes. Or en 1981, les seuils de pauvreté étaient de 670,45 $ pour une personne seule et de 1 363,45 $ pour une famille de quatre personnes.[2]

Par ailleurs, il est aussi illusoire de penser que les prestations d'assurance-chômage et d'aide sociale constituent l'ensemble des coûts du chômage. Ces prestations, qui représentent une perte de revenus nets pour les groupes qui les financent, ne constituent qu'une mince partie des pertes de revenus causées par le chômage. En effet, si le chômage représente une perte de salaire pour les chômeurs, il représente aussi une perte de revenu pour toute la société. La mise au travail des ressources humaines inemployées crée une production de biens et de services qui permet aux chômeurs de gagner un salaire; mais elle permet aussi aux entreprises de réaliser des profits, aux employés actuels d'accroître leurs heures de travail et aux gouvernements de percevoir plus d'impôt. *Cet ensemble de revenus générés par la production de biens et de services résultant de l'utilisation productive des ressources humaines inemployées constitue ce que l'on appelle les coûts économiques du chômage:* en fait, cet ensemble de revenus représente la partie cachée de l'iceberg.

Les coûts économiques du chômage représentent donc la somme des revenus perdus pour les groupes: pour les chômeurs, la différence entre les

---

2. Ministère des Affaires sociales, Québec, Direction des politiques de sécurité du revenu, *Le guide descriptif des programmes de sécurité du revenu au Québec,* avril 1981, p. 3 ; Statistique Canada, *Répartition du revenu au Canada selon la taille du revenu,* cat. 13-207, Ottawa.

salaires et les prestations d'assurance-chômage et l'aide sociale; pour les travailleurs et les entreprises, les salaires et profits supplémentaires en plus des cotisations versées à l'assurance-chômage; et enfin pour les gouvernements, les impôts perdus et les dépenses encourues par l'aide sociale et l'assurance-chômage.

Cette notion des coûts économiques du chômage est une définition étroite des coûts du chômage. Elle exclut en fait toutes les dépenses indirectes encourues par la société en raison d'un taux de chômage élevé. On réfère ici aux coûts accrus de la santé physique et mentale et au niveau de la criminalité et de la délinquance; on fait aussi référence aux pertes de revenus futures qu'entraînent une diminution de l'investissement ainsi que la détérioration du capital humain. Ce que l'on appelle ici les coûts économiques du chômage ne représente qu'un estimé conservateur des coûts du chômage.

Pour calculer les coûts économiques du chômage, on fait habituellement une estimation globale de la perte de revenus pour la société que l'on répartit ensuite entre les groupes. La section qui suit décrit la méthode que nous avons utilisée pour effectuer nos calculs.

La méthode de calcul des coûts économiques ou des pertes de revenus causées par le chômage

Depuis le début des années soixante, de nombreuses études ont été effectuées pour calculer la valeur des pertes de revenus associées à la sous-utilisation des ressources humaines. La valeur *de ces pertes de revenus* est calculée à partir d'une estimation de la valeur *des pertes de production* associées au chômage. Ainsi, compte tenu de la valeur de production perdue, il est possible d'évaluer la somme des salaires, des profits et des impôts perdus. Le pionnier de ce domaine est l'économiste américain Arthur M. Okun, ancien conseiller économique des présidents Kennedy et Johnson.

La loi d'Okun

C'est en 1962 qu'Arthur M. Okun effectue une série de tests statistiques sur des données américaines pour la période 1947 à 1960.[3] Ses analyses statistiques l'amènent à dire que: «Dans la période d'après-guerre, en moyenne, tout point de pourcentage du taux de chômage supérieur à 4 pour cent est associé à une diminution du PNB réel de 3 pour cent».[4] En d'autres mots, la

---

3. Arthur Okun, « Potential G.N.P. : its measurement and significance », Okun, A., *The Political Economy of Prosperity,* The Brookings Institution, Washington, D.C., 1970.

4. *Ibid.,* p. 135.

perte de production, et par conséquent de revenus, associée à un taux de chômage de 5 pour cent plutôt que 4 pour cent serait de 3 pour cent de la production observée. Cette relation de 1 pour 3 entre les variations du taux de chômage et de la production s'appelle la loi d'Okun.

La loi d'Okun a été utilisée aux États-Unis par le Comité des conseillers économiques jusqu'au milieu des années soixante-dix. Le Comité l'utilisait dans son rapport annuel au Président pour calculer la perte de production associée au chômage. Il a abandonné cette méthode vers 1975 quand les taux de chômage ont grimpé à des taux inégalés et que la perte de production associée au chômage a atteint des sommets inacceptables.

À l'origine, la loi d'Okun permet de calculer la valeur de la perte de production ou de revenu associée à un taux de chômage supérieur à 4 pour cent. Selon cette loi, la valeur de la perte de production se calcule ainsi:

$$\text{perte de production} = \text{production réalisée} \times [\frac{3 \times (\text{taux de chômage réalisé} - 4)}{100}]$$

où le chiffre 3 est communément appelé le coefficient d'Okun.

L'exemple suivant illustre la façon dont on doit utiliser la loi d'Okun:

Exemple: si la production en 1982 est de 100 $ millions et que le taux de chômage est de 10%, alors la perte de production associée à un taux de chômage supérieur à 4% serait:

$$\text{perte de production} = 100 \text{ milliards } \$ \times [\frac{3 \times (10 - 4)}{100}]$$

$$\text{perte de production} = 100 \text{ milliards } \$ \times \frac{18}{100} = 18 \text{ \$ milliards}$$

L'équation d'Okun est utilisée couramment pour évaluer les pertes de revenu associées au chômage et dans cette étude, nous utilisons une telle équation. Toutefois, les études qui se servent d'Okun privilégient souvent un taux de chômage de plein emploi ainsi qu'un coefficient d'Okun différents de ceux d'Okun. En effet, l'exemple précédent démontre que la valeur de la perte de production associée au chômage dépend étroitement de deux facteurs: *premièrement,* de la valeur du taux de chômage de plein emploi; et *deuxièmement,* de la valeur du coefficient d'Okun. Nous allons donc discuter d'abord du choix d'Okun d'un objectif de 4 pour cent pour le taux de chômage puis des discussions relatives au coefficient d'Okun.

Le taux de chômage de plein emploi

Dans ses travaux, A.M. Okun visait avant tout à trouver une méthode simple pour calculer la production maximum que l'économie peut soutenir. Et c'est ce qu'il obtint puisque en additionnant les pertes de production causées par le chômage et la production observée, on arrive à une estimation de la production maximale. La littérature économique appelle cette production maximale *production potentielle.*

Toutefois, pour A.M. Okun, la production potentielle n'est pas nécessairement égale à la production de plein emploi. Au contraire, il précise que la production potentielle correspond à ce que l'économie peut produire tout en ayant des prix stables et une économie de libres marchés. Or, au début des années soixante, un taux de chômage de 4 pour cent lui apparaissait un objectif réaliste à l'intérieur des contraintes de stabilité des prix et de libres marchés. *Pour Okun, ce taux de chômage de 4 pour cent ne représente pas nécessairement le plein emploi mais plutôt le degré de tension qu'on peut atteindre sur le marché du travail avec des politiques traditionnelles de stabilisation et ce, sans que l'inflation ne se développe.*[5]

Les travaux qui ont été effectués à la suite d'Okun pour évaluer le potentiel de production s'inscrivent dans la même logique. Le concept de potentiel de production et le taux de chômage qui lui est associé sont donc définis par rapport à deux contraintes : d'une part, la stabilité des prix et d'autre part, l'utilisation de politiques macro-économiques conventionnelles. Il suffit donc de lever une de ces contraintes pour obtenir un autre estimé du potentiel de production. Par exemple, si l'on accompagnait les politiques de stabilisation macro-économiques par des politiques d'emploi micro-économiques, on pourrait obtenir un potentiel plus élevé sans que l'inflation n'augmente pour autant. Mais actuellement, de telles politiques ne font pas partie des hypothèses implicites au calcul du potentiel de production.[6]

---

5. « But the social target of maximum production and employment is constrained by a social desire for price stability and free markets ». *Ibid.,* p. 133. Pour une discussion du concept de production potentielle par Okun lui-même voir : A.M. Okun, « Conflicting National Goals », the American Assembly, *Jobs for Americans,* Prentice-Hall Inc., Englewood Cliffs, New Jersey, 1976.

6. Certains auteurs reconnaissent que des politiques économiques sélectives peuvent accroître la production et conséquemment la production potentielle. On affirme toutefois qu'à court terme du moins, l'augmentation de la production associée à l'adoption de politiques sélectives devrait être moindre que celle prévue par la loi d'Okun. Voir à ce sujet, John Bishop et Robert Haveman, « Selective Employment Subsidies : Can Okun's law be repealed ? », *The American Economic Review,* Papers and proceedings, May 1979. Les auteurs ne produisent cependant aucune démonstration à l'effet que l'augmentation de la production est moindre lorsqu'elle est générée par l'adoption de politiques sélectives. Les calculs que nous présentons dans ce chapitre supposent qu'une politique d'emploi micro-économique est tout aussi efficace en terme d'augmentation de la production qu'une politique macro-économique. Cette hypothèse est légitime : premièrement, parce qu'il n'existe aucune preuve sérieuse du contraire et, deuxièmement, parce qu'une politique de plein emploi micro-économique, loin de réduire l'efficacité de l'utilisation des ressources, vise à l'augmenter. Par ailleurs, notre analyse des coûts économiques du chômage vise à calculer les pertes de revenus par rapport à une économie où le plein emploi serait atteint et maintenu. Dans cette perspective les réserves de Bishop et Haveman ne s'appliquent pas puisqu'elles concernent le court terme c'est-à-dire la période pendant laquelle le taux de chômage diminuerait.

Dans cette perspective, un taux de chômage de 4 pour cent représentait pour A.M. Okun, et pour l'époque, ce qu'il est maintenant populaire d'appeler le taux de chômage non accélérationniste de l'inflation, ou encore le taux de chômage naturel[7] : c'est-à-dire le taux de chômage à atteindre avec des politiques macro-économiques conventionnelles sans augmenter le taux d'inflation. Or depuis 1975, plusieurs économistes pensent que le taux de chômage naturel a augmenté et qu'il faut donc réviser les calculs de la production potentielle.

En fait depuis quelque temps, on assiste à une dégradation rapide des niveaux du taux de chômage naturel tant aux États-Unis qu'au Canada. En 1970 par exemple, le Conseil Économique du Canada définissait le taux de chômage associé au potentiel comme oscillant entre 3 et 4 pour cent.[8] En 1977, R. Crozier calculait, pour le compte du Conference Board, le potentiel de production en utilisant un taux de chômage de 5 pour cent pour la période de 1973 à 1976.[9] En 1979, E.A. Carmichael[10], également dans le cadre d'une étude du Conference Board sur le potentiel de production, évaluait qu'en 1978, le taux de chômage associé à un haut niveau d'emploi était de 6,4 pour cent ; par ailleurs, selon lui, ce taux de chômage n'aurait pas été de 5 pour cent entre 1973 et 1976 comme le supposait R. Crozier mais il aurait varié entre 5,3 et 5,7 pour cent. Une étude récente de F. Delorme[11] évalue le potentiel de production en utilisant les taux de chômage naturel de P. Fortin et L. Phaneuf qui seraient de 6,6 pour cent pour 1978 et entre 6,4 et 6,6 pour cent pour la période 1973-1976.[12] Ainsi en moins de dix ans, le taux de chômage naturel aurait doublé. Malheureusement, plusieurs ont tendance à associer ce taux de chômage naturel au taux de chômage de plein emploi.

---

7. Pour une discussion du concept de taux de chômage naturel pour le Québec voir : P. Fortin, *Chômage, inflation et régulation de la conjoncture au Québec*, l'Institut de recherches C.D. Howe, Montréal, 1980.

8. Conseil Économique du Canada, *La tenue et le potentiel de l'économie du milieu des années 1950 au milieu des années 1970*, Ottawa, 1970, p. 18.

9. R.B. Crozier, « Performance and Potential : Perspectives on the Economy », *Canadian Business Review*, Ottawa, printemps 1977, p. 1.

10. E.A. Carmichael, *Reassessing Canada's Potential Economic Growth*, The Conference Board of Canada, Canadian Studies, n° 59, 1979, p. 41.

11. F. Delorme, *Le calcul du P.N.B. potentiel : une approche par la fonction translog*, texte d'une communication présentée au 21e Congrès Annuel de la Société canadienne des sciences économiques, les 13-14 mai 1981.

12. P. Fortin et L. Phaneuf, *Why is the Unemployment Rate so high in Canada ?*. Paper presented at the meeting of the Eastern Economic Association, Boston, May 10, 1979, and of the Canadian Economic Association, Saskatoon, May 30, 1979.

Tel que défini dans la littérature, le potentiel de production est surtout un indice de performance économique indiquant dans quelle mesure les gouvernements doivent adopter des politiques macro-économiques expansionnistes ou déflationnistes. Il s'ensuit que l'écart entre le potentiel de production et la production observée ne peut être considéré comme une mesure complète des pertes de revenus associées au chômage. Au contraire, pour évaluer ces pertes de revenus, il faut évaluer la production maximale obtenue par la pleine utilisation des ressources humaines. Or, la plupart des travaux effectués sur le potentiel de production incorporent des taux de chômage naturels supérieurs au plein emploi et aux taux de chômage observés. [13]

Les objectifs de ce chapitre diffèrent des objectifs d'Okun et des autres économistes. C'est pourquoi, même si nous nous inspirons de la loi d'Okun pour calculer les pertes de revenus associées au chômage, nous n'endossons pas, comme mesure du plein emploi, les taux de chômage naturel servant au calcul du potentiel de production.

Le taux de chômage privilégié dans cette étude n'est cependant pas égal à zéro puisque nous ne supposons pas, qu'avec le plein emploi, tous les chômeurs travaillent. En effet, on sait que même avec le plein emploi, le taux de chômage n'est jamais nul. Il y a toujours des travailleurs qui, à un moment donné, se retrouvent sans emploi, soit parce qu'ils cherchent un meilleur emploi ou parce que les fluctuations du marché font diminuer l'emploi dans certains secteurs pour l'augmenter dans d'autres ; cela s'appelle souvent du chômage frictionnel ; le taux de chômage utilisé suppose donc un certain niveau de chômage « frictionnel ».

Le taux que nous avons choisi est de 3,5%. En tant qu'indice de plein emploi, ce taux est conservateur. Une étude récente du Conseil Économique du Canada qui visait à calculer les taux de chômage frictionnel pour le Canada et Terre-Neuve évalue ces taux à 2,4% et 2,3% pour 1977. [14] Par ailleurs, notre

---

13. Ainsi dans l'étude de P. Fortin et L. Phaneuf, *ibid.*, p. 27a on retrouve pour les années suivantes des taux de chômage naturels plus élevés que les taux de chômage observés.

Canada

	Taux de chômage naturel	Taux de chômage observé
1964	4,8	4,3
1965	4,9	3,6
1966	5,0	3,3
1967	5,1	3,8
1968	5,2	4,5
1969	5,3	4,4
1973	6,4	5,6
1974	6,5	5,3

14. Harry, H. Postner, *Perspectives nouvelles sur le chômage frictionnel*, C.E.C., Ottawa 1980.

taux de 3,5% apparaît conservateur quand on le compare aux performances des économies scandinaves et allemandes où les taux de chômage varient entre 2,5 et 3,5% [15] pour les années soixante-dix et quand on le compare aux performances canadiennes, en particulier à celles de l'Ontario et de l'Alberta où, à la fin des années soixante, les taux de chômage se situaient aux environs de 3,5%. Et même en 1981, en pleine récession mondiale, le taux de chômage albertain atteint à peine 3,8%. [16] On peut donc dire que le taux de chômage choisi pour cette étude est tout à fait légitime.

Le coefficient d'Okun

Selon Okun, une réduction du taux de chômage de 1 point de pourcentage entraîne une augmentation de 3 pour cent de la production et des revenus. Le coefficient d'Okun désigne justement ce rapport de 3.

À première vue, on peut penser que le coefficient d'Okun est élevé. Mais A.M. Okun explique qu'il est le résultat de trois phénomènes qui se produisent simultanément à mesure que le taux de chômage baisse:

1° lorsque le taux de chômage diminue, l'augmentation de l'emploi est plus que proportionnelle à la réduction du taux de chômage. S'il en est ainsi, c'est que non seulement les chômeurs se trouvent-ils un emploi mais d'autres travailleurs aussi qui n'étaient pas au préalable sur le marché du travail ni classés comme chômeurs; c'est l'amélioration de l'activité économique qui amène ces derniers à participer au travail;

2° lorsque le taux de chômage diminue, la moyenne quotidienne des heures travaillées augmente puisque d'une part, certains emplois à temps partiel se transforment en emplois à temps plein, et que d'autre part, le temps supplémentaire s'accroît;

3° lorsque le taux de chômage diminue, la productivité du travail s'améliore: une amélioration de l'activité économique incite les entreprises à utiliser leur main-d'œuvre de façon plus efficace; puis l'accroissement de l'emploi se traduit généralement par une augmentation plus que proportionnelle des emplois des secteurs les plus productifs.

Plusieurs études ont été entreprises aux États-Unis pour évaluer l'impact de ces trois éléments sur la valeur du coefficient d'Okun. L'effet de la réduction du taux de chômage sur la productivité du travail a été particulièrement analysé.

---

15. O.C.D.E., *Perspectives Économiques de l'OCDE,* décembre 1981, Paris.
16. Statistique Canada, *La population active,* catalogue 71-001, décembre 1981, Ottawa.

Ces études rendent généralement valide l'utilisation d'un coefficient d'Okun égal à 3.[17]

Par ailleurs, tout au long des années soixante-dix, plusieurs recherches ont été entreprises pour évaluer le niveau de la production potentielle. Ces études utilisaient des méthodologies différentes de celle d'Okun. On peut classer ces travaux en deux groupes : d'abord ceux qui, après avoir estimé l'offre de main-d'œuvre au plein emploi, calculent la production potentielle à partir d'une estimation de la productivité du travail au plein emploi ; et les travaux qui calculent la production potentielle à partir de l'utilisation d'une fonction de production.[18] En comparant les résultats de ces études aux données réalisées, un coefficient d'Okun peut être calculé pour chacune d'elles, soit la relation implicite entre la réduction du taux de chômage et l'augmentation de la production. Ce genre de calcul a été effectué aux États-Unis à partir des principales études sur le potentiel de production. Les coefficients d'Okun ainsi estimés varient entre 2,4 et 3,5[19]. Nous avons effectué ce genre de calcul en utilisant les principales études faites au Canada sur le potentiel de production. Le coefficient d'Okun implicite à ces études oscille entre 2,6 et 4,2[20]. Compte tenu de ces résultats, l'utilisation d'un coefficient d'Okun égal à 3 est tout à fait justifié.

17. Voir en particulier, Jong Keun You, « Capital utilization, productivity and output gap », *The Review of Economics and Statistics,* 1977 et George L. Perry, « Potential Output and Productivity », *Brookings Papers on Economic Activity 1,* Washington D.C., 1977. Dernièrement, certaines études ont mis en doute l'importance de l'effet de l'amélioration de l'activité économique sur la productivité du travail. Certaines études, dont celle de Robert H. Rasche et John A. Tatom, « Energy Resources and Potential G.N.P. », *Federal Reserve Bank of Saint-Louis Review,* vol. 59, 1977, prétendent que la hausse des prix de l'énergie aurait rendu une partie du stock de capital désuet et aurait par conséquent causé une baisse substantielle et permanente de la productivité du travail. Toutefois, il semble que les évidences relatives soient très minces sinon inexistantes ; à cet effet voir Walter S. Salant, « The American Economy in Transition : A Review Article », *Journal of Economic Literature,* juin 1982.

18. En ce qui concerne les études canadiennes, B.J. Drabble, *Potentiel de Production 1946 à 1970,* Conseil Économique du Canada, Ottawa 1964, utilise la méthode de la productivité alors que E.A. Carmichael, *op. cit.* et F. Delorme, *op. cit.* empruntent les fonctions de production.

19. Jeffrey M. Perloff et Michael L. Wachter, « A Production Function-Non Accelerating Inflation Approach to Potential Output, Is Measured Potential Output Too High ? » K. Brunner et A.H. Meltzer, eds., *Three Aspects of Policy and Policy-Making : Knowledge, Data and Institutions,* Carnegie-Rochester Conference Series, 10, 1979.

20. Selon nos calculs basés sur l'équation suivante, $u - \bar{u} = a + b \, (\text{QPOT}/\text{Q})$ les coefficients d'Okun implicites aux études sur le potentiel de production seraient les suivants : B.J. Drabble, 2.8, E.A. Carmichael, 4 et 4,2. On infère des études de F. Delorme et P. Davenport les coefficients respectifs suivants : 2,6 et 3,2. P. Davenport, « Capital-using technical change and long period unemployment in Canada : 1953-81 », *Journal of Post Keynesian Economics,* Automne 1982.

Les coûts économiques du chômage au Canada et au Québec

Comme nous l'avons vu précédemment, les coûts économiques du chômage tels que définis dans ce chapitre sont constitués essentiellement des pertes de revenus associées au chômage. Afin de calculer ces pertes de revenus, il convient de faire un certain nombre d'hypothèses que nous avons discutées à la section précédente. Plus spécifiquement, les résultats que nous présentons ici sont obtenus avec l'équation suivante :

$$\text{perte de production} = \text{production réalisée} \times [\frac{3 \times (\text{taux de chômage réalisé} - 3,5)}{100}]$$

où nous supposons que le taux de chômage de plein emploi est de 3,5 pour cent alors que le coefficient d'Okun est égal à 3. Les raisons justifiant le choix de ces valeurs spécifiques sont élaborées dans la section précédente.

Néanmoins, rappelons que le taux de chômage de plein emploi se justifie, en partie, par le fait qu'on ait expérimenté, dans le passé, des taux de chômage se situant autour de ce niveau. En 1966 par exemple, le taux de chômage canadien était de 3,6% alors qu'il se situait entre 2,1% pour les Prairies et 6,4% pour les provinces de l'Atlantique[21]. La conjoncture de plein emploi du milieu des années soixante ne dura pas longtemps et le taux de chômage commença à grimper dès 1967. Cette période coïncide avec le début d'une politique économique fédérale qui fait de l'inflation le principal problème de l'économie canadienne. Nous reviendrons sur la question des politiques macro-économiques dans un chapitre ultérieur ; pour l'instant, il convient de voir à quel point l'absence d'une politique de plein emploi s'avère coûteuse pour le Canada et le Québec.

À cet effet, les tableaux II et III ventilent les coûts économiques du chômage pour le Canada et le Québec. Ces chiffres sont frappants. Premièrement, ils indiquent clairement que les déboursés d'assurance-chômage et d'aide sociale constituent une infime partie des pertes de revenus associées au chômage. Ainsi, pour le Canada et le Québec, les pertes de revenus apparentes associées au chômage sont en 1981, de 9,4% et 12,5% des pertes totales de revenus. Or même si les pertes de revenus totales sont moins visibles que les coûts apparents, elles sont néanmoins des coûts réels que l'ensemble de la population doit supporter.

---

21. Statistique Canada, *La population active,* catalogue 71-201, décembre 1975.

TABLEAU II

Les coûts économiques du chômage au Canada [22]
1967-1981

	Coûts apparents				Coûts *totaux* ou pertes de revenus *totales pour* tous les groupes		
	Déboursés d'assurance-chômage		Aide sociale				
	'000,000 $	% P.N.B.	'000,000 $	% P.N.B.	000,000 $	% P.N.B.	Per capita
1967	51,5	0,08%	94,6	0,14%	1 195,4	1,8%	58,66 $
1968	118,7	0,16	166,1	0,24	2 830,9	3,9	136,75
1969	127,2	0,16	184,3	0,24	2 873,3	3,6	136,82
1970	282,9	0,3	200,1	0,2	6 169,3	7,2	289,68
1971	403,6	0,4	223,6	0,2	8 217,1	8,7	380,97
1972	829,8	0,8	216,3	0,2	8 840,0	8,4	405,49
1973	753,0	0,6	232,7	0,2	7 784,3	6,3	353,14
1974	746,6	0,5	294,1	0,2	8 409,1	5,7	376,01
1975	1 599,6	1,0	382,8	0,2	17 857,0	10,8	786,76
1976	1 712,6	0,9	481,6	0,3	21 204,4	11,1	922,21
1977	2 217,5	1,1	570,3	0,3	28 823,8	13,8	1 239,31
1978	2 627,5	1,1	654,2	0,3	33 861,9	14,7	1 441,98
1979	2 148,0	0,8	770,2	0,3	31 435,3	12,0	1 328,01
1980	2 358,5	0,8	870,2	0,3	34 783,1	12,0	1 454,51
1981	2 710,1	0,8	1 100,9	0,3	40 405,6	12,3	1 670,38

Sources : Statistique Canada, *Comptes nationaux des revenus et des dépenses, 1966-1980,* catalogue 13-201, Ottawa 1981 ; Statistique Canada, *La population active,* catalogue 71-001 ; Statistique Canada, *Revue Statistique Canada,* mai 1982, catalogue 11-003 ; Ministère des Finances, *Revue Économique,* avril 1981, Ottawa ; Québec, Ministère des Affaires sociales, *Statistiques des Affaires sociales,* différents numéros.

Deuxièmement, la dégradation de la situation de l'emploi depuis 1967 engendre des coûts dont l'ampleur est maintenant catastrophique. Ainsi comme l'indique le tableau III, le chômage coûtait à chaque Québécois 162,28 $ en 1967 alors qu'il en coûte maintenant 2 415,77 $. En 1967, les coûts économiques du chômage totalisaient 5,4% du produit provincial comparativement à 20,7% en 1981. Quand on considère que la hausse des prix de cette production en a rongé 10% [23] de la valeur en 1981, on ne peut s'empêcher de penser que le chômage

---

22. Notes techniques en annexe A à la page 93.

23. L'indice implicite des prix du PNB a passé de 222,7 en 1980 à 245 en 1981 soit une augmentation de 10%, Ministère des Finances, *Revue économique,* avril 1982, Ottawa.

TABLEAU III

Les coûts économiques du chômage au Québec[24]
1967-1981

	Coûts apparents Déboursés d'assurance-chômage		Aide sociale		Coûts *totaux* ou pertes de revenus *totales pour* tous les groupes		
	'000,000 $	% P.I.B.	'000,000 $	% P.I.B.	000,000 $	% P.I.B.	Per capita
1967	38,1	0,2%	41,8	0,2	951,6	5,4%	162,28
1968	67,0	0,4	87,0	0,5	1 692,1	9,0	285,44
1969	80,9	0,4	96,0	0,5	2 094,5	10,2	349,96
1970	118,1	0,5	101,0	0,4	2 894,9	12,3	481,44
1971	159,3	0,7	121,0	0,5	3 330,4	14,1	552,49
1972	327,2	1,3	112,1	0,4	3 781,2	14,4	624,58
1973	333,1	1,1	116,5	0,4	3 510,7	11,7	577,51
1974	383,5	1,1	146,2	0,4	4 041,4	11,4	660,04
1975	648,4	1,6	151,7	0,4	6 322,1	15,9	1 023,16
1976	742,7	1,6	209,0	0,5	7 213,8	15,6	1 156,99
1977	976,8	2,0	264,7	0,5	10 183,4	20,4	1 622,59
1978	1 148,2	2,1	315,4	0,6	12 269,9	22,2	1 955,99
1979	970,9	1,6	381,5	0,6	11 302,2	18,3	1 797,14
1980	1 046,5	1,5	476,1	0,7	13 016,1	19,2	2 062,12
1981	1 269,4	1,7	647,1	0,9	15 316,0	20,7	2 415,77

Sources: Québec, Ministère des Affaires sociales, *Statistiques des Affaires sociales, Sécurité du revenu*, 1971-1980; Québec, Commission Castonguay-Nepveu, volume V, tome I; Québec, *La conférence au sommet*, Québec 1982; Statistique Canada, *Comptes Économiques provinciaux 1965-1980*, catalogue 13-213, Ottawa 1982; Statistique Canada, Comptes nationaux des revenus et des dépenses, 1966-1980, catalogue 13-201, Ottawa 1981; Statistique Canada, *La population active*, catalogue 71-001; Statistique Canada, *Revue Statistique du Canada*, mai 1982, catalogue 11-003.

semble coûter excessivement plus cher que l'inflation[25]: 20,7% de la valeur de la production comparativement à 10%. Or le gouvernement fédéral continue néanmoins à combattre l'inflation avec des politiques qui accroissent le taux de chômage.

---

24. Notes techniques en annexe A à la page 94.
25. (Note page suivante).

Troisièmement, les tableaux suivants montrent que le Québec supporte plus que sa part des coûts du chômage. En effet en 1981, le Québec endossait 37,9% des coûts économiques du chômage alors que la population québécoise ne représentait que 26,2% de la population canadienne. Pour compenser la plus forte incidence du chômage, le Québec reçoit certains transferts à titre de compensation mais ces derniers sont loin de combler l'écart. Dans cette perspective, on ne doit pas s'étonner que les revenus du Québec per capita soient inférieurs à la moyenne nationale et à ceux de l'Ontario, de l'Alberta et de la Colombie-Britannique. Il est certain qu'une partie de cet écart provient beaucoup moins des différences de productivité que des différences au niveau du chômage.

Trop souvent on omet de souligner le fait que le Québec supporte plus que les autres l'absence d'une politique nationale de l'emploi. Or cette différence comporte d'énormes conséquences financières. La plus évidente est celle des dépenses additionnelles que le chômage génère au niveau de la santé et de la criminalité. Comme nous le verrons au chapitre suivant, le chômage engendre différentes pathologies sociales dont les Québécois doivent faire les frais. Le fardeau fiscal des Québécois résulte donc, entre autres, du simple fait qu'on laisse durer un chômage chronique.

Enfin, la quatrième observation qu'on peut tirer de ces chiffres concerne la rentabilité économique d'une politique agressive de création d'emploi. En effet, si l'on calcule les coûts économiques du chômage par chômeur, on constate qu'il est tout à fait irrationnel de ne pas avoir de politique de plein emploi. Par exemple, si l'on divise les coûts économiques du chômage québécois de 1981 par le nombre total de chômeurs officiellement reconnus et qu'on y ajoute les travailleurs découragés[26], il en résulte que chaque chômeur coûte

---

25. Certains économistes affirment que l'inflation engendre des coûts économiques sous forme de pertes de production et de revenus qui seraient extrêmement élevés. À cet effet voir entre autres Edmund S. Phelps, *Inflation Policy and Unemployment theory. The Cost-Benefit Approach to Monetary Planning*, W.W. Norton, New York 1972. Mais tous ceux qui ont inventorié systématiquement la question concluent que pour l'instant, aucune mesure quantitative précise ne peut être avancée concernant les effets pervers de l'inflation. Voir entre autres Gardner Ackley, « The Costs of Inflation », *American Economic Review,* May 1978 et Stanley Fisher et Franco Modigliani, « Towards an Understanding of the Real Effects and Costs of Inflation », *Review of World Economics,* 1978.

26. En 1981, au Québec, il y avait officiellement 311 000 chômeurs. Toutefois, il y a lieu de croire que le nombre de chômeurs est plus élevé que la statistique officielle ne le laisse croire puisque plusieurs personnes ont cherché du travail dans les six mois précédents l'enquête mais ne l'ont pas fait pendant la semaine de référence parce qu'elles ne croyaient pas qu'il y avait de l'emploi disponible. En 1981, au Québec, ces personnes classées comme chômeurs découragés totalisaient 26 000 individus. Statistique Canada, *La population active,* décembre 1981, catalogue 71-001.

66 237 \$.[27] Or, selon certains estimés,[28] il en coûterait 44 633 \$ pour créer un emploi dans le cadre de projets d'investissements publics tels l'assainissement des eaux, la construction de routes, la restauration de monuments historiques. La société québécoise a donc un intérêt économique certain à mettre en œuvre une politique d'emploi. Par ailleurs, les gains qu'elle pourrait en réaliser sont sans doute plus importants que ne le laissent croire les chiffre précédents puisque de nombreux emplois coûtent beaucoup moins chers que l'estimé de 44 633 \$.[29] De plus, une politique de plein emploi ne repose pas sur la seule création directe d'emplois. Au contraire, elle consiste en une série de mesures macro et micro-économiques visant à assurer la pleine utilisation des ressources humaines.

La répartition des coûts du chômage entre les groupes

Nous avons vu que les coûts économiques du chômage sont beaucoup plus élevés que les coûts apparents, soit les déboursés de l'assurance-chômage et d'aide sociale. De la même façon, nous allons voir que la répartition des coûts économiques entre les différents groupes n'est pas aussi évidente qu'elle peut le paraître.

Le tableau IV répartit, pour tous les groupes au Québec, les pertes de revenus associées à un taux de chômage de 10,4% au lieu de 3,5%. On constate d'abord, tout comme nous l'avons vu en début de chapitre, que les chômeurs individuellement ont à supporter des coûts élevés: ils endossent en moyenne une perte de revenu de près de 10 000 \$ chacun. Mais on constate par ailleurs que la perte de revenu brut supportée par l'ensemble des chômeurs ne représente

---

27. On divise les coûts économiques par le nombre de chômeurs qui, au plein emploi, auraient trouvé un emploi:
    main-d'œuvre 1981 + chômeurs découragés 1981 = main-d'œuvre potentielle
    2 996 000   + 26 000   = 3 022 000
    nombre de chômeurs au plein emploi:
    main-d'œuvre potentielle × ,035 = 105 770
    chômeurs 1981 + chômeurs découragés – chômeurs au plein emploi = chômeurs qui au plein emploi auront un emploi:
    311 000 + 26 000 – 105 770 = 231 230.
28. Selon une étude de R. Lacroix et Y. Rabeau, *Politiques nationales, conjonctures régionales, la stabilisation économique*, Les Presses de l'Université de Montréal, Montréal 1981, il en coûte en 1977, 31 243 \$ pour créer un emploi à l'aide de formation brute de capital fixe. En ajustant ce coût pour l'augmentation dans l'indice implicite des prix de 1977 à 1981 on obtient un coût de création d'un emploi de:
    $$31\ 243\ \$ \times \frac{\text{IIP } 1981}{\text{IIP } 1977} = 31\ 243\ \$ \times \frac{2,45}{1,714} = \cdot 44\ 633\ \$$$
29. Par exemple, dans l'étude de Rabeau et Lacroix, la création d'un poste dans la fonction publique coûte beaucoup moins cher que la mise en œuvre de travaux publics.

Tableau IV

La répartition des coûts économiques du chômage pour les groupes[30] Québec 1981 — '000,000 de $

Les chômeurs

2 311,5 $

Il s'agit des salaires bruts perdus 4 228 $ moins le total des prestations reçues au titre de l'assurance-chômage 1 269,4 $ et de l'aide sociale 647,1 $. Les coûts par chômeur sont de 9 999,54 $.

Les salariés employés

5 139,8 $

Ce sont les revenus de travail perdus 4 830,3 $ plus les cotisations d'assurance-chômage supplémentaires 309,5 $. Ces coûts représentent 1 914,26 $ par salarié employé.

Les entreprises et autres propriétaires

4 974,3 $

Ce total représente les revenus perdus au chapitre des bénéfices des corporations 1 660,6 $, de l'amortissement 1 531,6 $, des autres revenus de propriété 1 472,6 $ ainsi que les cotisations supplémentaires à l'assurance-chômage 309,5 $.

Les gouvernements

6 145,5 $

Ces coûts sont composés d'impôts directs 3 255,1 $, d'impôts indirects moins les subventions 1 592,9 $, des dépenses supplémentaires au niveau de l'assurance-chômage 650,4 $ et de l'aide sociale 647,1 $.

Tous les gouvernements supportent les coûts du chômage : le gouvernement fédéral 2 728,2 $, le gouvernement provincial 2 792,4 $ et les municipalités 624,9 $.

Si l'on additionne tous les revenus perdus pour chacun des groupes et que l'on soustrait les taxes directes qui sont comptabilisées à la fois dans les revenus des travailleurs et des entreprises ainsi que dans les revenus du gouvernement, on obtient le total des pertes de revenus : 2 311,5 $ + 5 139,8 $ + 4 974,3 $ + 6 145,5 $ − 3 255,1 $ = 15 316 $.

---

30. Notes techniques en annexe A à la page 95.

que 15,1% du total des pertes. Ce sont donc les groupes non touchés directement par le chômage qui défrayent la majeure partie des coûts.

Ainsi, les pertes de revenu que subissent les travailleurs employés sont deux fois plus élevées que celles des chômeurs. Cela peut en étonner plusieurs. L'explication, bien que non triviale, est toutefois simple. En période de plein emploi, la moyenne hebdomadaire des heures de travail est plus élevée, soit à cause d'un accroissement du temps supplémentaire ou de la transformation des emplois à temps partiel en emplois à temps plein. Par ailleurs, on observe qu'en période de forte conjoncture, la proportion des emplois bien rémunérés s'accroît, ce qui entraîne des gains de revenus pour les travailleurs. Ces phénomènes causent, pour l'ensemble des salariés employés, une perte de revenu de 4,8 $ milliards pour 1981. Si on ajoute à ce chiffre les cotisations supplémentaires de ,3 $ milliards versées à l'assurance-chômage, on obtient une perte totale de 5,1 $ milliards. Une fois de plus, on peut observer à quel point les coûts apparents sous-estiment la réalité.

Les coûts du chômage par salarié employé s'élevaient à près de 2 000 $ en 1981. Ceci représente 10,9% des rémunérations moyennes québécoises. Ainsi en 1981, le chômage a fait perdre en moyenne aux travailleurs 10,9% de leur revenu. Quand on a un emploi, on ne réalise généralement pas l'ampleur des coûts créés par le chômage. L'érosion du pouvoir d'achat causée par l'inflation qui atteignait 12,5% en 1981 est plus visible[31]. Même si les salariés ont pu obtenir des augmentations moyennes de salaires qui compensent la majeure partie des coûts de l'inflation, ils persistent à croire que l'inflation leur coûte plus que le chômage.

Les entreprises sont aussi de grandes perdantes de l'inutilisation des ressources humaines. En 1981, le chômage entraînait au Québec des pertes de revenus bruts de propriété de près de 5 $ milliards. Ces argents qui auraient pu être investis sont perdus à tout jamais: 1,7 $ milliards de bénéfices perdus pour les corporations, 1,5 $ milliards de bénéfices non répartis au chapitre de l'amortissement et 1,5 $ milliards d'autres revenus de propriété tels les revenus de placements pour les entreprises et les individus et 0,3 $ milliard de cotisations supplémentaires à payer à l'assurance-chômage.

Les coûts du chômage retombent lourdement aussi sur les gouvernements: 6,1 $ milliards. Ces coûts sont composés de 3,2 $ milliards d'impôts directs perdus, de 1,6 $ milliards perdus au niveau des impôts indirects moins les subventions et de déboursés supplémentaires de 1,3 $ milliards au niveau de l'assurance-chômage et de l'aide sociale. Ce sont des pertes de revenus de

---

31. Il s'agit ici du taux d'augmentation dans l'indice des prix à la consommation et non de l'indice implicite, Ministère des Finances, *Revue Économique*, avril 1982, Ottawa.

2,7 $ et de 2,8 $ milliards pour les gouvernements fédéral et provincial respectivement. Quant aux municipalités, elles endossent des coûts de 0,6 $ milliard.

La répartition des coûts économiques du chômage entre les groupes nous oblige à constater que le plein emploi ne bénéficie pas seulement aux chômeurs actuels mais bien à l'ensemble de la société. Le plein emploi est donc un bien collectif et sa réalisation se doit d'être une entreprise collective.

En fait, l'analyse de la répartition des coûts du chômage indique clairement que tous les groupes bénéficieraient économiquement et financièrement du plein emploi. La poursuite de cet objectif implique toutefois des déboursés ou des charges financières. Or à court terme, ni le gouvernement fédéral ni le gouvernement provincial n'y voient un avantage financier assez fort pour en entreprendre seuls l'implantation. Par ailleurs, ni les travailleurs ni les entreprises n'ont les moyens de relancer l'économie. Et ce n'est qu'une politique de plein emploi à laquelle tous les groupes participeraient qui permettrait d'en assurer la rentabilité.

Mais la participation de tous les groupes à la réalisation du plein emploi s'impose non seulement pour des raisons financières mais aussi pour des raisons d'efficacité. En effet, comme nous le verrons plus loin, aucun groupe de la société ne peut réaliser seul le plein emploi. Au contraire, ce dernier est un objectif social dont la réalisation dépend de l'action collective de chacun. On oublie trop souvent cette vérité économique que Keynes exprima clairement en 1936 dans sa *Théorie générale de l'emploi, de l'intérêt et de la monnaie*.

RÉSUMÉ

Ce chapitre qui fait état des pertes de revenu associées au chômage montre clairement que le plein emploi est économiquement avantageux pour tous les groupes et pour la société en général. On a trop souvent tendance à sous-estimer la rentabilité économique et financière du plein emploi. Malheureusement, on n'y voit que les dépenses directes associées à certaines stratégies et on conclut de façon erronée qu'il est plus rentable de subventionner les chômeurs que de créer des emplois. C'est ce que laissent sous-entendre les entrevues présentées au Chapitre IX. C'est peut-être là que réside une partie importante de l'inertie des Québécois face au chômage.

ANNEXE A

Notes techniques au tableau II de la page 85.

1) Déboursés d'assurance-chômage : ils sont estimés en supposant que les prestations d'assurance-chômage versées auraient été réduites si on avait expérimenté le plein emploi d'un montant proportionnel à la réduction du taux de chômage à 3,5% :

$$\text{déboursés d'assurance-chômage} = \text{prestations d'assurance-chômage} \times \frac{\text{taux de chômage observé} - 3,5\%}{\text{taux de chômage observé}}$$

Les prestations d'assurance-chômage pour 1981 sont estimées à partir des statistiques de 1980 :

$$\text{prestations versées en 1980} \times \frac{\text{indice prix consommation 1981}}{\text{indice prix consommation 1980}} \times \frac{\text{taux de chômage en 1981}}{\text{taux de chômage en 1980}}$$

2) Déboursés d'aide sociale : ils sont calculés en supposant une réduction des déboursés d'aide sociale proportionnelle à la fraction estimée des personnes aptes au travail qui reçoivent de l'aide sociale. Cette fraction est estimée en pondérant la proportion québécoise des assistés sociaux aptes au travail par le rapport des taux de chômage canadien et québécois.

Les déboursés totaux d'aide sociale en 1981 sont estimés à partir de la même formule que les prestations d'assurance-chômage pour 1981.

3) Les pertes de revenus sont calculées à l'aide de l'équation d'Okun suivante :

$$\text{perte de revenus} = \text{P.N.B.} \times \left[\frac{3 \times (\text{taux de chômage observé} - 3,5)}{100} \right]$$

ANNEXE B

Notes techniques au tableau III de la page 86.

1) Déboursés d'assurance-chômage : ils sont estimés en supposant que les prestations d'assurance-chômage auraient été réduites si on avait expérimenté le plein emploi d'un montant proportionnel à la réduction du taux de chômage à 3,5 % :

$$\text{déboursés d'assurance-chômage} = \text{prestations d'assurance-chômage} \times \frac{\text{taux de chômage observé} - 3,5\%}{\text{taux de chômage observé}}$$

Les prestations d'assurance-chômage pour 1981 sont estimées à partir des statistiques de 1980 :

$$\text{prestations versées en 1980} \times \frac{\text{indice prix consommation 1981}}{\text{indice prix consommation 1980}} \times \frac{\text{taux de chômage 1981}}{\text{taux de chômage 1980}}$$

2) Déboursés de l'aide sociale : ils sont calculés en supposant une réduction des déboursés de l'aide sociale proportionnelle à la fraction des personnes aptes au travail qui reçoivent de l'aide sociale.

3) Les pertes de revenus sont calculées à l'aide de l'équation d'Okun suivante :

$$\text{perte de revenus} = \text{P.I.B.} \times \left[3 \times \left(\frac{\text{taux de chômage observé} - 3,5}{100} \right) \right]$$

4) Le P.I.B. québécois pour 1981 est estimé en supposant que le rapport entre le P.I.B. québécois et P.N.B. canadien est le même qu'en 1980, ajusté toutefois pour une détérioration relative du taux de chômage :

$$\left(\frac{\text{PIBQ}}{\text{PNBC}} \right)_{1980} \times \text{PNBC}_{1981} \times \frac{\left(\frac{\text{taux de chômage C}}{\text{taux de chômage Q}} \right) 1981}{\left(\frac{\text{taux de chômage C}}{\text{taux de chômage Q}} \right) 1980}$$

ANNEXE C

Notes techniques au tableau IV de la page 89.

La répartition des coûts économiques du chômage est calculée en supposant que les pertes de revenus sont réparties entre les différentes catégories de revenus conformément à la répartition des revenus de l'ensemble des Québécois en 1980. À cet effet, les données sur les comptes économiques provinciaux (Statistique Canada 13213) sont utilisées.

'000 000 $

1. *Répartition des pertes de revenus de 15 316 $ soit l'augmentation du PIB*
   1.1 Revenu national (79,6% du PIB) .... 12 191,54 $
   — revenu du travail (74,3% du R.N.) 9 058,31
   — revenu de propriété (25,7% du R.N.) 3 133,23
   (bénéfices des corporations: 53% des revenus de propriété: 1 660,6 $)
   1.2 Impôts indirects (13,6% × P.I.B.) 2 082,98
   1.3 Moins subventions (3,2% × P.I.B.) .... – 490,11
   1.4 Amortissement (10% × P.I.B.) 1 531,6

2. *Répartition pour les groupes*
   2.1 Chômeurs [revenu moyen en 1981 (18 285 $) × nombre de chômeurs qui auraient un emploi au plein emploi (231 230)] 4 228,04
   2.2 Salariés employés (2 685 000) 4 830,3
   (revenu du travail – revenu aux chômeurs) (9 058,31 $ – 4 228,04 $)
   2.3 Revenus aux entreprises et de propriété
   revenu de propriété + amortissement
   3 133,23 $ + 1 531,6 $ 4 664,83
   2.4 Gouvernements:
   Taxes directes 3 255,14
   26,7% du R.N.
       fédéral 45,8% 1 490,85
       provincial 54,2% 1 764,29
   Taxes indirectes
   13,6% du P.I.B. 2 082,98
       fédéral 33% 687,38
       provincial 37% 770,70
       local 30% 624,90
   Moins subventions
   3,2% du P.I.B. 490,11
       fédéral 86,5% 423,95
       provincial 13,5% 66,16

3. Assurance-chômage
   Prestations d'assurance-chômage réduites proportionnellement au taux de chômage de 10,4% à 3,5% 1 269,4
   Cotisations d'assurance-chômage réduites proportionnellement au taux de chômage. Elles sont estimées de la même façon que les prestations; voir note technique tableau II 619,0
       travailleurs 50% 309,5
       entreprises 50% 309,5
   Coûts pour le gouvernement fédéral
   (Prestations – cotisations) (1 269,4 $ – 619 $) 650,4

4. Aide sociale 647,1
   Voir note technique tableau II
       fédéral 323,55
       provincial 323,55

Chapitre IV

LES COÛTS SOCIAUX DU CHÔMAGE

Une image du chômeur et du chômage se dégage aujourd'hui d'un grand nombre d'études économiques et de discours politiques : le chômage ne serait vraiment plus le problème qu'il était lors de la grande dépression. Par exemple, la Cour suprême des États-Unis déclarait en 1936 que le chômage brisait le moral des travailleurs, qu'il perturbait des familles, qu'il réduisait le bien-être physique, qu'il retardait la formation des familles, qu'il déprimait le taux de natalité, qu'il entraînait des crimes, des suicides et du vagabondage. [1]

L'idée que le chômage actuel puisse avoir des effets aussi dramatiques sur la vie et le bien-être des gens et de la société semble avoir disparue avec l'image que certains projettent du chômeur-type. Il ou elle est généralement jeune, ou c'est une femme à la recherche d'un revenu d'appoint ; peu de chefs de famille sont frappés par le chômage ; les jeunes et les femmes sont exigeants face aux emplois et ils ne les conservent pas très longtemps. Ces deux catégories de chômeurs ne cherchent pas à trouver et à conserver un emploi mais bien à travailler temporairement, pour laisser leur emploi par la suite, recevoir de l'assurance-chômage et vaquer aux occupations qui les intéressent le plus : les travaux domestiques pour les femmes, les voyages et toute autre forme de loisirs pour les jeunes.

---

1. *AFL-CIO FEDERATIONIST,* 10/1979, « The Sears of Unemployment ».

Selon certaines personnes, le désir de travailler — l'éthique du travail — serait en perte de vitesse pour ces groupes.[2] L'établissement de mesures sociales généreuses telles l'assurance-chômage et l'aide sociale éliminerait chez certaines catégories de travailleurs la nécessité de travailler régulièrement et encouragerait leur instabilité. Le chômage de ces groupes serait plus ou moins volontaire. Comme le note une étude canadienne sur l'éthique du travail : « On se préoccupe surtout aujourd'hui d'analyser ce qui rend aux Canadiens le recours plus facile, semble-t-il, à l'assistance publique et comme les programmes de sécurité sociale ne sont en place que depuis peu au Canada, il est possible que ces programmes aient entamé l'éthique du travail. Peut-être s'est-il produit effectivement un changement d'attitude vis-à-vis du travail, et peut-être les Canadiens ne ressentent-ils plus ce désir de travailler ou ne se sentent-ils plus obligés par la société de ressentir ce désir. »[3] Même si cette étude concluait que l'éthique du travail est toujours très forte au Canada, le préjugé suivant persiste : le taux de chômage est un indice très imparfait du véritable chômage puisqu'une partie des chômeurs le sont volontairement.[4]

Évidemment, une telle perception des chômeurs réduit l'incitation à entreprendre des recherches afin de mieux connaître comment le chômage est vécu et quels sont ses effets sur certaines grandes variables socio-économiques, telles la santé et la criminalité.[5] D'autre part, cette perception amène la population et les gouvernements à conclure que le chômage n'est plus un problème social grave et qu'il vaut mieux s'habituer à vivre avec un taux de chômage élevé.

---

2. Ce sentiment était suffisamment partagé pour amener le ministère fédéral de la Main-d'Œuvre et de l'Immigration à entreprendre une vaste enquête nationale en 1973-74 sur l'éthique du travail pour connaître les attitudes des Canadiens face au travail : *Les Canadiens et le travail; conclusions d'une étude sur l'éthique du travail et d'une étude sur la satisfaction professionnelle.* En 1978 également, l'Office de planification et de développement du Québec publiait une étude : *Les jeunes Québécois et le travail,* dont l'objectif était, entre autres, de présenter les caractéristiques des jeunes sur le marché du travail, les 15-25 ans, et d'analyser leurs attitudes et leurs attentes à l'égard de l'emploi.

3. *Ibid.,* p. 13. Il y a un illogisme dans cette assertion. Si les gens ne travaillent que pour gagner un revenu et non pas également pour d'autres raisons, l'éthique du travail n'existe pas et l'assurance-chômage ne peut la réduire. Ou bien, si le travail représente pour les individus dans nos sociétés industrielles beaucoup plus qu'un moyen de subsister, alors l'éthique du travail fait partie des valeurs de notre société et dans de telles circonstances, la sécurité sociale a moins d'impact qu'on le prétend ou qu'on le craint sur la décision de travail.

4. M. Feldstein, « The Private and Social Costs of Unemployment », *American Economic Review,* mai 1978 ; Orley, Ashenfelter, *What is a Full Employment Goal in the 1980?,* Étude technique préparée à l'intention du Groupe d'étude sur l'évolution du marché du travail. (Rapport Axworthy).

5. Herbert H. Hyman, « The Effects of Unemployment : A Neglected Problem », *Modern Social Research,* 1975.

Ces deux effets se renforcissent l'un et l'autre. Par exemple, le rapport de recherche de l'OPDQ sur les jeunes Québécois et le travail, publié en 1978, nous offre ce commentaire lourd de sens au niveau des choix politiques : « Aussi, importe-t-il de réviser fondamentalement certaines représentations sociales de l'emploi et du chômage qui prévalent dans ces pays (industrialisés). Par exemple, le chômage pourrait ne plus être considéré comme une catastrophe à la fois individuelle et nationale mais, plus simplement, comme une manifestation de l'existence d'une force de travail excédentaire. Encore faudrait-il savoir tirer parti de cet avantage que nous procure le progrès technique, revaloriser le chômeur, le considérer comme un citoyen à part entière et l'inciter à œuvrer à des activités socialement utiles. » [6] En 1980, une étude du Bureau International du Travail portant sur l'emploi conclut dans le même sens : « Si l'on veut prévenir le chômage, il pourrait être indiqué de « moduler » l'offre de main-d'œuvre de sorte que les travailleurs qui pourraient être en surnombre n'apparaissent sur le marché de l'emploi. On y parviendrait peut-être en s'attachant à modifier la mentalité à l'égard du travail et, notamment, à « favoriser » pour chacun un meilleur équilibre entre vie professionnelle et vie personnelle. » [7]

De telles conclusions ne peuvent être tirées que parce qu'en général, on s'est trop peu préoccupé à comprendre les impacts négatifs très profonds, et souvent irréversibles, du chômage sur la vie des chômeurs et de leur entourage, ainsi que pour l'ensemble de l'économie. [8] Il est donc essentiel de mieux connaître les problèmes individuels et sociaux créée par le chômage ; ceci pour éviter d'accepter trop facilement les stéréotypes et les simplifications à propos des chômeurs et de sous-estimer l'ampleur du problème.

Au Canada et au Québec, les études dans ce domaine ont été négligées et il faut généralement puiser aux sources étrangères pour connaître un peu mieux cette réalité.

D'après certaines recherches, le chômage a des effets importants non seulement sur les revenus mais aussi sur la santé physique et mentale, sur la criminalité et le suicide. Les statistiques sur les pertes de revenu des chômeurs et les pertes de production au niveau national ne présentent donc qu'une information incomplète des coûts. Notre sondage indique que les Québécois sont très conscients de l'ampleur des problèmes sociaux. Dans leur appréciation

---

6. Michel Girard, Hervé Gauthier, Alain Vinet, *Les jeunes Québécois et le travail*, Rapport d'étape, Office de planification et de développement du Québec, 1978.

7. Jean Mouly et Robin Broadfield, « Objectifs et politiques d'emploi : la récession et ses suites », *Emploi : Faits et réflexions*, D.H. Freedman, éd., B.I.T., 1980.

8. Louis A. Ferman, « Sociological Perspectives in Unemployment Research », *Blue-Collar World : Studies of the American Worker*, 1965, Shostak & Gomper, Herbert H. Hyman, 1975.

des effets du chômage, ils leur attribuent un poids plus lourd que les problèmes économiques. Une évaluation très approximative de ces coûts pour les États-Unis montre qu'ils sont en effet très élevés.

Les pathologies sociales

Surtout depuis la dépression des années trente, un nouveau champ de recherche s'est développé; il vise à mieux comprendre les relations existant entre le statut socio-économique des travailleurs et certains troubles physiques, mentaux ainsi que certains problèmes sociaux, tels la criminalité et le suicide.

Depuis longtemps, on observe qu'un grand nombre de problèmes sociaux frappent plus fortement les couches les moins favorisées de la population. L'étude québécoise d'Astrid Girouard et celle plus récente du ministère fédéral du Bien-Être et de la Santé arrivent également à de telles conclusions.[9] Les spécialistes s'entendent généralement pour conclure que trois facteurs expliquent cette situation: 1) le faible niveau de nutrition des moins favorisés, responsable des maladies infectieuses chroniques; 2) le niveau généralement plus élevé de STRESS socio-psychologique des catégories à faible revenu, associé aux troubles mentaux et psychosomatiques, à l'alcoolisme, aux maladies cardio-vasculaires et rénales résultant de l'hypertension, aux suicides, à l'homicide et aux accidents; 3) la plus faible utilisation des services de santé de ce groupe, particulièrement importante pour les maladies de l'enfance et de la maternité, les accidents, les tumeurs malignes, surtout chez les femmes.[10]

Depuis quelques décennies, une série de recherches ont été réalisées afin de mieux comprendre les effets adverses des cycles économiques sur certains problèmes sociaux et sur la santé des citoyens. Plus précisément, l'accroissement du taux de chômage augmenterait les pathologies sociales à travers les trois facteurs déjà cités: augmentation de la malnutrition, du stress et réduction de l'accès aux services de santé. Au Canada et au Québec, les frais des services de santé sont actuellement gratuits. Ce facteur n'a plus l'impact qu'il a déjà eu sur la santé des citoyens à faible revenu et des chômeurs et qu'il peut encore avoir aux États-Unis, où il y a absence d'un service public universel des services de santé. Cependant, les problèmes liés à la malnutrition et au stress peuvent augmenter avec la croissance du chômage tant aux États-Unis qu'au Canada.

---

9. Astrid Lefebvre-Girouard, *L'appauvrissement des petits salariés; étude comparative de différents groupes de travailleurs et d'anciens travailleurs devenus chômeurs ou assistés sociaux,* 1977; Canada, Santé et Bien-Être Social, *La santé des Canadiens,* rapport d'enquête, 1981.

10. Harvey Brenner, *Estimating the Social Costs of National Economic Policy: Implications for Mental and Physical Health and Criminal Aggression,* A Study prepared for the Joint Economic Committee Congress of the United States, Washington, 1976.

Certaines études récentes établissent en effet une étroite corrélation entre le chômage et divers problèmes de santé ou problèmes sociaux appelés *pathologies sociales, c'est-à-dire des maladies ou des symptômes de maladies ou de déviances sociales attribuables à l'environnement socio-économique.*

Ces diverses pathologies sont en fait le résultat de problèmes sociaux attribuables au chômage que les études économiques traditionnelles sur les coûts du chômage ignorent généralement. Ces problèmes, et les coûts sociaux qu'ils entraînent, ne sont pas supportés uniquement par les chômeurs mais aussi par les contribuables en frais additionnels de soins de santé, de protection contre le crime, de tensions sociales, de pertes de ressources humaines, etc. On imagine le cercle vicieux que la croissance du chômage impose tant à la société qu'au chômeur: les problèmes de santé et les problèmes sociaux augmentent au moment où les revenus d'une partie des travailleurs, des entreprises ou des municipalités sont coupés ou réduits; les gouvernements provinciaux ou fédéraux qui assument les services aux chômeurs et aux autres subissent également des réductions (à moins que ces derniers n'augmentent les taxes). Dans une période de chômage élevé et persistant, les problèmes sociaux apparaissent donc avec plus d'acuité au moment où les moyens financiers pour les régler semblent diminuer.[11]

L'influence du chômage sur la santé physique et mentale

Pour mieux comprendre l'impact que le chômage peut avoir sur la santé physique et mentale des individus et connaître les coûts qu'il impose à l'individu et à la société, plusieurs approches ont été adoptées. Trois types de recherches ont été réalisées. Certaines visent à évaluer l'impact psychologique du chômage: le choc de l'événement pouvait être plus ou moins traumatisant pour le chômeur et ses proches et peut persister au-delà de la période de chômage. Des évaluations ont été faites par des études auprès de groupes de chômeurs licenciés ou par des enquêtes auprès de l'ensemble des chômeurs ou de groupes. D'autres recherches désirent connaître l'influence des effets stressants du chômage sur l'incidence de certaines maladies physiques et mentales chez les chômeurs: elles tentent de relier certaines maladies et certaines causes de mortalité au choc et au stress que crée le chômage. Enfin, des travaux plus récents ont cherché à voir s'il existe, au niveau de l'ensemble de la société, une relation systématique entre les hausses du chômage et certaines pathologies sociales.

Ces trois types d'études se complètent. En effet, les premières visent à connaître la réaction psychologique du chômeur. Elles permettent de voir si le chômage a des effets plus larges sur le chômeur et sur sa famille que ceux

---

11. O.C.D.E., *Perspectives économiques de l'OCDE,* décembre 1980-1981.

généralement considérés, et de déceler ainsi le processus de détérioration psychologique et physique. Les deuxièmes analysent l'incidence du stress des chômeurs
sur certaines maladies telles les maladies cardiovasculaires. Elles cherchent
à établir des relations de cause à effet entre ces deux phénomènes et peuvent
servir à trouver des moyens sociaux ou médicaux pour en réduire les effets chez
ces populations particulières. Elles servent aussi à mieux préciser les hypothèses
des modèles des études statistiques du troisième groupe. Ces dernières tentent de
vérifier s'il existe une relation systématique temporelle entre les changements
des taux de chômage et certaines pathologies sociales. Elles permettent d'évaluer,
pour l'ensemble de la société et avec le plus de précision possible, la stabilité et
l'importance de cette relation, donc de calculer des élasticités. Il est ensuite
possible d'évaluer certains coûts sociaux qu'il faut ajouter aux coûts économiques
pour apprécier l'ampleur du problème du chômage.

Évidemment, seuls certains coûts sociaux peuvent être évalués de façon
aussi systématique et de telles études ne nous offrent qu'une sous-estimation de
ces coûts. C'est pour cette raison qu'il apparaît tout aussi important de rendre
compte des résultats d'études plus qualitatives, comme celles qui sont faites
au niveau de groupes de chômeurs. On choisit ainsi de ne pas ignorer certains
phénomènes sous prétexte de moyens statistiques inadéquats pour les
quantifier avec exactitude.

Les effets psychologiques

C'est par deux facteurs que le chômage exerce son influence sur certaines
pathologies sociales, telles les maladies cardiovasculaires et rénales, le suicide
et la mortalité, etc.: la baisse de revenu qui peut entraîner la malnutrition,
et un niveau élevé de stress psychosociologique. L'enquête la plus célèbre portant
sur les effets psychosociologiques du chômage sur les chômeurs et leur entourage
fut réalisée à partir d'une population d'un village autrichien dans les années
trente, à Marienthal, par le professeur P.F. Lazarsfeld. [12] Évidemment, on
pourrait croire que la situation actuelle des chômeurs et de leurs dépendants
s'est trop améliorée pour que les résultats de cette étude soient encore pertinents.
On constate toutefois qu'à certains égards, ces résultats diffèrent peu de ceux
d'études très récentes. Ceci remet en cause l'idée fort répandue que le chômage
est devenu un événement extrêmement banal, ce qui n'était pas le cas dans les
années trente.

---

12. Paul Lazarsfeld, « An Unemployed Village », *Character and Personnality*, décembre 1932;
    B. Zawadski and P. Lazarsfeld, « The Psychological Consequences of Unemployment », *Journal
    of Social Psychology*, May 1935 ; P. Eisenberg and P. Lazarsfeld, *Psychological Bulletin*, June
    1938 ; Marie Jahoda, P. Lazarsfeld and H. Zeisel, *Marienthal: The Sociography of an Un-
    employed Community*, Chicago, Aldine-Atherton, 1971 (l'orignal fut publié en allemand
    en 1933 sous le titre Die Arbeitslosenvon Marienthal).

Pour les fins de l'étude à Marienthal, le professeur Lazarsfeld et son équipe vécurent dans le village pendant plusieurs mois ; ils rencontrèrent les familles et tentèrent de mesurer les diverses réactions au chômage de cette population. Les résultats de cette étude, et d'une série d'autres de l'époque, furent les suivants : le chômage tend à rendre les gens plus instables émotivement ; les chômeurs perdent du prestige à leurs yeux et aux yeux des autres ; ils se sentent infériorisés et manquent de confiance en eux ; ils sont angoissés ; ils réduisent leurs activités sociales ; ils deviennent démoralisés. Même s'ils ne sont pas responsables du chômage qui les frappe, ils en viennent à se culpabiliser de leur échec à mesure que le temps passe et qu'ils n'arrivent pas à trouver un emploi. Les études de l'époque sur les jeunes chômeurs montrent que même si ce groupe devrait être normalement plus résistant aux dépressions et qu'il ne devrait pas se résigner, attitude générale des chômeurs plus âgés, mais bien se rebeller, il semble qu'eux aussi se résignent et perdent toute ambition. Évidemment, selon la situation familiale et l'âge, on peut observer des réactions plus agressives chez quelques-uns. Le grand débat public de l'époque était de spéculer à savoir si le chômage conduisait à la résignation ou à la révolte. Toutes les études de l'époque montrent que la résignation est la réponse dominante à la situation de chômage très élevé. [13] Cependant, chez certains jeunes, la révolte prend aussi la forme de la délinquance. Les camps de travail canadiens des années trente furent la réponse gouvernementale à cette crainte des chômeurs révoltés descendant dans la rue. Une revue de la littérature sur les effets psychologiques du chômage à cette époque a été réalisée par la psychologue britannique Jahoda en 1979 : l'analyse de 112 études l'amena à conclure qu'aucune ne contredit l'hypothèse que le chômage exerçait des effets psychologiques destructeurs sur l'individu. [14]

Afin de connaître la réaction des chômeurs actuels au chômage, la Commission des services de main-d'œuvre de l'Angleterre a subventionné une étude réalisée en 1976-77 auprès de chômeurs anglais. [15] Les études de Lazarsfeld, dans les années trente, l'avaient conduit à observer trois phases dans la réaction des chômeurs. L'étude anglaise de 1976 conclut que la perte de l'emploi est une situation traumatisante pour plusieurs et que la réaction des chômeurs passe également par trois phases. Celles-ci sont très similaires à celles observées par Lazarsfeld. Au cours de la première phase, considérée par l'étude anglaise comme ayant une durée de quelques semaines à deux mois environ,

---

13. Marie Jahoda, « The Impact of Unemployment in the 1930's and the 1970's », *Bulletin of the British Psychological Society*, 1979, p. 32.

14. *Ibid.*

15. J.M.M. Hill, *The Social and Psychological Impact of Unemployment, A Pilot Study*, Tavistock Institute of Human Relations, 1977 ; J.M.M. Hill, « The Psychological Impact of Unemployment », *New Society*, janvier 1978.

l'individu demeure optimiste ; le chômeur estime que sa situation est temporaire ; il vit en partie sur ses épargnes et ne se résigne pas à se considérer comme chômeur ; il continue à s'identifier à son ancienne occupation. Au cours de la deuxième phase, qui dure de deux à huit ou neuf mois, il devient plus pessimiste et commence à accepter son identité de chômeur ; il se sent déprimé, angoissé et avoue même devenir paresseux ; il se considère moins capable de faire des efforts, de chercher des emplois ou même d'occuper un nouvel emploi s'il en trouve un ; quelquefois, surtout au début de cette deuxième phase, certains se rendent compte de cette dégradation psychologique et vont faire des efforts pour l'éviter ; mais pour plusieurs, isolés par le chômage, il est difficile de ne pas se sentir inutiles ou en détresse ; comme le notait un jeune chômeur de 29 ans : « Le plus longtemps tu es sans emploi, le plus paranoïaque tu deviens ». Au cours de la troisième phase, soit pour celui qui subit généralement plus de neuf mois de chômage, le fatalisme s'installe ; il accepte sa situation et prend une attitude pessimiste face à la vie ; il peut continuer à chercher du travail, mais il a perdu tout espoir d'en trouver ; ces chômeurs ajustent leurs habitudes de vie au faible niveau de vie qui leur est garanti par l'assurance-chômage ou l'aide sociale, sans espoir d'en sortir ; ils sont devenus des chômeurs chroniques et ils développent des défenses psychologiques.

Comme le note la même étude, avant d'occuper un emploi définitif sur le marché du travail, les jeunes qui abandonnent les études avec certaines qualifications ont généralement eu, au cours de leurs études, l'occasion d'occuper divers types d'emplois d'étudiant. Ce qui leur permet de vérifier leur goût et leurs aptitudes à occuper certains emplois et de faire des choix plus réalistes. Ce processus continue normalement quelque temps après les études. Or, une des caractéristiques frappantes des jeunes chômeurs de l'enquête anglaise, c'est que plusieurs n'ont pas eu l'occasion de passer à travers ce processus. Après leurs études, ils ont accepté le premier emploi par hasard, sans tenir compte de leurs aptitudes et de leurs goûts. Pour ces jeunes, le chômage semble donc constituer une épisode dans une série d'emplois instables et non qualifiés.

Cette étude montre que les effets psychologiques du chômage sont beaucoup moins différents qu'on ne l'imagine de ceux observés chez les chômeurs des années trente. Ils sont aussi isolés socialement ; ils perdent aussi confiance en eux-mêmes ; ils se replient sur des activités familiales et délaissent leurs relations sociales. Souvent, la stabilité du couple et de la famille devient très précaire à cause des tensions familiales que le chômage impose à tous les membres.

En France, plusieurs enquêtes, dont celle de Sofres, réalisée en 1978 à la demande du ministère du Travail auprès d'un groupe de chômeurs, apportent un éclairage intéressant sur la façon dont le chômage est vécu. Dans cette enquête, comme le souligne J. L. Outin : « De manière quasi unanime, le chômage est

défini comme un drame qui doit cesser au plus vite. Il engendre un sentiment
d'ennui et d'anxiété... On note également une tendance à la perte de confiance
en soi et une impression d'inutilité... Ces observations montrent en particulier
que le développement massif du chômage n'a pas abouti à une sorte de banali-
sation du phénomène qui serait dès lors vécu de manière ordinaire». [16]

     Au Québec en 1972, dans une thèse de maîtrise, Lizette Muller dressait
le portrait psychique du chômeur à l'aide d'un échantillon de 140 chômeurs. [17]
Elle constatait que plus la période de chômage est longue, plus l'anxiété et la
tension nerveuse sont élevées parmi ces chômeurs ; près de 40% sont incapables
de fonctionner à cause d'un niveau pathologique d'anxiété et près de 30%
souffrent de dépression pathologique. L'étude ne fait qu'observer cette situation.
Elle ne cherche pas à voir si cette situation est attribuable à l'influence du
chômage que subissent ces travailleurs ou si c'est l'état psychologique observé
chez une forte proportion d'entre eux qui les empêche de trouver et de conserver
des emplois. On peut toutefois présumer que le chômage ne les aide pas à
améliorer leur santé psychique puisque plus la période de chômage est longue,
plus la tension nerveuse est forte.

     Récemment, une étude a été réalisée à Windsor en Ontario auprès
d'un groupe de 350 travailleurs licenciés sur 5 000 de la compagnie Chrysler.
Les résultats préliminaires de l'enquête auprès de ces chômeurs indiquent une
attitude de découragement. [18] Leur expérience de chômage varie de un à douze
mois ; cependant, plus de 50% chôment depuis moins de six mois. Au moment
de l'enquête, la majorité se trouve donc dans la deuxième phase décrite par
Lazarsfeld et reprise par Hill en Angleterre. Par exemple, à la question :
«Aujourd'hui, une personne ne sait vraiment plus sur qui elle peut compter»
près de 70% sont d'accord. À la question : «La situation de la plupart des gens
empire et ne s'améliore pas», près de 75% sont d'accord. À la question : «Nous
devons vivre surtout pour aujourd'hui et ne pas attendre trop de choses du
futur», 65% sont d'accord. À la question : «Quelquefois je me demande si la
vie en vaut la peine», 32% sont d'accord, ce qui semble très élevé pour une
question aussi extrême. À la question : «Avez-vous plus de difficulté à ne

16. Danielle Linhart, *L'appel de la sirène ; l'accoutumance au travail*, Le Sycomore, 1981 ;
    Ministère du Travail et de la Participation, *Observations sociales : le chômage*, Paris, 1979 ;
    Sofrès, *Les demandeurs d'emploi*, Enquête quantitative, résultat d'un sondage effectué du
    25 novembre au 15 décembre 1978 auprès d'un échantillon représentatif de 977 demandeurs
    d'emploi, Paris ; J.L. Outin, *Notes sur les composantes du coût social du chômage*, Séminaire
    d'économie du travail, CNRS, Paris, 1979.

17. Lisette Muller, *Portrait psychique du chômeur*, Thèse de maîtrise, Université de Montréal,
    1972.

18. Seymour Faber, *A Preliminary Report on a Survey of the Unemployed in Windsor*, Ontario,
    Université de Windsor, janvier 1981.

pas vous choquer depuis votre licenciement?», 53% répondent que oui. Ces quelques résultats indiquent un pessimisme important de la part de ces chômeurs et non un état d'accommodement à la situation.

Une étude américaine a été faite en 1975 auprès de 50 travailleurs de Chrysler en chômage depuis cinq mois mais qui recevaient une indemnisation représentant 95% de leur salaire. Elle montre qu'en dépit de ce niveau élevé de revenu, les travailleurs vivaient un sentiment profond de grande perte que le revenu n'arrivait pas à combler. [19]

Les recherches, encore trop peu nombreuses dans ce domaine, concluent à l'unanimité que le chômage actuel n'est pas un événement banal pour les individus ou pour leurs familles. De plus, d'autres études auprès de certaines catégories de chômeurs indiquent que les problèmes psychologiques peuvent même produire une détérioration de la santé.

Le stress

En imposant de l'insécurité financière, de l'anxiété et du découragement au travailleur en quête d'emploi et à ses proches, le chômage peut éventuellement provoquer des troubles de santé chez certains. Les événements qui ont pour effet d'imposer des niveaux élevés de stress peuvent en effet entraîner des désordres psychosomatiques.

Diverses études sur le stress ont cherché à mesurer quels événements de la vie imposaient les plus hauts niveaux de stress aux individus. Par exemple, une étude américaine a calculé une échelle d'ajustement à divers événements stressants de la vie. [20] À partir d'un questionnaire, 394 sujets avaient à classer 43 événements jugés STRESSANTS ou non, selon le degré d'ajustement qu'ils imposent à l'individu. Or, parmi ces 43 événements, la perte d'un emploi se classe au huitième rang. Ceux qui ont un effet plus stressant sont tous, à l'exception du mariage, des événements personnels généralement considérés comme très angoissants: décès du conjoint, divorce, séparation, emprisonnement, décès d'un membre de la famille, maladie et mariage. D'autres études montrent que plus un événement est stressant, plus grande est la probabilité que ce changement soit associé à une maladie, et plus grande est la probabilité que les individus touchés deviennent malades. Des niveaux élevés de stress imposent à l'organisme des efforts d'adaptation qui réduisent la résistance aux maladies.

---

19. J.E. Hesson, «The Hidden Psychological Costs of Unemployment», *Intellect,* avril 1978.

20. Sydney Cobb, «A Model for Life Events and Their Consequences», *Stressfull Life Events: Their Nature and Effects,* New York, Wiley, 1974.

D'autres études ont été réalisées afin d'évaluer les effets directs que le chômage pouvait avoir sur la santé des individus. Par exemple, S.C. Cobb et S. Kasl ont réalisé une série d'études aux États-Unis auprès de groupes de travailleurs ayant perdu leur emploi. Elles montrent que chez les chômeurs, l'hypertension, le taux de cholestérol et de sucre dans le sang sont plus élevés que dans la population en général, et ces facteurs sont directement reliés aux maladies cardiovasculaires.[21] Chez les chômeurs également, on retrouve plus de problèmes d'ulcères, de troubles respiratoires, de développement de stress et d'anxiété. En France, une enquête psychosociologique entreprise par Cordes grâce à un contrat du Commissariat général du plan auprès de 365 travailleurs licenciés a donné lieu à un rapport médical sur la situation de 85 de ces licenciés. Celui-ci, présenté dans l'étude *Nous travailleurs licenciés,* montre que les troubles nerveux, cardiovasculaires et digestifs augmentent après le licenciement.[22]

Deux chercheurs québécois, Robert Perreault du centre de recherches de l'Institut Albert-Prévost et Camil Bouchard du laboratoire de recherche en écologie humaine et sociale de l'UQAM ont tenté d'évaluer l'impact qu'a pu avoir le chômage sur la santé des chômeurs et de leur famille frappés par la fermeture d'ITT-Rayonier à Port-Cartier en 1979.[23] La recherche fut entreprise en mars 1980, soit cinq mois après la fermeture de l'usine. L'étude tente d'évaluer le stress et le degré d'adaptation qu'impose aux salariés le changement économique brutal de la fermeture de l'usine au moyen d'un examen des taux de consultation médicale de la population de Port-Cartier avant et après la fermeture. Ces informations sont tirées des statistiques administratives de la Régie de l'assurance-maladie du Québec. Malgré les limites de la méthode que les auteurs reconnaissent, celle-ci aurait pu donner de meilleurs résultats si elle avait été effectuée plus tard que cinq mois après la fermeture. L'observation de Lazarsfeld et Hill des trois phases de la réaction psychologique des individus au

---

21. Sydney Cobb, « The Health of People Changing Jobs : A Description of a Longitudinal Study », *American Journal of Public Health,* 1966, V. 56 ; Sydney Cobb, « Psychologic Changes in Men Whose Jobs Were Abolished », *Journal of Psychosomatic Research,* 1974 ; Sydney Cobb and S. Kasl, « Blood Pressure Changes in Men Undergoing Job Loss : A Preliminary Report », Psychosomatic Medicine, janvier-février 1970 ; Sydney Cobb, S. Kasl and Serge Brooks, « Changes in Serum Uric Acid and Cholesterol Levils in Men Undergoing Job Loss », *Journal of the American Medical Association,* novembre 1968 ; S. Cobb, S. Kasl and Susan Gore, « The Experience of Losing a Job ; Reported Changes in Health, Symptoms and Illness Behavior », *Psychosomatic Medicine,* vol. 37, n° 2, mars-avril 1975.

22. *Nous travailleurs licenciés ; les effets traumatisants d'un licenciement collectif,* par un groupe de travailleurs licenciés, Collection 10/18, 1976.

23. Camil Bouchard et Robert Perrault, « Fermeture de l'usine ITT-Rayonier et taux de consultations médiales par les citoyens et citoyennes de la région de Port-Cartier », compte-rendu et analyse des données, 1980.

chômage indique en effet que l'état dépressif et l'anxiété apparaissent entre le deuxième et le neuvième mois de la période de chômage. L'observation intéressante de l'étude de Bouchard et Perreault est que parmi la population de la ville, ce sont chez les femmes du groupe d'âge de 30 à 39 ans que les taux de consultation médicale augmentent le plus. Selon l'interprétation des auteurs, sitôt après l'événement, les travailleurs syndiqués de l'usine ont pu compter sur un meilleur support social que les femmes. Ils étaient généralement occupés à assister aux assemblées syndicales, aux événements de solidarité qui ont pris naissance à ce moment-là, ainsi qu'aux rencontres avec les responsables des bureaux de placement, etc. Par ailleurs, les femmes de ce groupe d'âge, chargées du soin des enfants et des tâches domestiques demeuraient généralement isolées. Les taux plus élevés de consultation des femmes seraient probablement attribuables à un stress élevé causé par la fermeture et par la non-disponibilité d'un réseau d'appui social susceptible de les aider à mieux traverser cette période difficile. L'explication des auteurs correspond d'ailleurs aux résultats d'études américaines qui montrent que l'appui social peut en effet réduire les conséquences du chômage sur la santé.[24] Il est alors très important d'évaluer l'effet du chômage sur la population des licenciés après une période de chômage suffisamment longue.

L'analyse des effets du chômage sur la santé de populations particulières de chômeurs permet de mieux comprendre le processus de détérioration de leur santé attribuable surtout au stress. Inévitablement, ces études devaient conduire à d'autres visant à voir si ces impacts sont assez importants pour qu'ils puissent être évalués au niveau de l'ensemble de la société.

Les indicateurs de santé physique et mentale

Des études statistiques ont été réalisées pour vérifier l'existence de relations systématiques entre les variations du taux de chômage et la hausse des problèmes de santé physique et mentale dans la population. Divers indices ont fait l'objet d'analyse: le taux d'admission dans les hôpitaux psychiatriques; le taux de morbidité ou de mortalité attribuable aux maladies cardiaques et rénales; le taux de suicide; le taux de mortalité.

Les études statistiques visant à évaluer la relation entre le chômage et la santé physique et mentale de la population servent à plusieurs fins. Elles permettent d'abord de voir si les relations sont aussi systématiques que

---

24. Voir à ce sujet les travaux de Susan Gore et d'autres études auxquelles elle fait référence dans ses travaux. *The Influence of Social Support and Related Variables in Ameliorating the Consequences of Job Loss,* Ph.D., Dissertation, The University of Pennsylvania, 1974; « The Effect of Social Support in Moderating the Health Consequences of Unemployment », *Journal of Health and Social Behavior,* vol. 19, 1978.

certaines recherches médicales semblent le démontrer. De plus, les études sur des groupes de chômeurs ne prennent pas toujours en considération les effets du chômage sur la santé des membres de la famille, effets qui peuvent être importants. Des études plus globales vont pouvoir en tenir compte. Elles permettent ensuite de vérifier si ces effets sont temporaires ou s'ils persistent au cours d'une longue période. Enfin, elles visent à développer certaines mesures du coût en ressources humaines et financières attribuables à l'augmentation du niveau de chômage.

Un chercheur américain, Harvey Brenner, a été responsable, en 1976, d'une étude sur les coûts sociaux du chômage aux États-Unis pour le compte du Congrès américain. Cette étude présente une revue des recherches statistiques entreprises dans ce domaine depuis plusieurs années ainsi que les résultats d'une étude originale sur les coûts sociaux du chômage aux États-Unis.[25] Tous les résultats de recherche présentés dans cette section, et pour lesquels la source n'est pas indiquée, proviennent de la revue de la littérature scientifique de l'étude de Brenner pour le Congrès américain.[26]

Aux États-Unis, des études montrent que les taux d'admission dans les hôpitaux psychiatriques augmentent quand la situation économique se dégrade et que le chômage s'accroît. Cette relation est consistante et stable pour diverses périodes d'observation: une première recherche a été réalisée pour l'État du Massachusetts dans les années trente; une deuxième pour les États-Unis pour la même période; et enfin une troisième pour l'État de New York pour la période 1841-1967. À chaque récession, depuis 1841, on observe une augmentation substantielle des admissions et des réadmissions dans les hôpitaux psychiatriques.

Une autre étude réalisée aux États-Unis indique que le taux de mortalité due aux cirrhoses du foie est reliée à la consommation d'alcool, et que la consommation de spiritueux augmente avec l'augmentation du taux de chômage. Le taux de mortalité attribuable à la cirrhose du foie augmente substantiellement un ou deux ans après l'augmentation du chômage.

De plus, le taux d'admission dans les hôpitaux psychiatriques de l'État de New York et aux États-Unis, avec un diagnostic de psychose reliée à l'alcoolisme, augmente de façon substantielle au cours des récessions économiques. Cette relation est stable pour toute la période 1921-1968. Également pour l'ensemble des États-Unis, les arrestations pour conduite en état d'ivresse et le nombre de personnes poursuivies et trouvées coupables de conduite en état d'ivresse à Philadelphie, augmentent substantiellement au cours des récessions

25. Harvey Brenner (1976), *op. cit.*
26. *Ibid.*, pp. 25-45.

économiques. Toujours aux États-Unis, le taux de mortalité attribuable à des accidents d'automobile augmente avec les récessions.

Selon certaines analyses, dans l'État de New York pour la période 1915-1967, et pour l'ensemble des États-Unis pour la période 1930-1960, le taux de mortalité attribuable aux maladies cardiaques ou coronariennes est inversement relié à la situation économique. Une autre étude américaine pour la période 1914-1968 indique une relation positive et stable entre les maladies cardiovasculaires et rénales et le taux de chômage. *Les maladies cardiovasculaires et rénales représentent, aux États-Unis et dans plusieurs pays industrialisés, environ 60% des causes de mortalité.*

Une étude reliant le taux de mortalité infantile (de moins d'un an) aux récessions économiques montre que ce taux augmente sévèrement pendant ces périodes.

Un des comportements les plus extrêmes attribuables au stress et aux dépressions est le suicide. Or, le suicide fut probablement une des premières pathologies sociales à être reconnue par des études de divers pays comme étant étroitement reliée au cycle économique. Un grand nombre de recherches entreprises sur le sujet concluent que le taux de suicide augmente dans les périodes de récession. Comme le note Brenner, ces résultats démontrent clairement le niveau élevé de stress qu'imposent des périodes de chômage prolongé et élevé à certains chômeurs et à leurs proches. Dans un numéro du *Social Psychiatry* paru en 1978, un chercheur du groupe de recherche de Bell Canada et un autre de l'Université de Haïfa en Israël présentent les résultats d'une étude sur l'impact du chômage et de l'intégration familiale sur le changement du taux de suicide aux États-Unis pour la période 1920-1969. Ils arrivent à la conclusion suivante: «Le taux de chômage tend à être la variable la plus importante et la plus stable pour expliquer la variation de court et de long terme du taux de suicide dans le temps.»[27] Une étude publiée en 1963 aux États-Unis et réalisée par un ancien vice-président de la compagnie d'assurance Metropolitan Life examine les facteurs sociologiques et économiques responsables du suicide aux États-Unis. Cette étude statistique pour la période 1900-1960, amène l'auteur à conclure ainsi: «Il n'y a aucun doute, l'insécurité économique augmente le taux de suicide.»[28] Dans sa revue de la littérature scientifique, Brenner conclut dans le même sens: «Le suicide est peut-être le premier indice de pathologie mentale qui, selon les diverses études, augmente systématiquement avec les changements adverses de l'économie.»[29]

---

27. Gideon Vigderhaus et Gideon Fishman, «The Impact of Unemployment and Familial Integration on Changing Suicide Rates in the USA 1920-1969», *Social Psychiatry*, 13, 1978.

28. Louis Dublin, *Suicide, A Sociological and Statistical Study,* The Ronald Press Co., New York, 1963.

29. H. Brenner, *op. cit.,* p. 37.

Nous n'avons pu trouver d'études similaires faites au Canada. Cependant, une analyse de cas de suicide menée par des psychologues du Toronto General Hospital montre que seulement 26,3 % de l'échantillon ont un travail permanent au moment de leur tentative de suicide. Plus de 42 % sont chômeurs ; les autres sont des étudiants, des ménagères, des retraités ou des travailleurs à temps partiel. Également, un responsable du bureau du coroner du Toronto métropolitain considère que le principal facteur qui explique la croissance du suicide dans cette ville pour la période 1976-1977 est le taux de chômage élevé et le grand nombre de diplômés universitaires qui n'ont pas d'avenir.[30]

Une étude menée auprès de travailleurs mis à pied à Détroit montre que parmi 2 000 travailleurs licenciés, 8 se sont suicidés.[31] Une étude de S. Cobb et S. Kasl, comportant des observations sur une période de treize ans, conclut que le taux de suicide chez les personnes licenciées est trente fois plus élevé que la moyenne nationale.[32]

L'effet du chômage sur la criminalité

La perte d'un emploi et l'incapacité d'en trouver un peuvent être des facteurs de frustration qui encouragent la déviance sociale. Selon certains criminologues, l'inégalité des classes et des revenus serait l'une des causes les plus importantes de la criminalité. Or, dans un système industriel, le chômage est une source majeure d'inégalité. Certains chômeurs peuvent se sentir marginalisés, rejetés d'un système économique où les chances de s'en sortir honorablement apparaissent si minces que l'activité criminelle reste la seule porte de sortie. Selon certaines études, le chômage étant également lié à l'augmentation de l'alcoolisme, ces deux facteurs peuvent avoir un certain impact sur les crimes, tels les agressions graves et le viol. De plus, un niveau de chômage élevé peut empêcher les anciens détenus de se réhabiliter, s'ils le désirent, à cause de la difficuté de réintégrer le marché du travail. Même en période de forte croissance de l'emploi, il peut être difficile pour les ex-détenus de se faire accepter par des employeurs qui entretiennent généralement des préjugés à leur égard. Le chômage aura comme effet de renforcer ces préjugés et de leur enlever tout espoir de réhabilitation. D'ailleurs, l'effet d'un chômage élevé

30. Ces informations sont tirées du Rapport du Groupe d'étude sur l'industrie du textile et du vêtement de juin 1978 dont une des annexes traite des conséquences de l'augmentation du chômage sur le plan social. Cette annexe est un mémoire présenté au Groupe par Sam Fox, Directeur de la division du vêtement des Travailleurs amalgamés du vêtement et du textile et vice-président du Congrès du Travail du Canada.

31. Don Stillman, « The Devastating Impact of Plant Relocation », *Working Papers,* July-August 1978.

32. Sidney Cobb and Stanislas V. Kasl, *Some Medical Aspects of Unemployment,* Ann Arbor, Institute for Social Research, University of Michigan, May 1971.

et persistant pour ceux qui, comme les anciens détenus, ont déjà un certain désavantage sur le marché du. travail, les jeunes, les femmes, les handicapés, c'est de rendre presque nulle leur chance d'obtenir un emploi.

Afin d'identifier les causes de la criminalité et, entre autres, les relations existant entre l'activité économique et le chômage, une série de recherches entreprises par des criminologues, des sociologues et des économistes ont été réalisées depuis le début du siècle. Au Canada, le ministère du Solliciteur général a publié, en 1980, une étude dont l'objectif était de faire un examen critique des résultats et des méthodes de recherche utilisées pour vérifier le lien entre chômage et criminalité.[33]

Cette analyse critique discute longuement de problèmes méthodologiques; de plus, on insiste sur la difficulté de passer de l'analyse individuelle — analyse de cas — à l'analyse globale liant des indices de criminalité à des indices de chômage. On juge que les recherches n'ont malheureusement pas été de très haute qualité. On reconnaît cependant que la plupart des études globales de type longitudinal, c'est-à-dire examinant la relation entre le taux de chômage et le taux de criminalité au cours d'une période historique, indique généralement une corrélation positive entre le chômage et la criminalité.[34] La hausse du taux de chômage s'accompagne généralement d'une hausse de la criminalité. On considère cependant qu'étant donné les problèmes méthodologiques, rien n'indique de façon concluante qu'il existe un lien ou une relation de cause à effet entre le chômage et la criminalité.[35] Pourtant, après ce jugement sceptique, l'examen critique des diverses études en arrive à la conclusion suivante: « À l'heure actuelle, on semble posséder suffisamment d'indications au sujet de l'existence d'un lien entre le chômage et la criminalité pour justifier des recherches importantes mais pas assez pour appliquer à l'échelle nationale un vaste programme visant à fournir des emplois à des personnes inclinées au crime. »[36]

Quant aux études de cas, qui sont peu nombreuses semble-t-il, quelques chercheurs se sont attardés à vérifier si la criminalité n'augmentait pas dans certains sous-groupes de la population avec l'augmentation du chômage, par exemple chez les hommes de 18 à 30 ans et les ex-détenus, pour lesquels la criminalité est plus élevée que dans le reste de la population. L'une des méthodes consiste à examiner les caractéristiques communes de ceux qui sont coupables d'infractions; on en déduit alors que ces caractéristiques communes sont reliées

---

33. R. Grainger, *Le chômage et la criminalité: examen critique des méthodes de recherche*, Direction des programmes, ministère du Solliciteur général, octobre 1980.
34. *Ibid.*, p. 13.
35. *Ibid.*, p. 2.
36. *Ibid.*, p. 50.

.u comportement criminel. Ainsi, une étude américaine indique que 43% des détenus incarcérés étaient sans emploi au moment de leur arrestation et parmi eux, presque la moitié était des travailleurs non qualifiés qui avaient peu de chance d'occuper longtemps un emploi.[37] Une autre étude a également constaté que parmi un groupe de détenus observé, la grande majorité avait de faibles possibilités d'emploi. Ce qui ressort des quelques études de cas, c'est que la situation de travail et les antécédents professionnels de ceux qui commettent des infractions semblent jouer un rôle dans la perpétration d'un crime, mais on ignore lequel.[38] L'examen critique des travaux de ce domaine .u ministère du Solliciteur général indique que le chômage est un facteur qui semble lié à la criminalité. Trop peu de recherches ont cependant été effectuées pour bien comprendre cette relation très complexe qui est liée à d'autres facteurs socio-économiques. À leur avis il faudrait poursuivre les recherches dans le domaine.[39]

Une série d'études statistiques plus globales ont été faites dans divers pays pour évaluer si les changements des niveaux de chômage et de criminalité sont liés, et si cette relation est stable dans le temps. Pour diverses raisons, de telles études peuvent diverger dans leurs conclusions dont une des principales est le choix de l'indice de criminalité. Avec certains indices, la relation est positive et stable; avec d'autres, elle serait négative ou inconsistance. Par exemple, Kvalseth présentait en 1977 dans la revue américaine *Criminology*, une revue critique de certaines études portant sur la relation entre la densité de la population, le chômage urbain et le crime. Il note: «Très peu d'études empiriques ont été réalisées et elles ne nous permettent pas de conclusion. Cependant, pour certaines formes de criminalité, les résultats semblent indiquer que le chômage a un effet positif sur le taux de criminalité, tandis que pour la densité de population, l'effet est peu significatif et s'il l'est, il est négatif.»[40] À la suite de cette revue critique, l'auteur conclut que les quelques études semblent indiquer: 1) que le taux de chômage urbain a une influence positive sur le taux de vol et de larcins; 2) que le taux de chômage des mâles a une influence positive sur le vol; 3) que le taux de chômage des femmes et des hommes a une influence positive sur le taux de viol.

---

37. Cité dans R. Grainger, F.N. McClintock, «Employment Problems of Young Offenders Committed to a Closed English Borstal», *Economic Crisis and Crime,* United Nations Social Defence Research Institute, Publ. n° 15, Rome, 1976.

38. Cité dans R. Grainger, I. Waller, *Men Released from Prison,* University of Toronto Press, Toronto, 1974.

39. R. Grainger, *op. cit.,* p. 48.

40. Torald O. Kvalseth, «A Note on the Effect of Population Density and Unemployment on Urban Crime», *Criminology,* May 1977.

La revue des travaux réalisés aux États-Unis sur le sujet amène Brenner à conclure que les taux de crimes à la propriété et la délinquance au niveau national sont reliés de façon positive avec le taux de chômage. [41] Les admissions dans les prisons et les taux d'homicides varient dans le même sens que le chômage. Pour la période 1926-1962, les admissions dans les prisons et les taux d'homicides pour les États-Unis et pour l'État de New York sont reliés positivement au taux de chômage. Dans l'État de la Georgie, la population des prisons fluctue avec le taux de chômage pour la période 1967-1974. Pour la période 1960-1972, on constate aux États-Unis que le taux d'emprisonnement dans les prisons fédérales et d'état est relié au taux de chômage. Une comparaison de la situation entre certains États américains, le Canada, l'Angleterre, les États-Unis et l'Écosse, pour les années 1920-1940 et 1947-1973, indique qu'il y a une relation positive entre les activités criminelles et le taux de chômage. Pour les quatre pays, le taux d'homicide et les crimes rapportés à la police, les arrestations et les procès ainsi que les condamnations et les emprisonnements furent analysés en relation avec le taux de chômage pour chaque pays et pour chaque indice de criminalité, tant pour les crimes personnels que pour les crimes à la propriété.

Plusieurs études indiquent donc que le chômage et la criminalité évoluent dans le même sens.

Le coût des pathologies sociales

L'accumulation des connaissances provenant de diverses études sur les pathologies sociales attribuables au chômage constitue une base sérieuse pour l'élaboration d'un modèle statistique permettant de quantifier certains de ces effets, tout au moins pour les États-Unis où les études sont plus nombreuses. Ainsi, il devient possible d'évaluer, pour l'ensemble d'une société, le coût des pathologies sociales attribuables au chômage.

Un comité économique mixte du Congrès américain a voulu connaître ces coûts additionnels; il a donc commandité, en 1975, une étude réalisée sous la direction du professeur Brenner du Johns Hopkins University avec l'aide de plusieurs membres du service de la recherche du Congrès.

Les résultats indiquent que, contrairement à l'opinion largement répandue, le chômeur est loin d'être le seul perdant quand le chômage augmente; en plus de la perte de revenu pour le chômeur et de la perte de production pour la société, celle-ci doit supporter le coût associé à une augmentation des maladies, des décès, des suicides et des crimes.

---

41. H. Brenner, *op. cit.*, pp. 42-43.

Les travaux entrepris par le comité du Congrès américain cherchaient à voir comment les changements des variables économiques pouvaient créer des situations suffisamment stressantes pour contribuer à une augmentation perceptible de diverses maladies physiques et mentales et pour entraîner également des hausses de la criminalité. Les indices choisis pour mesurer ces changements économiques furent le taux de chômage, le taux d'inflation et le revenu per capita.

La conclusion générale à laquelle les auteurs arrivèrent est la suivante : La relation la plus cohérente entre des changements économiques au niveau global et chacune des mesures de coûts sociaux est démontrée dans le cas du taux de chômage. Il existe une relation significative du point de vue statistique entre le chômage et les traumatismes sociaux choisis comme indices de coûts sociaux et ce, pour presque tous les âges, pour les deux sexes, pour les blancs et les non-blancs, pour les États-Unis et pour chacun des trois États... La relation statistique entre le taux d'inflation et les indices de pathologies était fréquemment forte, mais incohérente d'un indice de pathologie à l'autre et d'un pays à l'autre. [42]

L'étude américaine portant sur la période 1940-1973 établit une relation statistique stable et positive entre le taux de chômage et les indices suivants de pathologie sociale :

- les taux de mortalité par âge et par sexe ;
- les taux de mortalité par maladie cardiovasculaire et rénale ;
- les taux de mortalité attribuables au suicide ;
- les taux de mortalité attribuables à l'homicide ;
- les taux d'admission dans les hôpitaux psychiatriques ;
- les taux d'emprisonnement.

Par eux-mêmes, ces résultats statistiques ne peuvent permettre de conclure à une relation de causalité entre les variations du taux de chômage et celles de ces divers indices, même si les analyses indiquent une relation stable et significative. Elles ne font que donner du poids à des hypothèses qui se fondent sur les résultats des diverses recherches médicales, sociologiques ou criminologiques dont il a été fait état précédemment, et qui visent à mieux comprendre les aspects perturbateurs multiples qu'impose une croissance du chômage à l'individu et à la société.

Comme il est noté dans le rapport du comité du Congrès, les résultats ne peuvent être interprétés que comme une sous-évaluation des problèmes sévères qu'impose le chômage à la société. En effet, les indices sociaux sont peu nombreux et présentent surtout des discontinuités importantes. En consé-

---

42. H. Brenner, *op. cit.*, p. 4.

quence, le nombre d'indices de pathologies sociales disponibles est limité, et même ceux qui existent ont été soumis à diverses révisions, ce qui rend leur utilisation problématique.

L'impact des perturbations qu'une hausse du chômage impose aux individus et à la société doit être observé pour une période suffisamment longue pour en évaluer l'effet total. Ainsi, comme le tableau suivant l'indique, l'étude du comité du Congrès américain établit qu'aux États-Unis, une augmentation de 1,4% du chômage en 1970, augmentation qui s'est maintenue sur une période de cinq ans, a produit, après cinq ans, les augmentations suivantes dans les pathologies sociales : 5,7% du taux de suicide ; 4,7% du taux d'admission dans les hôpitaux ; 5,6% du taux d'admission dans les prisons ; 8% du taux d'homicides ; 2,7% du taux de mortalité due aux cirrhoses du foie ; 2,7% du taux de mortalité due aux maladies cardiovasculaires et rénales ; 2,7% du taux général de mortalité.

TABLEAU I

Impact cumulatif d'une augmentation de 1,4% du taux de chômage aux États-Unis sur certaines pathologies sociales et sur les coûts, 1970-1975

	Changement en % dans les indicateurs de pathologies sociales	Changement dans le nombre de maladies, décès, emprisonnements	Coûts associés aux changements (millions de $)
Suicide	5,7	1 540	63,0
Admission dans les hôpitaux	4,7	5 520	82,0
Admission dans les prisons	5,6	7 660	210,0
Homicide	8,0	1 740	434,0
Mortalité due aux cirrhoses du foie	2,7	870	—
Mortalité due aux maladies cardiovasculaires	2,7	26 440	1 372,0
Mortalité totale	2,7	51 570	6 615,0

Source : Harvey Brenner, *Estimating the Social Costs of National Economic Policy: Implications for Mental and Physical Health, and Criminal Aggression,* A study prepared for the Joint Economic Committee, Congress of the United States, Washington, 1976.

Le calcul de ces diverses relations (ou élasticités) entre une hausse du chômage et une hausse des pathologies sociales permet aussi de quantifier le nombre additionnel de maladies ou de décès attribuables à une hausse du chômage ainsi que les coûts sociaux qu'ils entraînent. Le même tableau présente ces divers calculs. Par exemple, la hausse de 1,4% du chômage aux États-Unis en 1970, hausse qui s'est maintenue jusqu'en 1975, a entraîné : 1 540 suicides, 5 520 admissions dans les hôpitaux psychiatriques, 7 660 admissions dans les prisons, 1 740 homicides, 870 décès attribuables aux maladies du foie, 26 440 décès attribuables aux maladies cardiovasculaires et rénales et 51 570 décès attribuables aux mortalités en général. Le même tableau présente des estimés de coûts. La hausse de 1,4% du chômage en 1970, hausse qui s'est maintenue jusqu'en 1975 a contribué à une hausse des coûts sociaux de près de sept milliards de dollars.

Comme le soulignait le Sénateur américain Hubert H. Humphrey, président du comité, dans sa présentation des résultats de l'étude de Brenner, l'augmentation du taux de chômage de 1,4% de 1970 à 1975 aux États-Unis a coûté à la société américaine près de 7 $ milliards en pertes de revenu dues à la maladie, à la mortalité et aux coûts d'hôpitaux psychiatriques et de prisons.[43] Il faut ajouter les coûts annuels de 2,8 $ milliards pendant cette période de cinq ans pour les transferts d'aide sociale et d'assurance-chômage associés à cette augmentation de 1,4% du chômage. Cette augmentation de 1,4% en 1970 a donc coûté sur une période de cinq ans au moins 21 $ milliards. Ce calcul ne comprend pas le coût des autres augmentations du chômage après 1970, et ne tient pas compte de la perte de revenu associée à la perte de production.

Des études à entreprendre au Canada et au Québec

Le modèle statistique développé par Brenner pour évaluer les coûts sociaux du chômage pour l'ensemble de l'économie commence à intéresser les chercheurs étrangers, y compris ceux du Canada. Il faut cependant rappeler que les études macro-économiques de Brenner pour les États-Unis ont été réalisées à la suite de plusieurs recherches sur le terrain : études de cas auprès de chômeurs, analyse particulière de certaines villes américaines, recherches sur certaines variables de morbidité ou de criminalité. Ces études sont essentielles pour la spécification d'un modèle statistique macro-économique.

Il apparaît risqué d'exporter intégralement le modèle de Brenner sans que les recherches micro-économiques aient été effectuées dans les pays intéressés ; en effet, des facteurs culturels, historiques et institutionnels peuvent intervenir dans le processus de formation des pathologies sociales. Il faut bien connaître les diverses interrelations de ces variables pour préciser un modèle statistique approprié. Sinon, il sera difficile d'évaluer des conclusions contradictoires de modèles macro-économiques. Les facteurs culturels et sociaux sont trop importants dans ce genre de recherche pour que la méthode statistique puisse nous donner à elle seule des réponses fiables dans ce domaine.

---

43. H. Brenner, *op. cit.*, p. IX.

Au Canada, on commence à s'intéresser à la question des pathologies sociales associées au chômage. Mais les études micro-économiques sont à peu près inexistantes. Nos travaux dans le domaine ont récemment amené certains chercheurs québécois à s'intéresser à la question et des travaux de cette nature ont été entrepris[44]. Par ailleurs, Statistique Canada a réalisé, au début de 1982, une étude intitulée «Influence économique sur la santé des Canadiens», qui reprend la méthodologie de Brenner utilisée pour l'étude du Congrès américain en 1976.[45] Depuis ce temps, Brenner a développé un modèle statistique plus complexe que Statistique Canada n'a pas cru bon d'utiliser. L'étude canadienne en arrive aux résultats suivants: pour la période 1950-1977, pour l'ensemble du Canada et pour la majorité des causes de décès analysées, dont celles retenues par Brenner, seule la mortalité attribuable aux maladies cardiovasculaires présente un lien positif avec le chômage. Faut-il en conclure qu'à l'exception des maladies cardiovasculaires, les preuves valables pour les États-Unis ne le sont pas pour le Canada et quels seraient les facteurs qui expliqueraient de tels résultats? Serait-ce à cause de la spécification du modèle ou bien pour d'autres raisons? Il est actuellement difficile d'en arriver à une conclusion parce que les études sur le terrain qui permettraient de mieux juger des résultats sont inexistantes. Pour bien faire progresser ce dossier, il faudrait que ce type de recherche se développe au Québec et au Canada.

---

44. Le groupe de chercheurs de diverses disciplines qui a commencé à explorer ce domaine de recherche poursuit ses activités dans le cadre du Laboratoire sur l'emploi, la répartition et la sécurité du revenu (LABREV), de l'UQAM.

45. O.B. Adams, *Influence économique sur la santé des Canadiens: analyse chronologique de taux canadiens de mortalité et de chômage, 1950-1977*, Statistique Canada, catalogue 82-539F, hors série.

Chapitre V

LE CHÔMAGE, UN FLÉAU
QUI ACCENTUE LES PROBLÈMES
DE LA SOCIÉTÉ

Le chômage génère des pertes de revenus pour tous les groupes sociaux, pertes qu'on identifie aux coûts économiques du chômage. Le chômage engendre aussi des pathologies sociales qui augmentent les dépenses sociales dans plusieurs secteurs dont ceux de la santé et de la criminalité. Mais le chômage entraîne aussi d'autres conséquences qui sont difficilement quantifiables en termes de coûts ou de dépenses mais qui influent négativement sur *le bien-être de la collectivité*. Il s'agit d'abord de la détérioration qu'exerce le chômage sur la poursuite de grands objectifs sociaux tels une plus grande égalité des groupes et des revenus, l'indépendance économique et la qualité des emplois, ainsi qu'une démocratie plus forte. Il s'agit ensuite des effets négatifs du chômage sur la poursuite de certains objectifs économiques tels la croissance, la stabilité des prix et l'équilibre budgétaire. Ce chapitre vise à brosser un tableau succinct de ces différentes questions en identifiant une problématique pour les aborder et en présentant, s'il y a lieu, l'état des connaissances sur le sujet. Comme le lecteur pourra le constater, plusieurs de ces questions méritent d'être approfondies. Espérons que ce chapitre stimulera la recherche en ce sens.

L'incidence du chômage: un processus discriminatoire

Le chômage n'affecte pas tous les groupes démographiques de la même façon. À cet effet, le tableau I, qui reproduit pour 1981 les taux de chômage par âge et par sexe, montre au contraire que les femmes sont plus touchées par le chômage que les hommes; il montre également que les jeunes en font les frais plus que les autres puisque leur taux de chômage atteint 13,3% et 17,5% au Canada et au Québec, comparativement à 7,6% et 10,4% pour la moyenne. D'autres études dont nous parlerons plus loin montrent également que les travailleurs âgés et les personnes handicapées sont durement pénalisés par le chômage.

Depuis 1970, toutes les études économiques portant sur le problème du chômage ont remarqué les différences démographiques de l'incidence du chômage. Toutefois, ces analyses, telles celles effectuées par le Conseil Économique du Canada ou encore celles de M. Feldstein pour les États-Unis et de P. Fortin pour le Québec, expliquent ces différences soit par le fait que ces groupes auraient une formation ou des compétences qui les rendent non compétitifs ou encore parce qu'ils auraient des comportements démontrant une très forte instabilité par rapport à l'emploi.[1] Ces études indiquent en somme que pour certains groupes, le chômage est surtout volontaire et qu'il n'est pas le fruit d'une pénurie d'emploi; au contraire, si ces groupes avaient un comportement plus stable sur le marché du travail, leur taux de chômage serait beaucoup plus faible. Ces études démontrent donc que l'inégalité de l'incidence du chômage ne peut être considérée comme un coût social important.

TABLEAU I

Taux de chômage et répartition des chômeurs par âge, sexe
1981
Québec, Ontario, Alberta et Canada

	Québec		Ontario		Alberta		Canada	
Jeunes 15-24 ans	17,5	43,1%	12,3	47,8%	6,7	51,2%	13,3	45,9%
Femmes 25 et plus	9,3	24,8%	5,9	26,8%	3,2	23,3%	6,7	25,2%
Hommes 25-44 ans	7,7	22,2%	4,1	16,6%	2,4	18,6%	5,3	19,7%
Travailleurs âgés (H) 45 et plus	6,5	10,0%	3,3	8,8%	2,1	7,0%	4,1	9,1%
Total	10,4	100%	6,6	100 %	3,8	100 %	7,6	100 %

Source: Statistique Canada, *La population active*, 71-001, décembre 1981.

1. Conseil Économique du Canada, *Des travailleurs et des emplois: une étude du marché du travail au Canada*, Information Canada, Ottawa, 1976; Emploi et Immigration Canada, *L'évolution du marché du travail dans les années 1980*, Information Canada, Ottawa, 1981; Martin Feldstein, *Lowering the Permanent Rate of Unemployment*, A Study for the Joint Economic Committee, Congress (1973); M. Feldstein, «The Economics of the New Unemployment», *Public Interest*, 1973; Pierre Fortin, *Chômage, Inflation et régulation de la conjoncture au Québec*, L'institut de recherche C.D. Howe, Montréal, 1980.

Mais la répartition du chômage chez les différents groupes démographiques est un problème complexe dont les raisons profondes dépassent sûrement les problèmes de formation et de comportement. Entre autres, en période de basse conjoncture, il se pourrait que certains groupes, dont l'importance augmente dans la main-d'œuvre, expérimentent plus de difficultés que d'autres à se trouver de l'emploi en raison tout simplement de la pénurie des emplois disponibles. On refuse alors des emplois à ces groupes non pas en raison d'un manque d'étude ou de formation institutionnelle, mais sous prétexte d'un manque d'expérience professionnelle. On peut douter qu'une formation supplémentaire réussisse à suppléer ce manque d'expérience.

En période de chômage, les pratiques de mise au chômage peuvent être discriminatoires. En effet, on remarque que bien souvent les femmes et les jeunes, qui sont moins bien protégés que d'autres groupes par leur convention collective, seront licenciés les premiers. Dans les secteurs non syndiqués, on congédiera également les travailleurs âgés qui ont pu avoir certains problèmes de santé ; ou encore dans les secteurs syndiqués, on demandera aux travailleurs âgés de prendre une retraite prématurée.

Par ailleurs, comme les emplois ne sont pas répartis également entre les groupes, et que bien souvent un accroissement du chômage n'est pas ressenti également entre les industries, il se peut que certains groupes souffrent plus durement que d'autres des effets d'une hausse du chômage. C'est le cas présentement de certains groupes de femmes concentrées dans les services ou encore des travailleurs d'un certain âge qu'on retrouve surtout dans les industries en déclin.

Nous n'avons pas l'intention d'analyser en détail la spécificité du chômage pour les groupes [2], mais nous voulons indiquer que le chômage ne touche pas tous les groupes également et que cela n'est pas nécessairement voulu par ces groupes. Une large part du chômage des groupes serait involontaire et serait principalement la conséquence d'une pénurie générale d'emploi. Dans cette perspective, *l'impact discriminatoire du chômage a un coût pour toute société qui prétend défendre un objectif de justice sociale.*

Dans cette section, nous allons décrire l'importance du chômage pour quatre groupes particuliers : les femmes, les jeunes, les travailleurs âgés et les personnes handicapées. Il apparaît, à la suite de cette description, que les problèmes de chômage des deux premiers groupes sont principalement reliés à des pratiques discriminatoires d'embauche et de mises à pied ainsi qu'à la nature de leurs emplois ; les problèmes des travailleurs âgés sont liés à leurs emplois puisque ces derniers sont concentrés dans des industries en

---

2. Nous étudions actuellement ce problème en profondeur. Les résultats de ces travaux feront l'objet d'une publication ultérieure.

difficulté où la main-d'œuvre a vieilli en même temps que l'équipement. Le problème des travailleurs handicapés est toutefois différent puisque au départ, ceux-ci peuvent difficilement se trouver un emploi et que par conséquent, ils sont d'éternels chômeurs à la recherche d'un premier emploi.

Les femmes

Le rapport économique des femmes face au marché du travail a beaucoup changé depuis une quinzaine d'années. On ne peut pas dire toutefois que la condition économique des femmes s'est beaucoup améliorée; au contraire, la pauvreté est toujours très répandue dans ce groupe. Néanmoins, la situation économique des femmes commence à être connue.[3]

La participation des femmes au marché du travail s'est accrue considérablement ces dernières années. Au Québec, par exemple, leur taux d'activité est passé de 32,6% en 1966 à 46% en 1980. Et ce taux ne cesse d'augmenter: il est passé de 40,1% en 1975 à 46% en 1980 et on prévoit qu'en l'an 2 000, il atteindra 70,6% au Canada.

Ce sont surtout les femmes mariées qui ont accru leur participation au marché du travail. L'accroissement de ces taux d'activité s'explique sans doute par une nécessité économique: pour arriver aujourd'hui, un seul salaire ne suffit pas. Mais les perturbations que subit le mode de vie familiale, et qui se manifestent par une augmentation des taux de divorce et de séparation, ont probablement contribué à l'accroissement des taux d'activité des femmes puisque le mariage ne leur garantit plus une sécurité économique à toute épreuve.

Malgré leurs efforts, les femmes n'ont pas réussi à s'intégrer, au même titre que les hommes, au marché du travail. D'abord, celles qui entrent sur le marché du travail pour la première fois et celles qui y retournent après une période d'abandon ont plus de difficulté à se trouver un emploi. À titre indicatif, en 1981 au Canada, ces femmes représentaient 42,4% des chômeuses comparativement à 21,5% pour les chômeurs.[4]

Par ailleurs, les femmes qui occupent un emploi se retrouvent dans certaines occupations et industries bien précises. En 1980 au Canada, 60%

---

3. Voir à ce sujet les travaux suivants:
   Pat Armstrong, *Job Creation and Unemployment for Canadian Women,* Institut canadien de recherches pour l'avancement de la femme, Ottawa, 1980; Pat Armstrong et Hugh Armstrong, *The Double Ghetto,* McClelland and Stewart, Toronto, 1978; C. Swan, *Women on the Canadian Labour Market,* Technical Study # 30, Task Force on Labour Market in 1980, Ottawa, juillet 1981; d'ailleurs, les principales données présentées dans cette section sont tirées de ce dernier ouvrage.

4. Statistique Canada, *La population active,* #71-001, décembre 1981, p. 127.

des femmes qui travaillaient étaient concentrées soit dans des emplois de bureau, de vente ou dans des emplois de services. On les retrouvaient surtout dans les industries du secteur tertiaire, et particulièrement dans le commerce, les assurances, les finances et l'immobilier ainsi que dans les services.

Les femmes occupent des emplois beaucoup moins rémunérateurs que leurs collègues masculins. En 1978 au Canada, les revenus moyens des femmes qui travaillaient à temps plein atteignaient 10 098 $, soit un revenu égal à 58% des revenus des hommes travaillant à temps plein. En fait, les études qui ont analysé les salaires relatifs entre hommes et femmes indiquent que la proportion des travailleuses diminue dans les industries à mesure que les gains industriels augmentent.[5] Mais non seulement les emplois féminins sont-ils moins bien payés, mais on y retrouve la plus grande proportion de travail à temps partiel et les plus faibles taux de syndicalisation. Par conséquent, les avantages sociaux associés à ces emplois sont plutôt minces. En somme, les hommes accaparent les bons emplois et laissent les autres aux femmes.

Mais en plus d'avoir les emplois les moins bien payés, les femmes subissent le chômage plus fortement que les hommes. Ainsi au Québec en 1981, la main-d'œuvre est composée d'une part de 40,8% de femmes et d'autre part, le groupe des chômeurs est composé de 45,9% de femmes.[6] Tout au long des années 1970, le taux de chômage des femmes a toujours été plus élevé que celui des hommes. Ce n'est pas nécessairement parce que les taux de chômage sont plus élevés dans les industries ou dans les occupations à forte concentration féminine, mais surtout parce que dans toutes les industries à l'exception de la construction, et dans toutes les occupations, le taux de chômage des femmes est supérieur à celui des hommes. Ceci veut donc dire qu'encore aujourd'hui, en période de chômage, on congédie les femmes avant les hommes.

Compte tenu de la place des femmes sur le marché du travail, il n'est pas surprenant de retrouver une plus forte incidence de la pauvreté chez les femmes que chez les hommes. Il est nécessaire d'adopter plusieurs mesures pour corriger cette injustice sociale et établir une plus grande égalité entre les sexes. Des programmes de formation de la main-d'œuvre, de recyclage et d'action positive sont indispensables bien sûr pour changer la situation. On peut toutefois affirmer sans se tromper que l'efficacité de ces mesures sera compromise tant et aussi longtemps qu'une proportion importante de la main-d'œuvre demeurera sans emploi. En effet, en période de chômage, des programmes de formation et d'action positive ne font que déplacer le problème d'un groupe à un autre. Au contraire, une situation de plein emploi ne garantit pas seulement des emplois pour tous, mais elle permet d'enrayer les barrières

---

5. Voir C. Swan, *op. cit.*
6. Statistique Canada, *La population active*, #71-001, décembre 1981, p. 85.

institutionnelles à la mobilité professionnelle et industrielle des femmes sans créer des tensions sociales insurmontables.

Les jeunes

Les jeunes sont généralement plus touchés par le chômage que leurs aînés. Au Québec en 1981, les jeunes de moins de 25 ans constituaient 43,1% des chômeurs alors qu'ils représentaient seulement 25,6% de la population active.[7] Cette sur-représentation des jeunes chez les chômeurs n'est pas spécifique au Québec ou au Canada. La plupart des pays membres de l'OCDE ont connu tout au long de la dernière décennie de sérieux problèmes à ce sujet. C'est l'ampleur même de ces problèmes qui a incité l'OCDE à organiser une conférence internationale sur le sujet en 1977.[8]

Plusieurs raisons sont généralement invoquées pour expliquer l'ampleur de ce problème. Il y a d'abord l'accroissement important de la main-d'œuvre âgée de moins de 25 ans. L'importance accrue de ce groupe dans la population totale et la hausse des taux de participation seraient responsables de l'accroissement de cette main-d'œuvre qui se ferait à un taux supérieur à ce que le marché du travail peut absorber. Cette explication d'ordre démographique trouve un appui statistique important pour la période de 1966-1973 alors que le taux de croissance annuel moyen des jeunes actifs était de 5,2% comparativement à 3,3% pour l'ensemble de la population active. Mais depuis 1973, le taux de croissance annuel moyen du nombre de jeunes actifs s'est stabilisé autour de 3,9% comparativement à 3,4% pour l'ensemble de la population active.[9] Or, malgré l'atténuation de cette source de chômage, le chômage chez les jeunes n'a cessé de croître : le taux de chômage des jeunes de moins de 25 ans, qui atteignait 13,5% au Québec en 1971, a monté à 17,5% en 1981. Toutes ces statistiques laissent croire que la pénurie relative des emplois pour les jeunes s'est transformée en pénurie absolue.

Mais les explications courantes du chômage des jeunes ne parlent pas de pénurie d'emploi. Au contraire, on invoque le plus souvent le fait que la formation des jeunes est inadéquate et que compte tenu des hauts salaires exigés, les jeunes actifs ne sont pas compétitifs par rapport aux autres travailleurs. Les jeunes devraient alors accepter des baisses de salaire ou suivre des programmes de formation. On prétend également que les jeunes ont un comportement très instable sur le marché du travail, de sorte qu'ils quitteraient

---

7. *Ibid.*

8. O.C.D.E., *Le chômage des jeunes,* rapport sur la conférence à haut niveau, 15 et 16 décembre 1977, vol. I, Paris, 1978.

9. C.S.N., *L'insécurité d'emploi.*

souvent l'emploi occupé et le marché du travail pour y revenir plus tard et exercer un nouvel emploi. Mais qu'on parle des jeunes chômeurs comme des travailleurs non compétitifs ou comme des travailleurs dont le comportement personnel les mène au chômage, cela sous-entend que le chômage des jeunes est volontaire et qu'il n'est surtout pas le produit d'une pénurie d'emploi. [10]

De nombreuses preuves contredisent et nuancent toutefois ces explications. Elles nous conduisent à penser que le chômage des jeunes est avant tout involontaire et qu'il est le fruit d'une importante pénurie d'emploi qu'ils subissent plus lourdement que les autres, bien souvent à cause de préjugés défavorables qu'on entretient à leur égard.

D'abord, en ce qui concerne la scolarité, on peut dire que de façon générale les jeunes sont mieux nantis que leurs aînés. En effet, selon les statistiques compilées par l'OPDQ dans le cadre d'une recherche sur le chômage des jeunes, la plupart des jeunes actifs québécois auraient complété des niveaux de scolarité intermédiaires. Ainsi en 1977, 91,6% des jeunes actifs auraient suivi des études secondaires et post-secondaires partielles ou complètes comparativement à 59,4% pour les actifs de plus de 25 ans. [11] C'est au niveau des extrêmes, c'est-à-dire au niveau des années de scolarité de 0 à 8 ans et du diplôme universitaire, que les actifs de 25 ans et plus se retrouvent en plus grande proportion que les jeunes. Compte tenu du fait que les jeunes actifs ont une moyenne d'années de scolarité supérieure à leurs aînés, on ne peut prétendre que la scolarité fait défaut. Les jeunes souffrent plutôt d'un manque d'expérience pratique que seul l'exercice d'un emploi peut donner. Or, il est loin d'être certain que les programmes de formation financés et administrés par les gouvernements réussissent à se substituer à l'expérience pratique que confère l'exercice d'un emploi spécifique.

En effet, les préjugés défavorables des employeurs à l'égard des jeunes semblent très importants. À cet égard, l'étude de l'OPDQ passe en revue les quelques travaux effectués au Canada et au Québec ainsi que ceux effectués aux États-Unis sur le point de vue des employeurs face à l'embauche des jeunes. Les auteurs du rapport de l'OPDQ ajoutent qu'il est permis de soupçonner que de telles attitudes ont sûrement des conséquences néfastes sur l'emploi des jeunes et en particulier au niveau des pratiques d'embauche qui seraient restrictives. Les auteurs citent en particulier les industries américaines qui se demanderaient «pourquoi elles engageraient davantage des jeunes gens si cette façon de faire excluait des travailleurs plus âgés qui ont de plus grandes responsabilités et qui sont susceptibles d'être plus qualifiés,

---

10. Voir entre autres les études citées en 1.

11. Office de planification et de développement du Québec, *Les jeunes québécois et le travail*, Québec, 1978.

plus stables et plus productifs.» [12] Les études québécoises et canadiennes ainsi que les témoignages recueillis auprès de conseillers de main-d'œuvre suggèrent qu'au Québec et qu'au Canada, «les préjugés défavorables des employeurs à l'égard des jeunes constitueraient une barrière importante à leur embauche».

Ensuite, plusieurs études sur le chômage des jeunes permettent de nuancer l'importance attribuée à leur comportement instable. En effet, même si ces études constatent que les taux de roulement sont plus élevés chez les jeunes, elles expliquent ce fait par l'insatisfaction au travail. [13]

Comme le souligne l'étude de l'OPDQ sur le chômage des jeunes, il faut remarquer que les emplois destinés aux jeunes sont loin d'être ceux auxquels ils aspirent. En effet, les emplois qui leur sont réservés se retrouvent généralement «au bas de l'échelle» où les tâches sont non seulement les plus ennuyantes mais aussi les plus dangereuses. Les salaires des jeunes sont également plus bas que la moyenne, de sorte que pour gagner un revenu décent, ceux-ci doivent travailler de longues heures. Compte tenu de l'écart entre la réalité du travail et les aspirations des jeunes, il ne faut pas s'étonner que les taux de roulement soient si élevés.

Par ailleurs, en période de pénurie d'emploi, les entreprises n'ont aucun avantage à améliorer la qualité des emplois. Au contraire, on peut dire que pour les emplois qui requièrent un minimum de formation en entreprise, donc pour lesquels les coûts de roulement sont faibles, les entreprises ont un intérêt économique à ne pas améliorer la qualité de vie au travail. L'amélioration de la qualité de la vie au travail, qui se traduit par une amélioration de l'environnement physique et sécuritaire, ou encore par des transformations au niveau des tâches afin de rendre le travail plus satisfaisant, coûte plus en période d'abondance de main-d'œuvre que les coûts de recrutement associés au taux de roulement élevé. [14]

Selon une étude du ministère de la Main-d'œuvre et de l'Immigration, il semblerait que le taux de roulement des Québécois âgés de 14 à 24 ans serait de 26,4% comparativement à 36,5% pour le Canada; [15] le taux de

---

12. *Ibid.,* p. 122.

13. Ces études sont analysées dans la publication de l'O.P.D.Q., *ibid.,* Chapitre 5.

14. Toute la question de la qualité des emplois et du niveau de l'activité économique a d'ailleurs été étudiée par Arthur M. Okun, «Upward Mobility in a High-Pressure Economy», Brooking Papers on Economic Activity I, Washington, 1973, qui montre à l'aide d'un modèle économétrique comment une réduction du taux de chômage s'accompagne par la croissance de secteurs industriels dont on reconnaît généralement la qualité des emplois offerts.

15. Ces chiffres sont tirés de Ministère de la Main-d'œuvre et de l'Immigration. *Le chômage chez les jeunes au Canada: une analyse détaillée,* Ottawa, 1976, (pp. 42 à 44), cette étude est citée dans OPDQ, *op. cit.,* p. 82.

roulement québécois serait même inférieur à tous ceux des autres provinces. Par ailleurs, la même étude souligne que les jeunes de moins de 25 ans qui quittent leur emploi parce qu'ils en sont insatisfaits sont plus nombreux au Québec (soit 36,3%) que dans toutes les autres provinces. Ces statistiques ne sont pas surprenantes puisque le Québec souffre depuis longtemps d'une pénurie relative d'emploi comparativement aux autres provinces qui ont des structures de production similaires. Ces données portent à croire que les pénuries d'emploi exercent une double influence sur la situation des jeunes sur le marché du travail. D'abord, ces pénuries qui encouragent le maintien et le développement d'emplois insatisfaisants devraient augmenter le taux de roulement. Ensuite, elles devraient exercer un effet négatif sur les taux de roulement compte tenu de l'insécurité économique qu'elles engendrent pour les travailleurs face à la possibilité de se trouver un autre emploi. Dans cette perspective, les statistiques québécoises indiquent que l'insécurité causée par le chômage exercerait, sur les taux de roulement des jeunes, des effets plus importants que l'insatisfaction.[16] Le comportement des jeunes ne serait alors pas si différent de celui des autres travailleurs.

Toute cette discussion sur le comportement instable des jeunes nous fait dire que celui-ci n'est pas nécessairement intrinsèque au fait d'être jeune. Au contraire, ce comportement est lié au degré de satisfaction au travail. Or, on sait que les emplois offerts aux jeunes sont souvent moins attrayants que les autres.

Tout indique que le chômage des jeunes pourrait être grandement atténué si l'économie fonctionnait à pleine capacité et s'il n'y avait pas de pénurie d'emploi. Par exemple il est connu qu'en Alberta les emplois sont relativement abondants, puisque en 1981 le taux de chômage global était de 3,8%. Or, le chômage des jeunes de 15 à 24 ans atteignait 6,7% comparativement à 17,5% pour le Québec.[17] Doit-on penser que les jeunes Québécois se comportent à ce point différemment des Albertains ? Non. On doit plutôt y voir une différence au niveau des emplois disponibles. D'ailleurs une étude de l'OCDE sur le chômage des jeunes dans différents pays indique que « le niveau de la demande globale », ou le niveau de l'activité économique, est « toujours la principale variable influant sur le chômage des jeunes. »[18]

---

16. D'ailleurs, certaines études sur le sujet tendent à confirmer cette hypothèse, voir entre autres Kim B. Clark et Lawrence H. Summers, « The Dynamics of Youth Unemployment », Richard B. Freeman et David Wise, *National Bureau of Economic Research, Conference on Youth Unemployment* (cité dans OPDQ, p. 71).

17. Statistique Canada, *La population active,* #71-001, décembre 1981.

18. O.C.D.E., *Le chômage des jeunes, causes et conséquences,* Paris, 1980, p. 9.

En terminant, disons que la forte incidence du chômage chez les jeunes constitue un coût social puisqu'il contredit l'objectif de justice sociale et d'égalité des chances. Mais ce coût est d'autant plus élevé que le chômage aurait des effets traumatisant chez les jeunes, effets, qui selon certaines études, hypothèqueraient les jeunes travailleurs tout au long de leur vie. [19] Le chômage des jeunes devient un problème social encore plus irrationnel: pensons à l'investissement en éducation ou en capital humain que le Québec a réalisé depuis le début des années soixante et qui se trouve dévalorisé par le simple fait que les jeunes sont incapables d'exercer le travail pour lequel ils sont préparés. Pris sous cet angle, le chômage des jeunes comporte des coûts sociaux de nature inter-temporelle dont l'ampleur dépasse l'imagination.

Les travailleurs âgés

Les travailleurs âgés de 45 ans et plus constituent un troisième groupe pour lequel le chômage est ressenti plus durement que pour les autres. Officiellement, les taux de chômage sont généralement plus faibles pour ce groupe. Mais en réalité, les statistiques sous-estiment largement l'ampleur du chômage chez les travailleurs âgés de 45 ans et plus. En effet, comme la durée du chômage est plus longue chez ce groupe de travailleurs, on y retrouve davantage le phénomène de découragement. C'est du moins ce que révèle une étude spéciale de Statistique Canada. [20]

Mais le chômage est particulièrement désastreux pour les travailleurs âgés car justement, il est une expérience dont la durée est très longue par rapport aux autres groupes. Alors que la durée moyenne du chômage au Canada ces dernières années est de 13 et 15 semaines pour les chômeurs âgés entre 15 et 24 ans et ceux entre 25 et 44 ans respectivement, la durée moyenne des périodes de chômage est de 18 semaines pour les travailleurs de 45 ans et plus. [21] Pour le Québec en 1981, comme l'indique le tableau II, les données correspondantes sont les suivantes: 16,1, 19,1 et 21,5 semaines. Par ailleurs, la troisième colonne du tableau II qui montre la proportion des chômeurs, par groupe d'âge, qui subissent un chômage de longue durée indique que les probabilités d'être en chômage prolongé sont beaucoup plus fortes pour les travailleurs âgés de 45 ans et plus. Ceci se vérifie également pour le Canada et les autres provinces.

---

19. *Ibid.*, p. 94 et OPDQ, *op. cit.*, pp. 132-3.

20. Statistique Canada, *Persons not in the Labour Force: Job Search Activities and Desire for Employment*, étude spéciale à partir des données de la population active de 1979, (citée dans F. Sampson, p. 29).

21. Frank Sampson, *The Labour Force Position of Older Workers,* The Task Force on Labour Market Development, Technical Study 31, Ottawa, 1981, p. 21.

Or s'il en est ainsi, ce n'est pas en raison des caprices que pourraient avoir ces chômeurs. En effet, selon une enquête de 1978 de la Commission de l'emploi et de l'immigration du Canada, seulement 13,2% des chômeurs canadiens âgés entre 45 et 64 ans avaient quitté leur emploi en raison de la médiocrité des conditions de travail comparativement à 17,6% pour la moyenne des chômeurs. Par ailleurs, cette même enquête indique que 84,2% des chômeurs âgés sont en chômage pour des raisons en dehors de leur volonté. [22]

La durée du chômage chez les travailleurs âgés s'explique plutôt par le fait que ceux-ci sont concentrés surtout dans des secteurs industriels qui deviennent de plus en plus automatisés tels l'agriculture et la pêche ou encore dans des secteurs qui connaissent une croissance plutôt lente, voire une baisse de leur activité, tels la construction, le transport et les services publics. [23] En fait, ce sont ces travailleurs qui sont touchés par les importantes fermetures d'usines que nous connaissons depuis 1975.

Or ces chômeurs ont plus de difficulté à se trouver d'autres emplois dans les secteurs en croissance, leur niveau d'éducation étant beaucoup plus faible que pour les générations plus jeunes. Ceci leur pose un problème de recyclage complexe car la plupart d'entre eux doivent alors entreprendre une longue période de formation. En effet, il peut être long pour un travailleur âgé de devenir technicien en électronique ou en informatique quand il n'a pas complété au préalable ses études primaires.

TABLEAU II

Taux, durée et incidence du chômage de longue durée par âge
Québec
1981

	Taux de chômage	Durée moyenne du chômage	Incidence du chômage de longue durée* pour chacun des groupes d'âge
15 à 24 ans	17,5%	16,1	37,3%
25 à 44 ans	8,7%	19,1	43,0%
45 et plus	6,5%	21,5	47,0%

* Le chômage de longue durée est le chômage de 14 semaines et plus.
Sources: Statistique Canada, *La population active*, 71-001, décembre 1981.

22. Tiré de F. Sampson, *ibid.*, p. 37.
23. *Ibid.*, p. 8.

Par ailleurs sur le plan humain, il est souvent plus difficile pour les travailleurs âgés de déménager dans une autre région pour trouver un emploi. Les racines familiales de ces travailleurs sont généralement bien ancrées là où ils vivent, depuis longtemps pour la plupart; quelques-uns d'entre eux ont peut-être une maison qu'ils hésitent à vendre. Les problèmes que représentent pour les travailleurs âgés le recyclage et la relocalisation expliquent sans doute les résultats de notre sondage.

Les conséquences d'un chômage prolongé sont très lourdes pour ces travailleurs. Après une vie active de travail régulier, ceux-ci peuvent se retrouver en chômage après une période qui dépasse celle pendant laquelle ils reçoivent des prestations d'assurance-chômage. Or, les statistiques disponibles laissent croire que plusieurs travailleurs sont dans cette situation. [24] Par ailleurs, une enquête effectuée en 1976 au Canada sur les chômeurs qui ont vu leurs prestations d'assurance-chômage expirer montre que seulement 41,8% des travailleurs âgés de 45 à 64 ans auraient trouvé un emploi dans les six mois suivant l'expiration de leurs prestations d'assurance. [25] Ce chômage prolongé est alors d'autant plus difficile à supporter économiquement et psychologiquement que certains de ces travailleurs doivent recourir à l'aide sociale.

Il est certainement très humiliant pour un travailleur âgé qui a toujours gagné sa vie de se retrouver pauvre et à la charge de l'État. Les prestations de l'aide sociale, bien qu'ajustées à la taille de la famille, sont en-dessous des seuils de pauvreté. De plus, comme la majorité de ces chômeurs de longue durée sont des chefs de famille, on peut ajouter que la misère économique dont souffrent ces travailleurs affecte également toute la famille. [26] [27]

---

24. Emploi et Immigration Canada, étude technique 5, *Un profil statistique des prestataires de l'assurance-chômage*. Étude préparée pour le groupe de travail sur l'assurance-chômage, août 1981.

Prestataires ayant épuisé leurs prestations, Québec

	nombre	% du Canada	en % du nombre de demandes initiales acceptées
1980	160 609	39,0	27,0
1979	229 307	38,8	38,9
1978	282 618	37,0	44,0
1977	177 951	38,3	25,9
1976	139 363	37,2	20,4
1975	118 551	32,4	17,3

N.B.: Pour toutes ces années, le Québec a le plus haut chiffre absolu.

25. Les données correspondantes pour les hommes âgés respectivement de moins de 20 ans, de 20 à 24 ans et de 25 à 44 ans seraient de 64,6%, 58% et 51,2%, F. Sampson, *op. cit.*, p. 23.

26. 59% de ces chômeurs au Canada sont des chefs de famille comparativement à 26% pour les jeunes, *ibid.*, p. 26.

27. Les données présentées par Emploi et Immigration Canada, *Rapport sur les prestataires de l'assurance-chômage ayant épuisé leurs prestations*, étude technique 7, Ottawa, 1981, diffèrent légèrement de celles présentées par F. Sampson.

Mais le chômage des travailleurs âgés produit d'autres effets. Ce n'est pas seulement le travailleur, mais aussi la société qui devront supporter partiellement les coûts: il s'agit du problème de la retraite. En effet, on sait que c'est justement entre 45 et 64 ans que la plupart des travailleurs se préoccupent de leur retraite et c'est à ce moment qu'ils accumulent certaines épargnes pour leurs vieux jours. Bien que le problème des prestations de retraite ne peut être résolu par l'épargne, il n'en demeure pas moins qu'actuellement, compte tenu des politiques en vigueur, les travailleurs n'ont pas d'autres choix que d'épargner pour échapper à la pauvreté qui les attendra inévitablement le cas échéant.[28] Or, les travailleurs âgés qui deviennent chômeurs ne peuvent plus épargner mais ils se voient souvent dans l'obligation d'utiliser leurs épargnes. Devant une telle situation, il n'existe pas d'incertitude quant au sort qui les attend à 65 ans: ces travailleurs devront compter exclusivement sur les prestations de l'État, lesquelles leur permettront de recevoir un revenu minimum se rapprochant du seuil de pauvreté.

Les travailleurs handicapés

On oublie trop souvent les travailleurs handicapés qui subissent le chômage beaucoup moins par des mises à pied mais du fait, qu'en période de chômage, ils sont strictement incapables de se trouver un emploi. Or ce problème est beaucoup plus important qu'on ne le croit.

En effet, on a tendance à penser que le problème de ces travailleurs, bien qu'important sur le plan humain, est en fait un problème marginal qui touche bien peu de personnes. Mais en fait ce problème est loin d'être marginal. Une enquête effectuée par le Canada Health Survey montre qu'en 1979, il y avait 2 156 000 personnes handicapées au Canada dont 1 345 000 en âge de participer à la main-d'œuvre.[29] Ces personnes ne peuvent pas toutes travailler, et les statistiques concernant le statut de ces personnes sur le marché du travail sont rares. Toutefois, une étude basée sur les données recueillies par les agences

---

28. Voir à cet effet, Louis Ascah, *Government and Private Pensions in Canada,* doctoral dissertation, McGill University, March 1979; Diane Bellemare, *La sécurité du revenu au Canada: une analyse économique de l'avènement de l'État-Providence,* thèse de doctorat, McGill University, juillet 1981; Diane Bellemare et Lise Poulin-Simon, *La tendance à la sélectivité ou les tensions difficiles entre les stratégies d'assurance et d'assistance,* Centre canadien de recherche en politiques de rechange, Ottawa, 1982; Lise Poulin-Simon, *Les Assurances Sociales,* Institut de recherche appliquée sur le travail, Montréal, 1981; J.C. Weldon, «On the Theory of Intergenerational transfers», *The Canadian Journal of Economics,* nov. 1976; Canadian Center for Policy Alternatives, *Pensions: Public Solutions vs Private Interest,* Proceedings of the CCPA Conference on Pensions, Ottawa, 1982.

29. Les informations concernant cette section sont tirées principalement de Frank Sampson, *Issues Relating to the Labour Force Position of the Disabled in Canada,* Canada Employment and Immigration Commission, Technical Study 30, Ottawa, 1981.

nationales de bienfaisance estime que le taux de chômage de ces personnes est de 85% ; et qu'actuellement, il y aurait environ 500 000 handicapés en chômage, soit un nombre équivalant à la moitié du nombre de chômeurs officiels au Canada en 1981. Ce chiffre est alarmant.

Ce taux de chômage élevé s'explique, entre autres, par des carences au niveau de la formation professionnelle de ces travailleurs. Mais la raison principale est que les entreprises n'embauchent généralement pas de travailleurs handicapés aussi longtemps que des chômeurs non handicapés offrent leurs services. C'est donc la pénurie des emplois qui est responsable du taux de chômage élevé des handicapés.

À cet effet, les résultats d'une enquête effectuée auprès d'entreprises américaines, peu différentes des entreprises canadiennes et québécoises, indiquent que les employeurs sont habituellement très réticents à embaucher des personnes handicapées lorsque la main-d'œuvre est abondante. Plusieurs justifient leur comportement par des raisons de coûts ; selon eux, il serait plus coûteux d'embaucher des personnes handicapées, parce que celles-ci nécessiteraient bien souvent des installations spéciales, ou encore parce que les primes d'assurance-vie et maladie versées pour leur compte seraient supérieures à celles des employés non handicapés.

Ce problème pourrait être résolu par l'adoption de politiques de subventions aux entreprises et de programmes d'action positive. Mais en fait, le problème des personnes handicapées résulte avant tout, comme pour les femmes, les jeunes et les travailleurs âgés, d'un processus de rationnement des emplois. On peut alors adopter des politiques sélectives qui visent à réduire la discrimination systémique : ce qui ne fait que déplacer le problème et ce, au prix de frictions politiques et sociales. En fait, c'est la pénurie d'emplois qui est à l'origine du chômage des personnes handicapées, et tant qu'il n'y aura pas de politiques concrètes de plein emploi, on peut douter de l'efficacité des politiques de subventions ou d'action positive.

Les inégalités de revenus

Plusieurs études se sont penchées sur le problème des inégalités de revenus. La plupart d'entre elles se sont attardées à étudier l'accroissement ou le rétrécissement des inégalités dans le temps, ou encore l'effet de redistribution du système de taxation, des programmes de sécurité de revenu ou de certains services publics tels l'éducation ou la santé. Il est surprenant de constater que parmi toutes ces études, peu se sont souciées d'analyser systématiquement l'impact du chômage sur la répartition des revenus. À notre connaissance, bien que la plupart des auteurs canadiens et québécois dans le domaine reconnaissent que le chômage et le niveau de l'activité économique exercent sans aucun doute des effets importants sur la répartition des revenus, seule une étude de l'OPDQ a cherché à étudier l'impact de la conjoncture sur la répartition des revenus.[30]

Les résultats de cette étude sur les effets de la conjoncture sur la répartition des revenus sont très clairs:

> Ainsi, cette étude nous a permis de constater que la conjoncture économique influençait sans relâche la répartition, aggravant les écarts de revenus en période de chômage élevé et les réduisant lors de la reprise économique. Les politiques de stabilisation automatique ont atténué ces effets, mais ne les ont pas éliminés.[31]

Et on peut lire plus loin:

> Tous nos résultats démontrent — et ce, contredisant ceux qui opposent l'économique et le social — que les politiques macro-économiques et les politiques sociales de redistribution ne sont pas conflictuelles dans leurs objectifs. L'atténuation du chômage, en effet, diminue parallèlement l'inégalité de la répartition. Les politiques de plein emploi ont par conséquent des effets modérateurs sur l'inégalité. Ce qui signifie que l'on peut stimuler l'économie actuellement au bénéfice d'une plus grande égalité de la répartition.[32]

Or, ces résultats n'ont rien de surprenant quand on comprend la mécanique et l'incidence du chômage. En effet comme nous l'avons indiqué dans la section précédente, 67,8% des chômeurs se retrouvent parmi les jeunes et les femmes de 25 à 64 ans. Or ces groupes se retrouvent généralement dans les catégories d'emploi où les taux de salaires sont les plus bas. Et comme le chômage affecte principalement ceux dont les salaires sont inférieurs à la moyenne, et comme le régime d'assurance-chômage ne compense pas entièrement pour la perte de revenu, il en résulte que ces groupes ont des revenus encore plus inférieurs à la moyenne, d'où un accroissement des inégalités.[33] Les effets conjugués d'un taux de chômage élevé et de faibles salaires expliqueraient ainsi les revenus très faibles des jeunes et des femmes dont la principale source de revenu consiste en salaires et traitements.

Ce sont des constatations de ce genre qui ont amené le Conseil de planification et de développement du Québec à proposer l'adoption d'une

---

30. Office de planification de développement du Québec, *Évolution de la répartition des revenus au Québec, 1961-1976: quelques facteurs explicatifs* sous la direction de Monique F.-Desrochers, Québec, 1979.

31. *Ibid.*, p. 73.

32. *Ibid.*, p. 75.

33. Pour une analyse systématique des effets du chômage sur la répartition des revenus aux États-Unis et sur la situation économique des classes de revenus inférieures voir: E.M. Gramlich, «The Distributional Effects of Higher Unemployment», Brookings Papers on Economic Activity, n° 2, Washington, 1974.

politique de plein emploi pour réduire les inégalités de revenus.[34] D'autres experts des questions sociales ont aussi proposé de s'attaquer à la pauvreté en attaquant le chômage.[35]

La dépendance économique

L'un des aspects fortement négligé du chômage concerne sa durée. En effet, on a tendance à associer exclusivement le taux de chômage à un nombre de personnes sans travail. Or, le chômage a aussi une durée; et généralement, plus le taux de chômage est élevé, plus les périodes de chômage sont longues. Un accroissement du taux de chômage peut donc refléter autant une hausse du nombre de chômeurs qu'une augmentation de la période d'inactivité.

Or cette particularité du chômage est plus que coûteuse. En effet, un chômage de longue durée crée des problèmes de dépendance économique à l'égard du système, favorise le développement d'une culture du chômage et augmente les cas de pauvreté chronique.

En effet, un chômeur perd ses droits aux prestations d'assurance-chômage après un certain temps. Si la période de chômage se poursuit et qu'il a épuisé ses épargnes, le chômeur peut être contraint de recourir à l'aide sociale. Dans un tel cas, un chômeur peut développer une certaine dépendance face à l'État, ce qui accentue ses problèmes de réinsertion sur le marché du travail. Par ailleurs, ces problèmes sont d'autant plus difficiles à surmonter que certains employeurs entretiennent souvent des préjugés à l'égard des bénéficiaires de l'aide sociale.

Selon une enquête canadienne effectuée en 1976 auprès des prestataires de l'assurance-chômage, il semblerait qu'au Québec seulement, 5,1% des 139 363 prestataires qui avaient épuisé leurs prestations (soit 20,4% du nombre de demandes initiales acceptées) aient recouru à l'aide sociale, soit 7 108 cas.[36] Toutefois, de janvier 1972 à décembre 1980, le nombre de bénéficiaires de l'aide sociale considérés comme chômeurs est passé de 83 736 à 143 369, soit une augmentation de 59 633 cas (71,2%).[37] Tous ces chômeurs bénéficiant

---

34. Conseil de planification et de développement du Québec, *Les inégalités socio-économiques et le marché du travail,* Avis et recommandations au Premier Ministre, 1981.

35. Reuben C. Bartz et Kevin Collins, «Equity Aspects of Income Security Programs», *Analyse de politiques,* automne 1975.

36. Emploi et Immigration Canada, étude technique 5, *Un profil statistique des prestations de l'assurance-chômage.* Étude préparée pour le groupe de travail sur l'assurance-chômage, août 1981 et étude technique 7, *Rapport sur les prestataires de l'assurance-chômage ayant épuisé leurs prestations,* 1981.

37. Québec, Ministère des Affaires sociales, *Statistiques des Affaires sociales, Sécurité du revenu* et *Guide statistique des programmes de sécurité du revenu.*

de l'aide sociale n'ont pas tous reçu de l'assurance-chômage ; cependant l'accroissement de la durée du chômage tout au long des dernières années a sûrement quelque chose à voir avec l'augmentation des chômeurs bénéficiant de l'aide sociale.

Pour se convaincre du lien qui existe entre les taux de chômage élevés et la durée du chômage, on n'a qu'à regarder l'accroissement général de la durée moyenne du chômage au Canada et au Québec depuis quelques années. Au Québec par exemple, le tableau III indique que la durée moyenne du chômage est passée de 16,4 semaines en 1976 à 18,2 semaines en 1981. Si l'on examine ensuite la durée moyenne du chômage par province, on constate un lien très étroit entre le nombre de semaines de chômage et le taux de chômage provincial. Un contraste frappant se dessine entre le Québec, l'Ontario et l'Alberta : ces provinces connaissaient en 1981 un taux de chômage respectif de 10,4%, 6,6% et 3,8% alors que la durée moyenne de chômage était de 18,2, 14 et 7 semaines.

Ces statistiques sur la durée moyenne du chômage donnent une image très sombre de la réalité du marché du travail au Québec. En effet, il est grave de constater que la durée moyenne du chômage dépasse 4 mois. La situation est d'autant plus sérieuse que ces chiffres sous-estiment la durée moyenne du chômage et masquent de grandes inégalités à ce niveau. Ainsi faut-il souligner en premier lieu que ces statistiques sont calculées à partir de l'enquête sur la population active. Or, certains travailleurs sont considérés comme chômeurs alors qu'ils ont trouvé un nouvel emploi et que leur période de chômage est inférieure à une semaine ; de plus, sont exclus du rang des chômeurs ceux qui se sont retirés du marché du travail par découragement. Ces deux facteurs contribuent à raccourcir la durée moyenne officielle du chômage.

En deuxième lieu, force est de constater que tout comme pour l'incidence du chômage, la durée est répartie fort inégalement entre les groupes. Ainsi une enquête effectuée auprès de la main-d'œuvre canadienne indique que sur une période de huit ans, environ la moitié de la main-d'œuvre n'a pas expérimenté de périodes de chômage supérieures à une semaine. Par ailleurs, il est apparu qu'un groupe constitué de 36% de la main-d'œuvre s'est retrouvé fréquemment en chômage ; en fait ce groupe s'est partagé 84% des périodes de chômage et 88% du temps chômé.[38] Par ailleurs une autre étude canadienne spécifique à la durée de chômage indique que 17,5% des périodes de chômage constituent des périodes prolongées, soit plus de 28 semaines et regroupent 58% du temps chômé.[39] Cette étude indique que les femmes, plus que les

38. Graham Glenday et Glenn Jenkins, *The Unemployment Experience of Individuals,* Paper presented for the Task Force on Labour Market Development, CEIC, Canada 1981.

39. Graham Glenday et Glenn Jenkins, *Patterns of Duration of Employment and Unemployment,* technical study 12, paper presented for the Task Force on Labour Market, 1981.

TABLEAU III

Taux et durée du chômage 1975-1981
Québec, Ontario, Alberta, Canada

	Québec		Ontario	
	Taux de chômage	Durée moyenne	Taux de chômage	Durée moyenne
1975	7,3	—	4,1	—
1976	8,7	16,4	6,2	12,6
1977	10,3	16,0	7,0	13,9
1978	10,9	16,7	7,2	15,2
1979	9,6	16,1	6,5	14,2
1980	9,9	16,9	6,9	13,9
1981	10,4	18,2	6,6	14,0

	Alberta		Canada	
	Taux de chômage	Durée moyenne	Taux de chômage	Durée moyenne
1975	2,7	—	6,9	—
1976	3,9	8,0	7,1	14,0
1977	4,4	8,1	8,1	14,5
1978	4,7	9,3	8,4	15,5
1979	3,9	8,0	7,5	14,9
1980	3,7	7,0	7,5	14,8
1981	3,8	7,0	7,6	15,2

Sources: Statistique Canada, 71-001.

hommes, expérimenteraient du chômage prolongé. Ce type de chômage serait également concentré chez les groupes de travailleurs licenciés. En d'autres mots, plus les licenciements ou le chômage involontaire est fréquent, plus longue est la durée du chômage. [40] Ce lien entre les licenciements et la durée du chômage est conforme à l'énoncé précédent relatif à la durée du chômage chez les travailleurs âgés.

La qualité des emplois

Aucune étude systématique n'a été faite sur la relation entre la qualité des emplois et le niveau de l'activité économique. Plusieurs travaux relatifs à l'organisation du travail ont toutefois étudié l'évolution à long terme de la charge, de la qualification et du contrôle du travail. [41] Les transformations des modes d'organisation du travail sont des phénomènes d'étude très complexes ; il n'est pas toujours facile d'identifier les causes premières de ces transformations. Par exemple, plusieurs s'entendent actuellement pour dire que l'organisation du travail subit des transformations importantes ; on est toutefois moins d'accord pour en identifier les causes profondes. [42] Par ailleurs, toutes ces transformations de l'organisation du travail s'effectuent alors que le niveau de l'activité économique peut varier et peut exercer une certaine influence sur cette organisation.

Ainsi pour certains auteurs [43], et en particulier pour Arthur Okun [44], il existerait un lien inverse entre le niveau du chômage et la proportion de bons emplois ; cette proportion augmenterait dans une économie où le taux de chômage diminue et où, pour employer les termes d'Okun, l'économie deviendrait « pressurisée ». Mais pour ces auteurs, un bon emploi fait référence aux

---

40. Des études américaines ont analysé le phénomène des licenciements et celui des personnes qui ont quitté leur emploi. À cet effet, on peut mentionner Martin S. Feldstein, *The Importance of Temporary Payoffs: An Empirical Analysis,* Brookings Paper on Economic Activity: 3, 1975. Cette étude montre, entre autres, qu'un nombre important d'individus changent d'emploi sans nécessairement vivre une période de chômage. Par ailleurs, près de la moitié des chômeurs recensés dans cette étude sont retournés chez leur ancien employeur. Or, ces résultats selon James Tobin (ibid., p. 795) sont dévastateurs pour la théorie du « Search Behavior » qui prétend qu'une fraction importante du chômage actuel s'explique par le caractère capricieux des chômeurs à la recherche d'un emploi bien payé et intéressant.

41. Pour un excellent ouvrage qui fait le tour du sujet, voir Hélène David et Colette Bernier, *À l'ouvrage, l'organisation du travail au Québec,* IRAT, Montréal, juin 1981.

42. À cet effet voir les articles de M. Piore, B. Coriat et R. Boyer dans G. Dostaler (éd.), *La crise économique et sa gestion,* actes du colloque AEP, Boréal-Express, Montréal, 1982.

43. Edward, M. Gramlich, *op. cit.,* p. 295.

44. Arthur M. Okun, "Upward Mobility in a High-Pressure Economy", Brookings Paper on Economic Activity: I, 1973.

salaires, aux avantages sociaux et à la sécurité d'emploi plutôt qu'à la qualité même du travail. Ils reconnaissent que les conditions de travail sont souvent liées aux rétributions matérielles d'un emploi mais cette relation n'est pas toujours systématique selon eux.

Trois types d'argumentation peuvent être développés pour appuyer l'existence d'une relation inverse entre le chômage et la qualité des emplois : les études économétriques existantes, le raisonnement économique et quelques preuves parcellaires.

Okun a effectué des analyses économétriques sur les données américaines afin de cerner les liens existants entre le niveau de chômage et la composition industrielle des emplois. Les résultats qu'il a obtenu sont non équivoques. Si l'économie américaine réussissait à maintenir de façon permanente son taux de chômage à 1% de moins, l'emploi augmenterait plus que proportionnellement à l'augmentation moyenne dans les secteurs de la construction, des mines, dans les industries manufacturières de biens durables et non durables et dans le transport; l'emploi diminuerait dans les secteurs de l'agriculture, de la forêt et de la pêche et des services personnels. Or comme le remarque Okun, l'emploi augmenterait plus que proportionnellement dans les secteurs mêmes où les salaires et les avantages sociaux sont plus élevés que la moyenne; il diminuerait dans les secteurs où l'emploi est non seulement instable mais faiblement rémunéré.

L'étude d'Okun est basée sur des données américaines pour la période de 1948 à 1970. *A priori*, rien ne laisse présager que les économies canadienne et québécoise se comporteraient différemment de l'économie américaine. En effet, la proximité géographique de ces économies et la forte intégration des marchés laissent croire que la composition industrielle des emplois au Québec et au Canada évoluerait, tout comme aux États-Unis, si le taux de chômage était plus bas. Par ailleurs, aucune preuve sérieuse nous permet de penser que les relations observées entre 1948 et 1970 se seraient modifiées de façon importante pendant les années 1970. Par conséquent, on peut croire qu'une diminution permanente du taux de chômage au Québec augmenterait non seulement la quantité des emplois mais aussi leur qualité.

Le raisonnement économique appliqué au comportement de l'entreprise donne aussi des résultats similaires. En effet, A. Okun et d'autres auteurs soulignent que les entreprises ont un intérêt économique certain à adopter des stratégies d'emploi qui améliorent la qualité des emplois dans une économie «pressurisée». D'abord, comme nous l'avons mentionné précédemment, les coûts de roulement augmentent quand le niveau de l'activité économique atteint son potentiel et que le marché du travail se resserre. En effet, d'une part les travailleurs hésitent moins à quitter un emploi dont les conditions ne les satisfont pas et d'autre part, il en coûte plus cher à l'entreprise de recruter de nouveaux employés quand il n'y a pas de file de chômeurs à la porte de l'entreprise. Celle-ci a donc un intérêt à réduire ses coûts en favorisant des stratégies d'emploi qui attachent les travailleurs à leur emploi. Pour ce faire, les entreprises augmenteront les salaires et les avantages sociaux ou encore, elles transformeront les qualités physiques du travail.

Ensuite, le niveau des salaires réels s'élève généralement à mesure que l'on s'approche du plein emploi. Les entreprises qui adoptent des techniques de production exigeant peu de travail spécialisé et qui payent généralement de bas salaires subissent les mêmes hausses sur les salaires qu'elles offrent. Celles-ci les obligent à réviser leurs techniques afin d'augmenter la productivité. Or les entreprises qui cherchent à augmenter la prductivité et qui, pour ce faire, augmentent leur intensité en capital adoptent aussi des stratégies d'emploi favorisant l'attachement des travailleurs à leur emploi. Ces emplois, selon le modèle d'Okun, deviennent alors meilleurs qu'auparavant. Ce même auteur affirme que ces développements se sont produits aux États-Unis à la fin des années soixante, suite à la pressurisation de l'économie américaine. [45]

Les développements récents qu'on observe sur le marché du travail suggèrent également qu'il existe une relation inverse entre le taux de chômage et la qualité des emplois. En effet, l'activité économique s'est détériorée grandement depuis dix ans et les taux de chômage ne cessent de croître; or on constate que les emplois précaires, c'est-à-dire les emplois à temps partiel, occasionnels et intérimaires ont augmenté ces derniers temps. Au Québec par exemple, plus de 42% des emplois créés au cours de la période 1975 à 1980 furent des emplois à temps partiel. Par ailleurs, la croissance des emplois à temps partiel est plus forte au Québec que dans l'ensemble du Canada : une croissance annuelle entre 1975 et 1980 de 9,5% au Québec contre 7% au Canada. [46] On remarque également que les emplois au Canada ont augmenté plus que proportionnellement dans le secteur des services et particulièrement dans les finances, les assurances, l'immobilier, les services socio-culturels, commerciaux et personnels ; on constate aussi que l'emploi a augmenté en valeur absolue dans les industries de l'agriculture, des forêts et de la pêche alors que le nombre d'emploi dans ces industries a diminué tout au long de la période 1956 à 1973. [47] En fait, l'emploi par secteur industriel évolue précisé-ment dans le sens prévu par Okun.

Trois types d'arguments ont été invoqués jusqu'à maintenant pour expliquer la relation inverse entre le chômage et la qualité des emplois. Or si cette relation existe, les coûts du chômage sont défrayés non seulement par les

---

45. *Ibid.*, p. 243.

46. C.S.N., *L'insécurité d'emploi, op. cit.*

47. *Ibid.*

chômeurs mais aussi par les travailleurs et par ceux qui, en raison du chômage élevé, subissent des conditions de travail désagréables. Les preuves présentées jusqu'ici indiquent qu'on ne doit pas sous-estimer l'importance de ce coût.

Les institutions démocratiques

L'une des conséquences du chômage, que l'on invoque peu souvent mais qui a des répercussions sur tous les aspects de la vie, concerne les institutions démocratiques. Sur ce point, plusieurs auteurs qui ont analysé l'évolution économique de différents pays sur une longue période constatent qu'une période de chômage prolongé produit souvent une détérioration de la santé des institutions démocratiques.

À cet effet, le premier point concerne la vigueur du mouvement syndical tel que le montre, entre autres, l'évolution des taux de syndicalisation. Plusieurs chercheurs américains ont analysé l'évolution des taux de syndicalisation sur de longues périodes. Or ces études constatent généralement que les effectifs syndicaux tendent à fluctuer inversement par rapport aux conditions du marché du travail : le taux de syndicalisation augmenterait donc en période de croissance économique et diminuerait en période de récession. Ces études différencient généralement les mouvements à long terme dans la croissance des effectifs syndicaux des mouvements à court terme. Elles reconnaissent l'œuvre de plusieurs variables pour expliquer les tendances à long terme dont les valeurs sociales, la nature de l'intervention gouvernementale, la structure industrielle, les guerres et le degré de satisfaction face à l'organisation économique en général. Toutefois, mise à part l'évolution à long terme de la croissance du taux de syndicalisation, ces études constatent que le niveau de l'activité économique exerce à court terme des effets négatifs non négligeables. [48]

Ces études sont fondées sur des données américaines ; mais compte tenu de l'intégration socio-économique du Canada et des États-Unis, on peut penser que ces résultats sont également pertinents pour expliquer l'évolution à court terme des effectifs syndicaux canadiens et québécois. S'il en est ainsi, le chômage créerait, à court terme, une détérioration de la vigueur du mouvement syndical juste au moment où les travailleurs en ont besoin pour faire connaître leurs intérêts et orienter les politiques économiques en fonction de leurs besoins.

Le chômage et la stagnation économique contribuent également à accentuer les tensions au niveau des structures politiques internes. En période de chômage, les dépenses publiques ont tendance à augmenter automatiquement juste au moment où les revenus baissent ; par exemple, les déboursés d'assurance-

---

48. Georges Sayers Bain and Farouk Elsheikh, *Union Growth and Business Cycle,* Basil Balckwell, Oxford, 1976.

chômage et d'aide sociale s'accroissent quand les revenus de l'ensemble de la population diminuent. Cette redistribution plus grande des revenus en période de récession engendre de nombreuses tensions politiques qui se manifestent soit par des mouvements de réduction des dépenses publiques ou de resserrement des programmes de sécurité du revenu. Ces tensions politiques peuvent même entraîner la chute des gouvernements en place ; d'ailleurs, ne dit-on pas que les gouvernements survivent difficilement aux crises économiques ?

De manière générale, les réactions politiques qui se développent en période de chômage ont tendance à pénaliser les classes de revenus les plus durement touchées par la situation économique. L'insatisfaction sociale peut alors grandir et donner lieu à des manifestations qui peuvent même aller jusqu'à l'illégalité. Or, lorsque de telles tensions se développent, le retour à l'ordre se fait souvent de façon conservatrice, voire anti-démocratique.

Enfin, on doit malheureusement rappeler que des situations de chômage prolongé ont donné lieu à des pressions politiques favorisant la militarisation des pays, accentuant ainsi le risque de conflit militaire. À cet effet, l'économiste Paul Sweezy[49], qui a étudié en détail les grandes crises de l'économie américaine, remarque que les périodes de chômage prolongées ont toujours fini par une guerre. À son avis, il est possible d'éviter ce sort dramatique qui est le prolongement du laisser-faire. Mais il faut alors chercher activement une solution au problème puissant qu'est le chômage.

La croissance économique

Nous nous sommes penchées jusqu'ici sur les conséquences négatives du chômage pour la réalisation de grands objectifs sociaux. Mais le chômage influence aussi la poursuite des objectifs économiques. À cet effet, l'une de ses conséquences les plus graves est son impact sur l'accumulation de richesses collectives ou en d'autres mots, son impact sur la croissance économique.

De façon générale, une situation économique de chômage prolongé et de basse conjoncture décourage l'investissement privé dans les différents secteurs de l'économie ; elle diminue, par conséquent, l'héritage légué aux générations futures sous forme d'infrastructures économiques. Dans cette perspective, le chômage se traduit non seulement par une perte de revenu pour les chômeurs mais aussi par une perte de la richesse collective pour les générations présentes et futures. Or cette perte au niveau de l'accumulation des richesses ne pourra jamais se rattraper, tout comme le temps perdu ne se rattrape pas.

---

49. En particulier voir Paul Sweezy, « La crise économique aux États-Unis », et « Intervention de Paul Sweezy à la Table Ronde », Gilles Dostaler (éd.), *La crise économique et sa gestion*, Acte du Colloque AEP, Boréal-Express, Montréal, 1982.

Il est difficile de mesurer de manière simple et précise l'effet d'un chômage élevé sur le niveau de l'investissement privé. Toutefois, certains éléments permettent de se prononcer sur le sens de la relation, à savoir qu'un niveau de chômage élevé exerce généralement un effet déprimant et négatif sur l'investissement privé.

Premièrement, en période de chômage élevé, les capacités de production industrielle sont généralement excédentaires. Comme l'indique le tableau IV, les industries manufacturières canadiennes fonctionnent depuis 1974 à environ 80% de leur capacité. Ceci implique qu'en période de chômage, les entreprises doivent assumer certains coûts reliés à l'utilisation d'une partie seulement de leur matériel. Dans ce cas, il est évident qu'elles n'ont pas intérêt, à court terme, à augmenter le volume de leur matériel et à procéder ainsi à de nouveaux investissements.

TABLEAU IV

Canada

	Taux d'utilisation de la capacité des industries manufacturières			Taux de chômage
	Biens durables	Biens non durables	Total	
1973	90,9	92,4	91,7	5,5
1974	90,6	90,9	90,7	5,3
1975	79,3	83,5	81,4	6,9
1976	79,8	85,4	82,6	7,1
1977	78,2	83,7	81,0	8,1
1978	80,3	86,2	83,2	8,4
1979	79.8	88,8	84,3	7,5
1980	73,2	86,0	79,6	7,5
1981 I	73,7	85,5	79,5	7,6
II	75,8	86,1	80,9	

Sources: Statistique Canada, 31-003, Ministère des Finances, *Revue Économique,* avril 1981.

Deuxièmement, le niveau des profits réalisés par les entreprises varie généralement en fonction du niveau de l'activité économique. En d'autres mots, le volume des profits augmente quand l'activité économique est prospère, que le nombre d'emploi s'accroît et que le chômage diminue. L'inverse se produit lorsque l'activité économique s'assombrit et que le chômage augmente. La baisse des profits engendre deux types de conséquences néfastes à l'investissement : d'une part, elle génère bien souvent des anticipations pessimistes face à l'avenir et décourage par le fait même les projets d'investissement ; d'autre part, elle représente une diminution des fonds internes que les entreprises peuvent utiliser pour financer leurs investissements.

L'existence de capacités excédentaires et la faiblesse des profits réalisés sont probablement responsables de la baisse relative des investissements des grandes sociétés en 1981, comme le révèle l'enquête annuelle réalisée par le ministère fédéral de l'Industrie et du Commerce.[50] Or on oublie trop souvent l'effet de la conjoncture et du chômage sur la détermination du niveau de l'investissement. On pense que la disponibilité de fonds peut à elle seule assurer la relance des investissements et partant, la relance de l'économie. Mais en raisonnant de la sorte, on néglige les motifs qui président à l'investissement privé, soit le profit ou la rentabilité financière. Ainsi même en présence de marges importantes de crédit, les entreprises n'investiront pas si elles n'anticipent pas pouvoir rentabiliser leur investissement.

Cela étant dit, une société qui ne réagit pas à la stagnation économique et qui, au contraire, laisse la production et l'emploi se détériorer se nuit à elle-même en dilapidant le stock de capital qu'elle a hérité et aux générations futures en leur laissant un héritage moindre que ce qu'elle aurait pû réaliser. En d'autres mots, une situation de chômage engendre des conséquences néfastes non seulement pour les générations présentes mais aussi pour les générations futures.

L'inflation

Un grand nombre d'économistes, de politiciens et d'hommes d'affaires disent depuis longtemps qu'il existe une relation inverse entre le chômage et l'inflation. Ainsi, on ne pourrait réduire le chômage qu'au prix d'une augmentation du taux d'inflation. Ils affirment aussi qu'on peut réduire l'inflation mais seulement au prix d'une certaine hausse du taux de chômage. Depuis quelques temps, suite à un accroissement des taux de chômage et d'inflation, plusieurs économistes s'entendent maintenant pour dire qu'à long terme, la croissance de l'emploi ne peut passer que par une diminution de l'inflation.

Selon les théories à la mode que le gouverneur de la Banque du Canada, Gérald K. Bouey, tente d'appliquer, les hauts taux d'inflation des dernières années seraient surtout causés par les anticipations inflationnistes des principaux agents économiques comme les grandes entreprises et les unités syndicales importantes. Selon ces théories, les économies industrialisées ont dû s'ajuster à des hausses de coûts importantes appelées des chocs d'offre. Ces chocs auraient

---

50. Statistique Canada, *La conjoncture économique,* # 13-004, janvier 1981.

été particulièrement aigus en 1974 et en 1980. Ils auraient provoqué une hausse des prix que les agents économiques anticiperaient comme étant normale. Le taux d'inflation, selon ces théories, ne pourrait plus redescendre au niveau de celui des années soixante, à cause justement du maintien des anticipations inflationnistes.[51]

Cette vision des causes et des conséquences de l'inflation amène le gouvernement fédéral, la banque centrale et plusieurs gouvernements provinciaux à adopter des politiques visant à briser les anticipations inflationnistes. On tente alors de réduire les dépenses publiques et les déficits budgétaires; on essaie de contracter l'expansion de la masse monétaire. En somme, on adopte une politique de création de chômage et de taux d'intérêts élevés.

Le gouverneur de la Banque du Canada tente par tous les moyens de justifier le bien-fondé de l'orientation de la politique économique. Il dit:

> À long terme, la persistance de l'inflation compromet de plus en plus les perspectives d'accroissement de la production et de l'emploi. Et comme la lutte contre l'inflation est aussi une lutte pour une croissance soutenue, nous devons poursuivre cette lutte.[52]

Il ajoute plus loin:

> Lorsque la demande et l'emploi faiblissent, ce n'est donc qu'après un certain délai que l'ajustement se traduit par une modération de la hausse des coûts et des prix. Il ne sert à rien de prétendre qu'il est possible d'éviter complètement une période difficile de transition s'il faut contenir l'inflation par des politiques restrictives qui agissent par le biais des forces du marché. Si pour aplanir ces difficultés, on a recours à des contrôles directs, soit une intervention systématique de l'État, dans le processus de fixation des prix et des revenus, on suscite alors une foule d'autres problèmes.[53]

Ce dernier extrait indique bien la logique de la politique anti-inflationniste de la Banque du Canada: affaiblissement de la demande et de la production pour contrer les pressions à la hausse des salaires et pour anéantir les anticipations inflationnistes.

On peut s'interroger sur le bien-fondé des hypothèses sur lesquelles s'appuient nos gouvernants et leurs conseillers économiques. Premièrement, tous ceux qui ont négocié des salaires et des conventions collectives savent fort bien que les salaires s'ajustent après que les hausses de prix ont été réalisées. Toutes les parties aux négociations font des prévisions quant aux augmentations des

---

51. Voir à cet effet P. Fortin, *op. cit.*; R. Gordon, *Macroeconomics,* 2nd edition, Little Brown and Company, Boston, 1981.

52. Gérald F. Bouey, Allocution prononcée le 1er décembre 1978, p. 1.

53. *Ibid.,* p. 3.

prix ou de la productivité; celles-ci sont généralement basées sur le comportement récent de l'indice des prix à la consommation ou encore sur les projections faites par des instituts de recherche. Mais les salaires n'augmentent généralement pas du plein montant des prévisions. Les grosses unités de négociations obtiennent souvent des clauses d'indexation qui prévoient un ajustement des salaires à la hausse des prix. De plus, la baisse des salaires réels qu'on observe actuellement au Québec, au Canada et ailleurs dans le monde montre clairement que ceux-ci ne s'ajustent pas complètement à la hausse des prix.

Si la théorie des anticipations inflationnistes ne s'applique pas aux travailleurs, est-ce dire qu'elle s'appliquerait aux entreprises? Or seules les grandes entreprises peuvent exercer un contrôle sur leurs prix et peuvent, par conséquent, contrôler leurs marges de bénéfices. Mais si ces entreprises étaient les vilaines, pourquoi alors s'attaquer aux travailleurs? Voilà des contradictions difficiles à expliquer.

On peut également interroger l'importance des coûts attribués à l'inflation. Toutes les études sur le sujet sont unanimes à reconnaître les effets redistributifs de l'inflation. Mais aucune analyse sérieuse n'a pu, jusqu'à maintenant, calculer la perte de production associée au taux d'inflation. Généralement, ces études s'entendent pour dire que c'est seulement la portion non anticipée de l'inflation qui génère des coûts économiques. Mais personne n'a réussi à chiffrer monétairement le coût de l'incertitude et des inefficacités engendrées par l'inflation non anticipée.[54]

Par ailleurs, les analyses effectuées dans le cadre de cette recherche nous conduisent plutôt à soutenir qu'une *hausse* du chômage et qu'un *niveau* de chômage élevé sont susceptibles d'accroître l'inflation. L'un des coûts économiques du chômage élevé serait donc des taux d'inflation supérieurs à ce qu'ils pourraient être.

Le premier argument qui soutient cette hypothèse a trait à la relation qui existe entre la productivité et le chômage. En effet, selon plusieurs économistes dont A. Okun, un niveau accru de chômage est associé à des taux d'augmentation de la productivité plus faibles que ceux observés quand l'écono-

---

54. Voir G. Ackley, « The Costs of Inflation », *American Economic Review,* mai 1978; S. Fisher et F. Modigliani, « Towards an Understanding of the Real Effects and Costs of Inflation », *Review of World Economics,* 1978. Les seuls calculs qui ont pu être réalisés concernent le coût, en nombre de chômeurs, d'une réduction du taux de l'inflation de 1 point de pourcentage en utilisant des politiques de stabilisation restrictives. À cet effet voir: A.M. Okun, « Efficient Disinflationary Policies » dans *The American economic Review,* Papers and Proceedings, mai 1978. Une étude canadienne sur le sujet entreprise par le Ministère des Finances canadien affirme que pour réduire le taux d'inflation de 1 pour cent le taux de chômage doit augmenter de 2 pour cent de façon soutenue pendant deux ans: Ministère des Finances, *Canada's Recent Inflation Experience,* Ottawa, 1978.

mie opère à un niveau près du potentiel. [55] D'une part, les taux d'augmentation de la productivité seraient plus faibles parce que la structure industrielle de l'emploi est alors biaisée vers les secteurs où la productivité est plus faible (agriculture, forêts et pêche, services commerciaux, socio-culturels et personnels). D'autre part, en période de ralentissement et de stagnation, le processus de production devient moins efficace du fait qu'il y a sous-utilisation des capacités de production. Lorsque les entreprises considèrent que la période de ralentissement ne durera pas longtemps, elles évitent de licencier le personnel spécialisé, les coûts de mises à pied, d'embauche et de formation pouvant être supérieurs aux économies réalisées. Ce type de thésaurisation contribue à réduire la production par homme, c'est-à-dire la productivité. Les transformations de la structure industrielle de l'emploi et la thésaurisation de la main-d'œuvre sont les deux principaux éléments qui expliquent les taux plus faibles d'augmentation de la productivité en période de chômage.

Or, ce sont justement les hausses de productivité qui permettent d'encaisser les augmentations du coût des matières premières sans que les entreprises ne soient incitées à hausser leur prix pour protéger leurs marges de profits. Le tableau V illustre cette relation fondamentale entre les taux d'augmentation des prix, des coûts des matières premières et de la productivité. Compte tenu de ces liens, on constate que la hausse des prix engendrée depuis 1975 suite à la hausse du prix du pétrole et d'autres matières premières auraient pu être amoindrie si le taux d'augmentation de la productivité avait été plus élevé. Or au contraire, ce taux d'augmentation de la productivité a été ralenti pendant cette période et ce, en partie à cause de la baisse de l'activité économique provoquée par les politiques de stabilisation restrictives.

À cet effet, le Conseil Économique du Canada a estimé que le ralentissement de la croissance de la productivité observé ces dernières années était attribuable, avant tout, à la faiblesse conjoncturelle de la demande et de la production. En fait, plus du quart de ce ralentissement a été imputable au fléchissement cyclique de la demande. [56] Le Conseil conclut: «le fléchissement dans le rythme de croissance de la productivité a été un facteur de hausse des prix et de ralentissement dans la progression des revenus réels des Canadiens au cours des dernières années.» [57] Et il ajoute: «si le taux de croissance de la productivité observée entre 1958 et 1973 s'était maintenu par la suite, la production totale au Canada... aurait été d'environ 14% supérieure à celle que

---

55. A. Okun, 1973, *op. cit.,* voir aussi George L. Perry, «Labor Force Structure, Potential Output and Productivity», Brookings Papers on Economic Activity: 3, 1971.

56. Conseil Économique du Canada, *Un climat d'incertitude,* 17ième exposé annuel, Ottawa, 1980, p. 87.

57. Conseil Économique du Canada, *Au courant,* hiver 1981, p. 10.

nous avons effectivement observée en 1979. Autrement dit, entre 1974 et 1979, les Canadiens auraient pu consacrer près de 58 $ milliards de plus à l'achat de biens de consommation et au financement de programmes sociaux».[58] Les études concernant l'effet du chômage sur la baisse du taux de la productivité sont encore très peu avancées. Par ailleurs, compte tenu du fait qu'une part importante de la baisse du rythme de croissance de la productivité n'a pas été élucidée dans l'étude du Conseil, on peut croire que l'estimé de l'impact du chômage est conservateur. Néanmoins, l'étude montre que la hausse du chômage a été coûteuse pour le Canada en terme de productivité et qu'elle a accentué, par le fait même, les pressions inflationnistes.

TABLEAU V

Relation entre les taux d'augmentation dans les prix, les coûts et la production

	Situation actuelle	Supposons que le coût des matières premières augmente et que conséquemment le coût variable moyen augmente de 10% soit de 1,50 $	Supposons que la productivité augmente du même pourcentage que l'augmentation des coûts variables soit 10%
1) Prix du bien	20 $	20 $	20 $
2) Productivité du travail	10 $	10 $	11 $
3) Coût total	150 $	165 $	165 $
4) Coût variable moyen (3 ÷ 2)	15 $	16,50 $	15 $
5) Bénéfices bruts (1 − 4)	5 $	3,50 $	5 $
6) Marges bénéficiaires brutes (5 ÷ 1)	25%	17,5%	25%

Quand le coût des matières premières augmente, les entreprises ont tendance à augmenter le prix de leurs produits pour protéger leurs marges bénéficiaires brutes. Toutefois, une augmentation de la productivité permet d'encaisser une augmentation du coût des matières premières sans que le coût variable moyen n'augmente; comme les marges bénéficiaires des entreprises ne sont pas alors affectées par cette hausse des coûts, elles n'ont pas tendance à augmenter leurs prix.

---

58. *Ibid.*

Le deuxième argument que nous présentons pour appuyer l'hypothèse que le chômage accentue l'inflation concerne moins le niveau du chômage que son accroissement. En effet, comme nous l'indiquions précédemment, plusieurs personnes pensent qu'un accroissement du chômage résulte inévitablement en une baisse de prix. On prétend qu'un accroissement du chômage réduit les pressions à la hausse sur les salaires et par conséquent sur les prix. D'abord, il n'est pas certain que des politiques déflationnistes créent du chômage là même où les pressions à la hausse sur les salaires sont les plus fortes ; il se peut que ce soit surtout les secteurs où les travailleurs ont le moins de pouvoir de négociation qui soient les premiers affectés par une hausse du chômage. Ensuite, les mesures de sécurité du revenu, qui protègent en partie les travailleurs contre une perte de revenu causée par la mise au chômage, font en sorte que la demande des biens et services diminue moins que proportionnellement à la baisse de la production. Par conséquent, si la production diminue plus que la demande, il se peut que des pressions inflationnistes se développent sur les marchés. [59]

En résumé, à cause des effets négatifs du chômage sur la productivité et la production totale, on peut donc penser que le chômage est générateur d'inflation. D'ailleurs les statistiques concernant les performances économiques des pays de l'OCDE laissent sous-entendre qu'il existe un lien étroit entre la vigueur de l'inflation et le taux de chômage. *Les pays qui ont réussi à maintenir leur niveau de production près de leur potentiel auraient pu absorber les chocs d'offres plus facilement que les autres.*

Les déficits budgétaires

Depuis quelques années, plusieurs intervenants sur la scène politique affirment qu'il est impératif de réduire la dette nationale et les déficits budgétaires des gouvernements. Selon eux, l'équilibre budgétaire serait un objectif économique important à atteindre. À cet effet, ils suggèrent bien souvent de réduire les dépenses gouvernementales et d'adopter des politiques économiques restrictives. Or d'une part, il existe une relation étroite entre le niveau de l'activité économique et la situation budgétaire des gouvernements et d'autre part, une autre relation tout aussi étroite entre les politiques économiques des gouvernements et le niveau de l'activité économique.

En effet, les dépenses gouvernementales totales sont inversement reliées au niveau de l'activité économique. Une augmentation du chômage entraîne donc un accroissement des paiements de transferts tels les prestations d'assurance-chômage ou d'aide sociale ; elle occasionne aussi des dépenses supplémentaires au

---

59. À l'appui de cette thèse voir Gösta Rehn, « Recent Trends in Western Economics : Needs and Methods for Further Development of Manpower Policy », *Reexamining European Manpower Policies*. National Commission for Manpower Policy, Washington, 1976.

niveau de la formation de la main-d'œuvre et, comme nous l'avons vu précédemment, au niveau de la santé mentale et physique ainsi que de la criminalité.

Mais si une augmentation du niveau du chômage entraîne une hausse des dépenses gouvernementales, le chômage réduit aussi les rentrées fiscales. En effet, plus le chômage est élevé, moins l'impôt sur le revenu ne rapporte aux gouvernements. De la même façon, une hausse du chômage s'accompagne généralement d'une baisse des profits des corporations et en conséquence, d'une baisse de revenu pour les gouvernements.

Si une baisse de l'emploi augmente les dépenses gouvernementales et diminue les rentrées fiscales, il va de soi que le déficit gouvernemental augmente. Cet effet du chômage sur l'état des déficits gouvernementaux est officiellement reconnu par le ministère des Finances fédéral ainsi que par l'OCDE; ils publient annuellement ce qu'aurait été le niveau du déficit si le taux de chômage avait été égal à celui associé à une situation économique moyenne ou si l'activité économique avait produit un taux d'augmentation de la production jugé normal.[60] Ainsi, les déficits budgétaires corrigés des effets conjoncturels négatifs calculés pour 1981 par le ministère des Finances indiquent que si, au Canada, la croissance avait été normale plutôt que de seulement 3% du PNB, les soldes budgétaires pour l'ensemble des gouvernements fédéral, provinciaux et municipaux auraient été de 4 162 $ millions au lieu de − 2 233 $; c'est donc dire que les budgets auraient été excédentaires. L'impact du chômage sur la situation budgétaire des gouvernements est donc important.[61]

Et pourtant depuis 1975, les gouvernements tentent de réduire leur déficit en réduisant leurs dépenses et en augmentant leurs rentrées fiscales. Mais en agissant ainsi, ils contribuent à comprimer davantage l'activité économique et à accroître le chômage. Il s'ensuit que le déficit augmente automatiquement. Dans la conjoncture difficile que nous traversons actuellement, les efforts des

---

60. Voir Ministère des Finances, *Revue économique,* Ottawa, annuel; OCDE, *Perspectives économiques de l'OCDE,* #30, décembre 1981, Paris, 1981. Voir aussi, Clarence L. Barber et John C.P. McCallum, *Unemployment and Inflation,* James Lorimer and Company, Publishers, Toronto, 1980. D'autres études ont été réalisées pour évaluer les effets du chômage sur le budget de la sécurité sociale; voir Roger A. Beattie, « Le déséquilibre financier induit par l'évolution de l'emploi et du chômage », *Revue Internationale de Sécurité Sociale,* 2, 1982, Association internationale de la sécurité sociale, Genève.

61. Ministère des Finances, *Revue Économique,* avril 1982, Ottawa, 1982.

gouvernements pour réduire leur déficit se traduisent en fait par des augmentations de déficit. C'est comme le chien qui court après sa queue. [62]

Conclusion: le plein emploi, un bien collectif?

Les trois chapitres précédents ont traité des effets du chômage sur le revenu des différents groupes, sur les pathologies sociales ainsi que sur la poursuite des grands objectifs socio-économiques de la société. Ils ont mis en lumière le fait que le chômage est beaucoup plus qu'un malheur personnel affectant les chômeurs seulement. Le chômage, au contraire, est un problème social qui affecte directement tous les groupes en réduisant à la fois leur revenu et leur bien-être. Nos analyses démontrent que les coûts économiques et sociaux du chômage sont démesurément plus élevés que les coûts directement observés, c'est-à-dire les déboursés de l'aide sociale et de l'assurance-chômage.

C'est parce que le chômage affecte tous les groupes sociaux qu'on peut dire que le plein emploi leur est avantageux. En ce sens, il est un bien collectif; mais il l'est aussi parce qu'il est difficile d'en contrôler l'accès, contrairement aux biens privés dont seuls les acheteurs peuvent profiter. [63] En effet, le plein emploi a des retombées positives pour tous les groupes mais on peut difficilement empêcher certains groupes de profiter d'une amélioration de l'emploi et ce, en dépit du fait qu'un groupe pourrait refuser de s'associer à la poursuite de cet objectif. Et comme nous le verrons au chapitre VII, le gouvernement provincial pourrait adopter des mesures de création d'emplois qui engendreraient des avantages financiers importants pour le gouvernement fédéral sans participation de sa part. Le jargon économique identifie ce problème comme étant un problème d'exclusion. [64]

---

62. Il y a peu de temps l'OCDE a reconnu que les efforts des différents pays pour réduire leur déficit se sont soldés quasiment par des échecs. Selon l'Organisation, les pays ont sous-estimé les effets de leurs compressions budgétaires sur le niveau de l'activité économique et par conséquent, l'effet de rebours de l'activité économique sur le solde budgétaire. OCDE, *Perspectives économiques de l'OCDE, op. cit.,* p. 41. Récemment James Pottier, «L'impasse, le gel et le naufrage», dans *Conjoncture et Prévision,* juin 1982, fait le même genre de constat concernant les effets des compressions budgétaires du gouvernement provincial sur l'économie québécoise.

63. Dans la littérature économique, les biens qui génèrent des effets externes et les biens dont le propriétaire ne peut en contrôler l'accès sont appelés, dépendamment des auteurs, soit des biens collectifs ou des biens publics. Dans la littérature anglophone, on retrouve le plus souvent l'appellation de biens publics. Dans la littérature francophone on retrouve le plus souvent l'appellation de biens collectifs. Nous avons choisi de parler de biens collectifs parce qu'à notre sens, l'adjectif «collectif» désigne mieux l'ensemble des groupes qui composent la société alors que l'adjectif «public» fait davantage référence à l'État.

64. On trouve une discussion intéressante de la nature et des caractéristiques des biens collectifs dans Luc Weber, *L'analyse économique des dépenses publiques,* Presses Universitaires de France, Paris, 1978; Alain Wolfelsperger, *Les biens collectifs,* Presses Universitaires de France, Paris, 1969; Xavier Greffe, *L'approche contemporaine de la valeur en finances publiques,* Economica, Paris, 1972.

Il existe plusieurs biens de nature collective: l'exemple le plus cité est celui de la défense nationale. On dit de ces biens qu'ils sont des biens collectifs purs car ils génèrent des avantages pour lesquels le producteur ne peut aisément en contrôler l'accès. D'autres biens, sans être des biens collectifs purs, en respectent plusieurs caractéristiques: il s'agit par exemple des routes, de l'éducation, de la santé, de l'assainissement de l'air et des eaux. Tous ces biens ont des effets externes et le problème de l'exclusion peut être techniquement ou économiquement difficile à répondre.[65]

Le plein emploi se différencie toutefois des biens collectifs ordinaires sur deux points. Premièrement, il n'est pas un bien aussi tangible que les autres. En effet, on respire l'air pur, on voit l'armée et on peut se sentir en sécurité grâce au système de défense nationale. L'avènement du plein emploi se constate au niveau de la baisse du taux de chômage, de l'abondance des emplois et de la mobilité qu'il permet sur le marché du travail; mais il demeure toujours difficile, pour la plupart des individus, de lier systématiquement ces manifestations aux avantages socio-économiques qu'il procure comme une hausse des revenus, une baisse de la criminalité, etc. Deuxièmement, le plein emploi se différencie également des autres biens collectifs au niveau de sa production. Sur le plan technique, aucun obstacle n'empêche généralement un agent économique quelconque de produire un bien collectif; les obstacles se situent plutôt au niveau de l'incitation économique. Dans le cas du plein emploi, il peut être techniquement difficile pour un groupe, ou un agent économique particulier, d'assurer efficacement le plein emploi. Ainsi, un agent économique comme un gouvernement provincial peut sûrement faire beaucoup pour la poursuite du plein emploi, mais il ne pourra atteindre cet objectif sans un minimum de collaboration des autres groupes.

Comme pour tous les biens collectifs, le plein emploi pose un problème d'entrepreneurship. Quel agent économique peut prendre sur lui d'assurer la production des différents biens collectifs, et en particulier du plein emploi? Traditionnellement, ce sont les gouvernements qui assument la responsabilité de la production des biens collectifs. Leur pouvoir de taxation leur permet de prendre en charge la production de ces biens et d'en répartir les coûts entre les groupes. On peut penser qu'il devrait en être de même pour le plein emploi. Mais parce que le plein emploi est un bien qui est réalisé par l'action inter-dépendante de tous les agents, un gouvernement ne peut en assumer seul la responsabilité. *Dans cette perspective, le problème d'entrepreneurship pose un problème de participation, de co-production ou encore de «joint-venture». Or, un tel problème peut mieux se résoudre dans une économie caractérisée*

---

65. Certains biens génèrent des effets externes négatifs plutôt que des bénéfices: il s'agit par exemple de la consommation de cigarettes qui nuit aux non-fumeurs avoisinants ou encore d'une usine dont la production pollue l'air ou les eaux. Compte tenu des coûts externes que ces biens font subir, une réglementation publique est souvent désirable.

*par la participation de tous les groupes aux grandes décisions économiques.
C'est ce que nous appelons une économie de participation.*

En résumé, le volet économique de cette recherche démontre que le plein emploi est un bien collectif puisque tous les groupes en bénéficient. Le plein emploi est cependant moins tangible que les autres biens et sa réalisation exige la participation de tous les groupes. Le caractère collectif du plein emploi pose un problème particulier d'entrepreneurship que peut résoudre efficacement une économie de participation. Malheureusement, la nature collective du plein emploi n'a pas encore été popularisée dans la littérature économique[66] et au niveau des stratégies politiques.

---

66. La littérature économique nord-américaine a été le plus souvent muette sur ce sujet. Certains auteurs européens reconnaissent toutefois la nature collective du plein emploi. Voir Carl Christian von Weizsäcker, «Le problème de l'emploi: une approche systémique», dans OCDE, *Les déterminants structurels de l'emploi et du chômage,* Paris, 1979; et à cet effet, Alain Wolfelsperger, *op. cit.,* dit: «En particulier, la stabilisation d'ensemble de l'économie et son rythme de croissance peuvent être, à juste titre, considérés comme des biens publics, (collectifs selon notre définition) au sens de Head, parce que les fluctuations et la croissance globale de l'économie favorisent l'apparition de problèmes de non-appropriabilité (exclusion). Par exemple, il est possible de voir dans la persistance d'une situation de dépression un phénomène s'expliquant par l'incapacité dans laquelle se trouve chaque entrepreneur individuellement de s'approprier les avantages qui résulteraient de sa contribution à la remise en marche de l'activité économique sous forme, par exemple, d'un programme d'investissement ou par l'emploi de travailleurs supplémentaires», p. 55.

CHAPITRE VI

LE PLEIN EMPLOI ET
LA POLITIQUE MACRO-ÉCONOMIQUE

Comme nous l'avons vu, le chômage est un problème individuel mais c'est aussi un problème social dont les coûts sont extrêmement importants. C'est d'ailleurs l'importance des coûts du chômage pour la société qui fait du plein emploi un bien collectif. Le plein emploi diffère toutefois des biens collectifs ordinaires tels la défense nationale et l'éducation en ce sens que, contrairement à ces derniers, la réalisation efficace du plein emploi repose sur la participation de tous les groupes à la réalisation de cet objectif. Or jusqu'à maintenant, les politiques économiques en Amérique du Nord n'ont pas intégré cette réalité. Même encore aujourd'hui, plusieurs théoriciens pensent que si les agents économiques du secteur privé se livrent concurrence entre eux, le plein emploi des ressources humaines et physiques sera assuré automatiquement: c'est la doctrine de la compétition et du laisser-faire économique. D'autres théoriciens admettent que les gouvernements ont un rôle à jouer et croient que ce rôle doit se limiter à celui d'assurer la stabilité de la demande, de la production et des prix: c'est la logique économique des libéraux progressistes.

Les idées économiques qui émanent du discours de ces théoriciens entretiennent un certain pessimisme quant à la possibilité de réaliser le plein emploi. En effet, nombreux sont ceux qui pensent que les outils économiques à notre disposition ne peuvent assurer le plein emploi sans créer une inflation galopante. L'efficacité des moyens traditionnels pour régler le problème du chômage est remise en cause et ce, sans penser qu'il y a peut-être d'autres solutions. Or comme nous le verrons dans les chapitres VIII et IX, il semble que les milieux syndicaux et patronaux aient endossé une bonne partie de ce discours.

Ce chapitre se propose de mettre en perspective la théorie économique sous-jacente aux politiques économiques adoptées depuis la dernière guerre jusqu'à nos jours. Il montre en particulier comment le discours économique des dix dernières années a été un facteur d'inertie pour le développement d'une véritable politique de plein emploi. Ce chapitre comprend deux parties: la première présente la pensée économique à l'origine des politiques macro-économiques adoptées après la deuxième guerre mondiale et qui a amené l'État à jouer un rôle économique de plus en plus important; après avoir analysé la nature de ces politiques dites keynésiennes, on étudiera, en deuxième partie, la théorie et la pratique du monétarisme; c'est alors qu'on constatera à quel point cette politique se pratique très rigoureusement au Canada. Des stratégies de rechange sont proposées au chapitre suivant.

Tout au long de ce chapitre, nous faisons référence à deux grands courants théoriques qui, en Amérique du Nord et au Canada, ont imprégné la conduite de la politique économique, soit le keynésianisme et le monétarisme. Conséquemment, nous parlons tour à tour des économistes keynésiens et des économistes monétaristes. Il est bien évident que les différentes écoles de pensée de la science économique ne se divisent pas aussi aisément en deux groupes clairement définis. Cette division de la pensée économique s'avère donc un exercice un peu simpliste, car chacun risque d'englober trop de groupes et d'exclure la possibilité d'apporter les nuances appropriées. Néanmoins, nous avons choisi d'utiliser ce vocabulaire pour des raisons d'efficacité pédagogique. Nous tenterons toutefois, au long des pages suivantes, de préciser autant que possible le sens et les nuances qu'ont pris ces deux appellations génériques à différentes périodes.

Le règne de l'économie keynésienne

Avant la grande crise des années trente, les économistes avaient l'habitude d'attacher beaucoup d'importance au rôle des salaires dans la détermination du niveau de l'emploi. À cette époque, on disait qu'une situation de chômage résultant d'un excédent de main-d'œuvre disponible sur les emplois offerts par les entreprises, était causée par des revendications salariales trop élevées. On concluait alors que si les travailleurs étaient prêts à accepter des salaires et des conditions de travail moins exigeantes, les entreprises les embaucheraient sur le champ et le chômage disparaîtrait. Les économistes de l'époque disaient alors que si le marché fonctionnait comme il se doit, c'est-à-dire si les travailleurs acceptaient de se faire concurrence et de réduire leurs salaires, on réglerait nécessairement le problème du chômage. À cette époque, on croyait donc que le chômage était une situation volontaire causée, entre autres, par la rigidité des salaires que provoquait la syndicalisation croissante des travailleurs.[1]

Cette théorie du chômage fut fortement ébranlée par la crise des années trente. Personne ne peut raisonnablement croire que le chômage est volontaire lorsque les taux de chômage atteignent près de 25%. Par ailleurs, les baisses de salaires à cette époque ne réussissaient pas à augmenter l'emploi. C'est alors que John Maynard Keynes expliqua pourquoi la baisse des salaires et le laisser-faire économique ne pouvaient produire le plein emploi.

C'est à la suite de la parution en 1936 du livre de Keynes intitulé *Théorie générale de l'emploi, de l'intérêt et de la monnaie*[2] que l'école keynésienne vit le jour. Le terme «keynésien» désignait à l'origine les économistes qui, à l'instar de Keynes, croyaient qu'il est possible de réaliser le plein emploi : ces économistes pensaient que dans un état démocratique, le gouvernement pouvait et devait intervenir pour assurer le plein emploi.[3] À cette époque, le plein emploi avait, pour les keynésiens, la signification populaire que le monde ordinaire lui attribue encore aujourd'hui, à savoir que tous ceux qui désirent travailler au taux de salaire réel courant puissent trouver un emploi qui convienne à leur formation et à leurs goûts et ce, à proximité de leur lieu de résidence.[4]

Le message fondamental de Keynes ne peut être mieux résumé que par Keynes lui-même qui disait :

> Le monde n'est *nullement* gouverné par la Providence de manière à faire toujours coïncider l'intérêt particulier avec l'intérêt général. Et il n'est *nullement* organisé ici bas de telle manière que les deux finissent par coïncider dans la

---

1. L'auteur le plus représentatif de cette théorie économique que Keynes qualifie de théorie classique est A.C. Pigou, *The Theory of Unemployment,* Frank Cass and Co. Ltd., Holland, 1966.

2. L'ouvrage auquel nous faisons référence tout au long de ce chapitre est le suivant : J.M. Keynes, *Théorie générale de l'emploi, de l'intérêt et de la monnaie,* Petite Bibliothèque Payot, Paris, 1975.

3. On peut trouver deux textes relativement courts et accessibles de Keynes qui présentent les principes directeurs de sa philosophie économique : «Notes finales sur la philosophie sociale à laquelle la théorie générale peut conduire», Chapitre 24, *ibid.*; «La fin du laisser-faire» et «perspectives économiques pour nos petits-enfants», J.M. Keynes, *Essais sur la monnaie et l'économie,* Petite Bibliothèque Payot, Paris, 1971.

4. Comme représentant des keynésiens de cette époque, on peut difficilement trouver mieux que W.H. Beveridge qui fut l'un des éminents experts de la politique sociale et économique de l'Angleterre pendant la crise et la période d'après-guerre. Selon W.H. Beveridge, «Full employment... in this Report means more than that in two ways. It means having always more vacant jobs than unemployed men, not slightly fewer jobs. It means that the jobs are at fair wages, of such a kind and so located that the unemployed men can reasonably be expected to take them; it means by consequence that the normal lag between losing one job and finding another will be very short», dans W.H. Beveridge, *Full Employment in a Free Society,* Report to his Majesty's Government, G. Allen and Unwin, London, 1944, p. 18.

> pratique. Il n'est *nullement* correct de déduire des principes de l'Économie Politique que l'intérêt personnel dûment éclairé œuvre toujours en faveur de l'intérêt général. Et il n'est pas vrai non plus que l'intérêt personnel est en général éclairé ; il arrive bien plus souvent que les individus agissant isolément en vue de leurs propres objectifs particuliers soient trop ignorants ou trop faibles pour pouvoir atteindre seulement ceux-ci. L'expérience ne démontre *nullement* que les individus, une fois réunis en une unité sociale, sont toujours moins clairvoyants que lorsqu'ils agissent isolément.[5]

Pour Keynes, puisque les efforts individuels apparaissent inefficaces dans bien des domaines, la collectivité se doit, dans un premier temps, de distinguer les tâches collectives des tâches individuelles.

Toujours selon Keynes, c'est à l'État que revient la responsabilité de faire en sorte que ces tâches collectives soient accomplies. À cet effet, il propose :

> Nous devons nous donner pour but de séparer les services qui sont *techniquement collectifs* de ceux qui sont *techniquement individuels*. Les *Agenda* les plus importants de l'État concernent non pas les activités que des personnes privées sont déjà en train d'assurer, mais les fonctions qui échappent aux prises de l'individu et les décisions que *personne ne* prendra si l'État ne les prend pas.[6]

Il est évident que pour Keynes, le plein emploi est l'une de ces tâches collectives que l'État doit assumer. Les mesures qu'il propose à la collectivité et à l'État pour assurer le plein emploi sont de plusieurs ordres :[7] ces moyens touchent à la fois les dépenses publiques, la fiscalité, la monnaie et la banque centrale, l'épargne et l'investissement. Dans le langage économique courant, on peut dire que Keynes propose l'adoption de politiques qui touchent à la fois la demande et l'offre.

Le message que Keynes livrait dans la *Théorie générale* suscite de nombreux débats chez tous les économistes et dans tous les milieux.[8] Par ailleurs, Keynes est interprété différemment par les économistes selon qu'ils acceptent

---

5. J.M. Keynes, « La fin du laisser-faire », *op. cit.*, p. 117.

6. *Ibid.*, p. 122.

7. Il semble que dans l'esprit de Keynes l'État et la collectivité ne soit qu'une même et une personne dans une société démocratique. Pour une discussion intéressante sur l'identification de la collectivité à l'État, voir J.C. Weldon, « On the Theory of Intergenerational Transfers », dans *The Canadian Journal of Economics*, novembre 1976, pp. 563 à 566.

8. Pour une discussion simple de la façon dont la *théorie générale* a été accueillie dans les différents milieux, voir J.K. Galbraith, *Le temps des incertitudes*, Gallimard, Paris 1978 et en particulier le chapitre sur « La révolution des mandarins » ; voir aussi Michael Stewart, *Keynes and After*, Penguin Books, Great Britain 1972. Pour une discussion des débats théoriques suscités par le livre de Keynes voir Lawrence R. Klein, *The Keynesian Revolution*, The Macmillan Company, New York, 1961.

que l'État a et doit jouer un rôle plus ou moins important dans l'économie[9]. Il s'établit toutefois un certain consensus dans la profession autour de certains principes de base de la théorie de Keynes: les cours d'introduction à la macro-économie ont d'ailleurs souvent comme objectif de présenter ces éléments de consensus sur lesquels nous reviendrons plus loin sous la désignation de théorie keynésienne.

Au niveau de la pratique de la politique économique, les gouvernements des pays industrialisés ont rapidement compris qu'ils avaient intérêt à s'inspirer de la théorie keynésienne pour stabiliser l'économie, afin qu'une crise économique comme celle des années trente ne se répète pas. On peut distinguer deux grands modèles de politique économique keynésienne. Le premier que l'on retrouve principalement en Amérique du Nord traduit la théorie keynésienne par une politique axée sur la gestion de la demande macro-économique. Nous discuterons plus loin de la nature particulière de ce modèle. Pour l'instant, il suffit de dire que le keynésianisme nord-américain donne aux gouvernements centraux la responsabilité de la politique macro-économique, et que celle-ci repose principalement sur la manipulation des éléments de la demande comme les dépenses publiques, la fiscalité et les taux d'intérêt.[10] Le deuxième modèle fait référence au modèle européen mais surtout au modèle scandinave où la politique économique ne se limite pas à une politique macro-économique de gestion de la demande. Dans ce modèle, le keynésianisme s'y traduit par toute une panoplie de politiques dont une politique de l'emploi qui s'appuie sur une politique des travaux publics, des inventaires, de la main-d'œuvre, de l'investissement ainsi que sur la répartition des revenus.[11] Ce modèle keynésien nécessite, par sa nature, la participation du mouvement syndical et de tous les groupes socio-économiques pour l'élaboration des politiques.[12] Au contraire, en Amérique

9. Encore aujourd'hui il existe de nombreux débats théoriques sur le sens que l'on doit donner aux écrits de Keynes. Le lecteur intéressé peut consulter à cet effet les différents numéros de la revue *Journal of Post Keynesian Economics* publiée par M.E. Sharpe, Inc. et qui paraît depuis l'automne 1978. Parmi les différents auteurs qui participent à ce débat on retrouve Don Patinkin, Paul Davidson, Joan Robinson, A. Asimakopulos.

10. Parmi les économistes américains qui ont favorisé l'adoption d'un tel modèle, mentionnons entre autres Paul Samuelson, A.M. Okun, James Tobin, A. Modigliani, A. Lerner. Bien d'autres auteurs ont contribué à l'élaboration du keynésianisme nord-américain mais la liste serait trop longue pour les énumérer tous. Parmi les ouvrages de base sur le sujet voir Abba P. Lerner, *Économie de l'emploi,* Éditions Sirey, Paris 1972; Arthur M. Okun (ed.), *The Battle Against Unemployment,* W.W. Norton and Company Inc., New York, 1965; Paul Samuelson, *Economics* (10ième édition), McGraw Hill, New York, 1976.

11. Les économistes les plus connus pour avoir travaillé à l'élaboration de ce modèle keynésien sont Gunnar Myrdal, Bertil Ohlin, Gösta Rehn.

12. Pour une discussion concernant le développement du keynésianisme suédois, voir Christine Buci-Glucksmann et Göran Therborn, *Le défi social-démocrate,* François Maspéro, Paris, 1981. Consulter en particulier les chapitres suivants: « La mise en place du modèle keynésien: élargissement de l'État et division du travail», et «La longue marche social-démocrate».

du Nord, la politique économique keynésienne est, dès le départ, contrôlée par les ministres des finances et leurs experts sans que les groupes concernés puissent y participer activement, si ce n'est en courant les antichambres.

La nature des politiques keynésiennes nord-américaines

Dès la fin de la deuxième guerre mondiale, le Canada endossait le modèle keynésien nord-américain et les politiques économiques qui en découlaient. C'est dans le livre blanc sur l'emploi et le revenu qu'on élaborait au Canada en 1945 un plan d'intervention gouvernementale pour enrayer toute hausse de chômage.[13] Ce modèle de politique économique règnera au Canada de 1945 jusqu'au début des années soixante-dix. Pendant toute cette période, on n'ose croire qu'on peut retomber dans une crise économique comme celle qu'on a connue pendant les années trente et qu'on connaît actuellement. Tous les économistes disent au grand public qu'on a désormais les outils économiques pour empêcher une telle situation. Aujourd'hui, on conteste l'efficacité de ce modèle. Mais avant de regarder plus en détail la nature et les limites de la politique keynésienne nord-américaine, il est bon de rappeler certains principes de la théorie de Keynes.

Cette théorie keynésienne met en relief, entre autres, trois points fondamentaux:

1) la difficulté, voire l'impossibilité, pour les entreprises privées d'assurer à elles seules une situation de plein emploi;

2) le rôle essentiel du pouvoir d'achat et de la demande dans la détermination du niveau de l'emploi;

3) la nécessité pour l'État d'intervenir afin d'assurer un niveau du pouvoir d'achat et de demande compatible avec le plein emploi.

Ce sont surtout les entreprises privées qui, dans les économies de marché, déterminent le niveau de la production et, par conséquent, le niveau de l'emploi. Mais celles-ci produisent et embauchent des travailleurs en autant que ce soit profitable de le faire. En d'autres mots, s'il y a une demande pour les produits fabriqués par une entreprise et que cette demande s'accompagne d'un prix acceptable, celle-ci décidera d'augmenter sa production et d'augmenter l'emploi. Selon la théorie de Keynes, une baisse des salaires n'incite pas nécessairement une entreprise à produire davantage. En effet, une baisse des salaires l'amènera à produire davantage et à embaucher les travailleurs qui offrent leurs services

---

13. Minister of Reconstruction, *Employment and Income,* Ottawa, 1945. Ce livre blanc propose l'adoption par le gouvernement fédéral d'une stratégie d'intervention qui consiste à créer les conditions propices à la prise en charge par le secteur privé de la responsabilité première en matière d'emploi.

à des taux plus faibles seulement si elle s'attend à pouvoir écouler cette production à un prix acceptable. La demande pour la production de l'entreprise est donc l'élément déterminant du nombre d'emplois à combler. Il en est de même dans l'économie en général; les conditions du pouvoir d'achat ou de la demande sont appelées « demande agrégée ». [14]

Selon la théorie keynésienne, le plein emploi ne va pas nécessairement de pair avec les économies de marché. [15] Les entreprises ayant le profit comme but ne créent des emplois qu'en fonction de ce but. Le niveau de l'emploi dans les économies de marché est donc une conséquence non planifiée de l'organisation générale de la production. Dans cette perspective, il est évident que l'État a un rôle particulier à jouer dans le domaine de l'emploi. Dans les économies de marché, l'État doit assurer que la demande agrégée soit suffisante pour inciter les entreprises à créer le nombre d'emplois suffisant pour absorber la main-d'œuvre disponible. C'est donc à l'État d'assurer le plein emploi en stimulant les différents éléments de la demande agrégée.

La demande agrégée

La demande agrégée se compose de deux parties: la demande privée émanant des individus, des entreprises et du secteur extérieur et la demande publique, c'est-à-dire la demande de biens et services des gouvernements.

Comme le montre le tableau I, la demande privée se compose à son tour de trois principales composantes: les dépenses de consommation (C), les dépenses d'investissement des entreprises (I) et la demande étrangère, c'est-à-dire les dépenses d'exportation moins les dépenses d'importation (X - M). Le tableau I indique également les différents éléments qui peuvent influer sur chacune de ces composantes.

La consommation

Les dépenses de consommation sont influencées par différentes variables dont le niveau des salaires et des revenus, les impôts et le régime de sécurité du revenu. En d'autres mots, les dépenses de consommation sont influencées par le pouvoir d'achat des ménages. Avec des salaires plus élevés et des régimes

---

14. On peut trouver un exposé fort simple des éléments importants de la théorie keynésienne dans A.P. Lerner, *op. cit.*, et M. Stewart, *op. cit.*

15. Les économistes qui, au début de la révolution keynésienne, avaient beaucoup de réticences à accepter l'idée de Keynes, à savoir que le plein emploi n'était pas automatique même si les salaires étaient flexibles, ont raffiné leur analyse depuis ce temps. À cet effet voir Robert M. Solow, « Alternative Approaches to Macroeconomic Theory: A Partial View », dans *The Canadian Journal of Economics,* août 1979.

TABLEAU I

La demande agrégée*

Demande privée: demande monétaire qui émane des marchés	La Consommation (C) dépend: du niveau des salaires et des revenus, des impôts, des régimes de sécurité du revenu, du crédit et des taux d'intérêt, des anticipations, de la répartition des revenus.
	L'Investissement (I) dépend: des taux de rendement anticipé, du crédit et des taux d'intérêt, des anticipations générales, des inventaires, de la taille des projets, etc.
	Les Exportations (X) dépendent: de la demande mondiale, du taux de change, des conditions de crédit et de financement, moins Les Importations (M) dépendent: du revenu national, du taux de change, des tarifs.
Demande publique: demande non monétaire qui émane des groupes de pression	Les dépenses publiques (G) dépendent: de la quantité et qualité des biens et services publics tels l'éducation, la santé, les services de loisirs et communautaires, le transport, la dépollution, la défense, l'infrastructure sociale.

* Tous les éléments sont exprimés en valeur réelle, c'est-à-dire en dollars constants.

de sécurité du revenu bien établis, il est évident que les dépenses de consommation seront plus fortes. De la même façon, une diminution d'impôt augmente les dépenses de consommation privée alors qu'une augmentation produit l'inverse.

Le coût et le volume du crédit sont également des éléments importants dans la détermination du niveau de la consommation nationale. Quand les taux d'intérêt sont très élevés, les ménages empruntent moins et limitent leurs dépenses de consommation. À cet effet, l'exemple des ventes d'automobiles est très frappant. Avec les taux d'intérêt que l'on connaît aujourd'hui, les ventes du secteur de l'automobile ont passablement diminué et ce secteur connaît des mises à pied importantes.

Un autre élément influe également sur le niveau de la consommation nationale: la répartition des revenus. Une répartition plus égalitaire des revenus engendre généralement une augmentation de la consommation, puisque les classes les plus défavorisées consomment une proportion plus forte de leur revenu que les classes plus privilégiées.[16] Les anticipations jouent également un rôle sur les niveaux de consommation. Pour les prochaines années par exemple, si on anticipe une situation économique stagnante avec des taux de chômage importants, la consommation actuelle sera déprimée. De la même façon, si on anticipe des hausses de prix significatives pour les prochaines années, les consommateurs seront incités à acheter aujourd'hui les biens qu'ils achèteraient normalement plus tard.[17]

Les dépenses d'investissement

Les dépenses d'investissement des entreprises sont influencées, entre autres, par les anticipations de rendement, par le crédit disponible et les taux d'intérêt ainsi que par la taille des projets. En effet, une entreprise augmentera son matériel et construira de nouveaux entrepôts à condition qu'elle anticipe réaliser des profits. Le taux du rendement anticipé dépend à son tour de nombreux facteurs dont la situation économique actuelle, le taux de profit réalisé ainsi que les politiques gouvernementales prévues. Dans cette perspective, il est douteux que les investissements privés réussissent à relancer une économie qui est en pleine récession.[18]

---

16. Il ne faut cependant pas conclure de ceci que des mesures de redistribution des revenus en faveur des moins bien nantis diminuent nécessairement l'épargne. Au contraire ces mesures peuvent engendrer une augmentation du volume de l'épargne. En effet, ces mesures, parce qu'elles augmentent initialement le niveau de la consommation, engendrent une augmentation du revenu national qui accroît le volume de l'épargne. Ainsi, des mesures de redistribution peuvent s'accompagner d'une augmentation du volume de l'épargne en dépit d'une diminution de la propension à épargner.

17. On n'insiste pas assez souvent sur les effets des anticipations sur la consommation mais aussi sur tous les autres éléments de la demande agrégée. Les anticipations représentent pour Keynes une variable fondamentale ; cette variable constitue même le point central de sa théorie des cycles, voir J.M. Keynes, *Théorie générale, op. cit.,* ch. 22. Le rôle plus ou moins important qu'on attribue aux anticipations dans la théorie économique constitue un élément de différence important entre les différents groupes de keynésiens et de post-keynésiens ; à ce sujet voir entre autres A. Asimakopulos, « Keynes et Straffa » dans *L'Actualité Économique,* janvier-juin 1982. Précisons que les anticipations dont il est question ici n'ont rien à voir avec les anticipations rationnelles.

18. En théorie, on peut imaginer le cas d'une économie en récession qui, après avoir subi une réduction de son stock de capital résultant de l'usure du temps et de l'absence d'investissement de remplacement, expérimente une reprise attribuable initialement à de l'investissement de remplacement. On retrouve ces scénarios théoriques dans plusieurs théories des cycles. Voir à ce sujet M.K. Evans, *Macroeconomic Activity, Theory, Forecasting, and Control,* Harper and Row Publishers, New York, 1969, chap. 14. Toutefois en pratique, bien du temps peut s'écouler avant qu'une reprise économique ne soit induite par un accroissement de l'investissement privé. La crise des années trente est sur ce point révélatrice ; en effet, après 10 ans de crise économique, ce ne sont pas les investissements privés qui ont initié la reprise mais bien plutôt la deuxième guerre mondiale.

Par ailleurs, les taux d'intérêt et le volume du crédit ont également une importance primordiale. Ainsi, lorsque les taux d'intérêt sont très élevés et qu'ils dépassent les taux de rendement anticipés, il ne vaut plus la peine alors d'investir dans de nouveaux équipements et les dépenses d'investissement diminuent. Cet effet des taux d'intérêt élevés est particulièrement fatal pour la croissance des petites et moyennes entreprises qui financent généralement leurs investissements par des emprunts. Le volume du crédit, quant à lui, peut aussi exercer certains effets. Lorsque les liquidités bancaires sont réduites, les banques peuvent adopter un comportement de tamisage face aux différentes possibilités d'investissement, ce qui réduit le volume des investissements. Mais encore là, on peut penser que c'est la croissance des petites et moyennes entreprises qui est affectée négativement par la restriction du crédit puisqu'il semble que les grandes entreprises réussissent à implanter des innovations financières leur permettant de contourner les restrictions de crédit.[19]

La taille des projets d'investissement peut aussi influer sur le volume de l'investissement. On peut penser que plus la taille des projets d'investissement est importante, plus la probabilité d'une réduction soudaine du volume des investissements réalisés par rapport aux projets est forte. En effet, quand les projets d'investissement sont constitués principalement de méga-projets, il suffit alors qu'un élément de prévision ou de conjoncture change pour que ce méga-projet soit abandonné car alors il n'est plus rentable. Au Canada, ce phénomène s'est produit en 1982 quand à la suite d'un changement relatif dans le prix du pétrole, le méga-projet All-Sands est soudainement devenu non rentable pour le secteur privé.

La demande étrangère

La demande étrangère nette, c'est-à-dire les exportations moins les importations, est également influencée par un ensemble d'éléments. Les exportations sont d'abord fortement dépendantes du niveau de l'activité mondiale ; une récession mondiale entraîne automatiquement une baisse des dépenses du reste du monde pour nos matières premières et pour certains de nos produits manufacturés. Les exportations diminuent en conséquence. Le taux de change est également une variable qui influe sur le niveau des exportations. Lorsque le dollar canadien prend de la valeur, lorsqu'il s'apprécie, les produits canadiens deviennent plus coûteux pour le reste du monde et les exportations ont tendance à diminuer. Inversement, une dépréciation du dollar canadien s'apparente à une diminution du prix des produits québécois et canadiens pour le reste du monde : les exportations sont alors stimulées. D'autres facteurs

---

19. Sur ce point voir: Gerald K. Bouey, «Politique monétaire à la recherche d'un point d'ancrage», Fondation Per Jacobsson, Conférence de 1980, Toronto, le 5 septembre 1982.

moins connus mais tout aussi importants influencent aussi le niveau des exportations. Il s'agit, par exemple, des ententes au niveau du financement des exportations ainsi que de certaines ententes commerciales. C'est d'ailleurs pour cette raison, qu'au lendemain de la deuxième guerre mondiale, le gouvernement canadien proposait, dans son livre blanc sur l'emploi et le revenu, d'instaurer une série de mesures favorisant le financement des ventes canadiennes à l'étranger.

Quant aux importations, les achats à l'étranger, elles sont également influencées par le niveau du taux de change. Lorsque ce taux s'apprécie, les produits étrangers coûtent moins chers pour les Canadiens et les Québécois et les importations augmentent. Inversement, lorsque le taux de change perd de la valeur, les produits étrangers deviennent plus coûteux et les Canadiens et les Québécois orientent alors leurs dépenses sur les marchés domestiques. On identifie également le niveau du revenu comme une variable influant sur le niveau des importations. Avec des revenus plus élevés, les Québécois et les Canadiens ont généralement tendance à consommer plus de biens importés ; et lorsque le niveau du revenu national augmente, les entreprises importent également de la machinerie et de l'équipement pour réaliser certains types d'investissement. Il va sans dire que les tarifs sont un troisième élément qui influe sur le niveau des importations. La politique tarifaire et commerciale du pays joue donc un rôle déterminant sur le niveau de la demande étrangère nette.

La demande publique

Les dépenses publiques, c'est-à-dire les dépenses en biens, en services, en transferts de revenus et en capital de tous les niveaux des gouvernements constituent un élément important de la demande agrégée. Ces dépenses sont influencées par une série de facteurs. Ainsi, certaines d'entre elles fluctuent automatiquement selon l'état de l'économie. Par exemple, lorsque l'emploi se fait rare, des pressions presque automatiques s'exercent sur les gouvernements pour qu'ils entreprennent certains travaux publics ; ou encore, les dépenses augmentent automatiquement puisque une baisse de l'emploi crée alors des problèmes au niveau de la santé, de la criminalité et exige aussi des transferts de revenu plus importants au niveau de l'assurance-chômage et de l'aide sociale. Mise à part cet endogénéité des dépenses gouvernementales, on peut dire que celles-ci sont aussi influencées fortement par les pressions politiques des différents groupes pour de nouveaux services ou pour les réduire. Par ailleurs, elles constituent un des instruments importants de la politique keynésienne nord-américaine.

L'effet multiplicateur

Les dépenses publiques, tout comme les autres éléments de la demande agrégée, jouent un rôle important au niveau du revenu national et de l'emploi. Ainsi, une augmentation des dépenses publiques, ou de tout autre élément de la demande agrégée, entraîne une augmentation plus que proportionnelle du niveau du revenu national. S'il en est ainsi, c'est que l'augmentation initiale de la demande génère des augmentations des dépenses de consommation et d'investissement. Par exemple, une augmentation des dépenses publiques du secteur des travaux publics exige souvent la signature de contrats avec des entreprises privées et l'engagement de travailleurs pour effectuer le travail. Ces dépenses en travaux publics augmentent donc les revenus des travailleurs et des entreprises qui, à leur tour, augmentent leurs dépenses de consommation et possiblement leurs dépenses en matériel. Cet effet d'entraînement est mieux connu comme l'«effet multiplicateur». Ainsi, une augmentation du niveau d'une des composantes de la demande, que ce soit les dépenses publiques, la consommation, l'investissement privé ou la demande extérieure nette, engendre un effet multiplicateur sur le revenu national.[20] Cet effet se répercute également au niveau de l'emploi qui augmente plus que proportionnellement à l'augmentation initiale.[21]

---

20. On fait généralement une distinction entre une augmentation permanente et une augmentation temporaire du revenu national liée à l'effet multiplicateur. Ainsi l'effet multiplicateur d'une dépense sera permanent si la dépense est permanente c'est-à-dire récurrente. Cet effet sera temporaire si la dépense est non récurrente. Dans le cas d'une augmentation des travaux publics, l'effet multiplicateur sur le revenu est temporaire. Alors qu'une augmentation du budget public alloué à la santé, à l'éducation ou à d'autres biens publics exerce un effet multiplicateur sur le revenu et l'emploi qui est permanent. Même si l'effet des travaux publics est temporaire, cela ne veut pas dire que le revenu national et l'emploi retomberont nécessairement à leur niveau antérieur une fois les travaux publics complétés. En pratique, l'effet d'entraînement des travaux publics peut d'une part durer longtemps et, d'autre part, d'autres activités peuvent entre temps se substituer aux travaux publics; mais pour ce faire, on doit souligner, encore une fois, la nécessité d'une action collective.

21. Le multiplicateur que l'on définit comme le coefficient par lequel on multiplie toute augmentation autonome dans le niveau de la demande agrégée pour obtenir l'augmentation totale de la production nationale a fait l'objet, au Canada, à différentes reprises, de certains calculs. Voir entre autres Sydney May, «Dynamic multipliers and their use for fiscal decision-making», Economic Council of Canada, *Conference on Stabilisation Policies,* Ottawa, 1966; Robert Lacroix et Yves Rabeau, *Politiques nationales, conjonctures régionales,* Les Presses de l'Université de Montréal, Montréal 1981, pp. 101-102; OCDE, *Financement du déficit budgétaire et contrôle monétaire,* Paris, 1982, chap. III. Dans cette dernière étude on retrouve des multiplicateurs du revenu et des multiplicateurs d'emploi. Ces derniers sont inférieurs aux multiplicateurs de revenu; cela n'est pas surprenant, entre autres parce que les entreprises ne répondent pas immédiatement à une augmentation de la production par une augmentation de l'emploi, mais utilisent les capacités de main-d'œuvre existantes plus intensivement; elles augmentent l'emploi plus tard.

Les politiques keynésiennes nord-américaines

Les politiques keynésiennes nord-américaines opèrent justement à travers les différents éléments qui influencent les composantes de la demande agrégée: consommation privée, investissement, demande étrangère, demande publique. Ces politiques, qu'on qualifie aussi de politiques de stabilisation, sont donc des mesures qui visent généralement à laisser l'organisation de la production aux marchés et aux entreprises privées. Par exemple, une mesure de stabilisation typiquement keynésienne verra à augmenter les niveaux de la consommation en adoptant des mécanismes de transferts de revenu comme l'assurance-chômage, les pensions de vieillesse, les programmes d'aide sociale ou encore en diminuant les impôts. Une autre façon d'augmenter le niveau de la consommation pourrait être de redistribuer les revenus, c'est-à-dire taxer les couches de revenus supérieurs et distribuer ces argents aux couches de revenus inférieurs. Ces politiques augmentent le niveau des dépenses de consommation et laissent le marché décider de la façon dont il répondra à cette augmentation de la consommation.

De la même façon, une politique de stabilisation qui veut stimuler le niveau de l'investissement pourra le faire en essayant de stabiliser les taux d'intérêt à un niveau relativement bas.[22] C'est d'ailleurs ce que la Banque du Canada a fait tout au long de la période d'après-guerre; elle a maintenu des taux d'intérêt relativement stables et bas pour encourager les entreprises à investir.[23] Une autre mesure de stabilisation visant l'investissement consiste à octroyer des subventions aux entreprises, réduisant ainsi le coût d'achat du matériel et augmentant, par le fait même, le taux de rendement anticipé. La politique fiscale de dépréciation accélérée est aussi une formule de ce type. Enfin, les mesures qui jouent sur le taux de change peuvent également influer sur les dépenses étrangères nettes.

Tous ces exemples indiquent que les politiques keynésiennes de stabilisation, telles qu'appliquées en Amérique du Nord, laissent principalement

---

22. Pour une description des politiques fiscales keynésiennes qui ont été adoptées au Canada de 1945 à 1970 voir J.C. Strick, *Canadian Public Finance*, Holt, Rinehart and Winston of Canada Limited, Canada 1973, et David Wolfe, « The State and Economic Policy in Canada: 1968-1975 », Leo Panitch, *The Canadian State, Political Economy and Political Power*, University of Toronto Press, Toronto 1977.

23. Pour une description de la politique monétaire au Canada voir les articles suivants de George S. Watts, «La Banque du Canada pendant les années de guerre», *Revue de la Banque du Canada*, avril 1973; «La Banque du Canada pendant la période d'adaptation à l'après-guerre», Revue de la Banque du Canada, novembre 1973; «La Banque du Canada de 1948 à 1952: le tournant», *Revue de la Banque du Canada,* novembre 1974; «L'évolution de la Banque du Canada en 1953-1954: une nouvelle étape de l'histoire de la banque centrale», *Revue de la Banque du Canada,* janvier 1976; voir aussi Gerald Bouey, «Politique monétaire — à la recherche d'un point d'ancrage», *op. cit.*

au secteur privé le soin de décider du niveau de la production, du niveau des prix ainsi que du niveau de l'emploi. La demande agrégée ne fait qu'assurer un climat économique général propice à une production régulière du secteur privé. Les keynésiens ont donc popularisé des mécanismes d'intervention économique qui agissent sur la demande agrégée. Et pour eux, l'accroissement des dépenses gouvernementales résultant de ces politiques de stabilisation est jugé acceptable, puisqu'elles augmentent le niveau de la demande agrégée et exercent un effet multiplicateur sur le secteur privé. Pour les keynésiens, le rôle économique de l'État est donc surtout réduit au soutien de la demande, et ce sont les entreprises qui conservent le contrôle sur toute la question de l'emploi: *les politiques de stabilisation d'inspiration keynésienne ne sont donc pas des politiques d'emploi directes.*

Au Canada, comme aux États-Unis, l'école keynésienne procure au mouvement syndical une forte argumentation théorique pour justifier ses revendications au niveau de la prise en charge, par les gouvernements, de certains services publics dont la santé, l'éducation ainsi que tout le domaine de la sécurité du revenu. Et comme nous le verrons au Chapitre VIII, le mouvement syndical québécois a utilisé l'argumentation keynésienne. Il semble aussi que le mouvement syndical ait contribué à l'avènement d'un certain type d'État-providence au Canada. [24]

Les résultats des politiques de stabilisation

Le règne de l'économie keynésienne qui dura de 1945 à 1975 a produit deux types de conséquences au Canada. Premièrement, le règne keynésien a eu des conséquences économiques importantes puisqu'il a augmenté le rôle économique de l'État. Deuxièmement, il a généré des retombées sociales et a favorisé l'avènement d'un État-providence fondé sur le maintien du revenu plutôt que sur la sécurité d'emploi.

L'une des conséquences de l'adoption des politiques de stabilisation keynésienne est la croissance importante des dépenses gouvernementales en proportion du produit intérieur brut. Le tableau II illustre ce point pour différents pays. On constate que de 1950 à 1979 les dépenses courantes de tous les niveaux de gouvernement au Canada, ont passé de 19,3% du produit intérieur brut à 35,8%. Le sommet a toutefois été atteint en 1975 et depuis, les gouvernements ont tenté de réduire leurs dépenses. Si on compare la situation canadienne à celle des autres pays, on constate alors que loin d'être excessive,

---

24. Pour une analyse économique de l'avènement de l'État-providence au Canada et de ses caractéristiques particulières, voir Diane Bellemare, *La sécurité du revenu au Canada: une analyse économique de l'avènement de l'État-providence,* thèse de doctorat, Université McGill, 1981.

l'intervention gouvernementale associée à la politique keynésienne a été relativement moins forte au Canada, à l'exception toutefois des États-Unis.[25]

TABLEAU II

**Dépenses courantes des gouvernements
en % du produit intérieur brut**

	Canada	États-Unis	Angleterre	Allemagne	Suède
1945	42,2	—	45,0	—	—
1950	19,3	—	30,0	—	23,5
1955	22,9	—	28,8	—	23,6
1960	25,5	25,5	29,4	27,7	25,9
1965	25,6	25,3	30,2	30,4	29,0
1970	32,6	30,1	32,7	31,6	36,7
1975	37,3	33,5	40,5	41,5	46,7
1979	35,8	31,5	40,0	40,9	56,8

Sources: Organisation de coopération et de développement économiques, *Perspectives Économiques,* #30, décembre 1981, Paris; William G. Watson, *The Age of Entitlement: taxation and public expenditure in the OECD countries 1945-1975, with emphasis on the United Kingdom, Canada, and Sweden,* Ph.D. thesis, Yale University, 1980.

Une autre conséquence attribuée généralement à l'adoption des politiques keynésiennes est le maintien de déficits gouvernementaux importants. Le tableau III fait état de l'évolution des déficits de l'ensemble des gouvernements au Canada, en proportion du produit national brut. On constate l'existence de certains déficits à la fin des années cinquante et au début des années soixante alors que le Canada, et surtout le Québec, traversent des situations économiques difficiles. Toutefois, tout au long des années soixante, l'ensemble des gouvernements canadiens connaissent des surplus budgétaires permettant de financer les déficits encourus lors de mauvaises périodes. Comme l'indique le tableau III, ce n'est que depuis 1975 que la situation budgétaire des gouvernements se détériore; mais c'est aussi depuis cette époque qu'est adoptée la politique monétariste. N'y a-t-il pas là un lien à faire?

---

25. Pour une analyse comparative de l'évolution des dépenses gouvernementales dans différents pays, consulter William G. Watson, *The Age of Entitlement: Taxation and Public Expenditure in the OECD Countries, 1945-1975, with Emphasis on the United Kingdom, Canada and Sweeden,* Ph.D. Thesis, Yale University, 1980.

Sur le plan de la dette nationale, l'un des préjugés véhiculé aujourd'hui par rapport aux politiques de type keynésien est de dire que celles-ci ont accru l'importance de la dette nationale. Toutefois, les statistiques officielles ne permettent pas d'appuyer ce préjugé. En effet en 1952, la dette fédérale atteignait 77,3% du produit national brut. Mais la dette nationale diminue tout au long de la période de l'après-guerre pour atteindre 34,4% du produit national brut en 1977. Ce n'est que depuis 1975 que la dette fédérale augmente en importance, mais ceci correspond aussi à une aggravation ou une détérioration sans précédent de la situation économique accentuée par les coupures gouvernementales.

TABLEAU III

**Déficits des gouvernements et dette fédérale
en % du produit national brut
Canada, 1952-1980**

	Déficits ou surplus budgétaires de tous les gouvernements (% du PNB)	Dette fédérale en % du PNB
1952	—	77,3
1957	–0,1	54,9
1962	–1.6	54,8
1963	–1,4	53,8
1964	0,2	54,0
1965	0,4	51,6
1966	0,7	48,1
1967	0,2	45,5
1968	0,7	44,8
1969	2,4	44,1
1970	0,9	41,8
1971	0,1	42,9
1972	0,1	42,6
1973	1,0	41,1
1974	1,9	37,0
1975	–2,5	34,6
1976	–1,7	35,1
1977	–2,4	34,4
1978	–3,0	37,6
1979	–1,8	41,5
1980	–2,1	39,6
1981	–0,7	40,9

Sources: Ministère des Finances, *Revue Économique,* avril 1982.

Le tableau III permet donc de voir que tout au long du règne keynésien, la situation financière des gouvernements, loin de se détériorer, a permis de rembourser les dettes encourues lors de la deuxième guerre mondiale. Ces quelques statistiques montrent donc que la politique de stabilisation, telle qu'administrée au Canada, a permis de connaître une croissance économique relativement bonne, bien que les taux de chômage soient demeurés relativement élevés comme le montre le tableau IV. Bien sûr, certaines dépenses ont été financées par la Banque du Canada et, par conséquent, par la création de la monnaie. Mais cette politique monétaire très souple a donné lieu à des taux d'intérêt qui ont permis aux citoyens québécois et canadiens de se procurer des maisons, et aux entreprises d'améliorer leur matériel. Ce n'est plus le cas aujourd'hui.

La sécurité du revenu et non la sécurité d'emploi

Depuis la fin de la deuxième guerre mondiale, le Canada a connu, comme l'indique les statistiques du tableau IV, plusieurs années au cours desquelles le taux de croissance de la production augmentait rapidement selon les normes canadiennes. Mais l'évolution de la situation du marché du travail est moins prospère. En fait, le Canada a connu vraisemblablement très peu d'années où le marché du travail pouvait être qualifié de serré ; soulignons, entre autres, les années suivant immédiatement la dernière guerre mondiale, les années de la guerre de Corée et les années 1955, 1956 et 1966. Pour les autres années, les taux de chômage dépassent largement 3,6 pour cent. Ils demeurent élevés même pendant les périodes d'accroissement du niveau de l'activité économique, soit une moyenne de 4,7 et de 5,9 pour cent pour les périodes 1962-1966 et 1972-1973. En définitive, le problème de l'emploi demeure une réalité omni-présente pendant toute cette période d'après-guerre. Et ce problème est d'autant plus important que le chômage diffère considérablement d'une province à l'autre, les provinces de l'Est, dont le Québec, ayant toujours les taux de chômage les plus élevés.

Pendant cette période, on ne peut pas dire que les gouvernements ont adopté des politiques particulièrement vigoureuses pour combattre le chômage. C'est le gouvernement fédéral qui, dans le contexte des institutions canadiennes, dispose des principaux moyens pour intervenir efficacement. Or, les inter-ventions fédérales ont été rares et bien souvent perverses. Par exemple, le Canada a connu au moins trois périodes de récession ou de stagnation causées express-sément par des politiques fédérales restrictives ; ce sont les périodes 1959-1961, 1967-1970 et 1976-1979. Ainsi, en 1959, la récession que le Canada subit depuis 1957 se prolonge indûment en raison d'une politique fédérale visant à équilibrer le budget.[26] En 1967, alors que l'activité économique aurait pu poursuivre son

---

26. J.C. Strick, *op. cit.,* p. 145.

TABLEAU IV

Certains indices de performance économique, Canada, 1947-1981

Année	Taux d'augmentation de l'indice des prix à la consommation	Taux d'augmentation P.N.B. $ 1971	Taux d'augmentation d'exportations $ 1971	Taux de chômage	Nombre de chômeurs '000	Taux d'augmentation de l'emploi
1947	—	—	—	2,2	110	—
1948	14,7	2,5	3,3	2,3	114	1,9
1949	3,1	3,8	-5,9	2,8	141	0,7
1950	2,8	7,6	-0,7	3,6	186	1,3
1951	10,6	5,0	9,4	2,4	126	2,0
1952	2,5	8,9	11,5	2,9	155	1,6
1953	-0,9	5,1	-1,0	3,0	162	0,6
1954	0,6	-1,2	-3,7	4,6	250	-0,3
1955	0,2	9,4	7,6	4,4	245	2,2
1956	1,4	8,4	7,5	3,4	197	3,7
1957	3,2	2,4	0,9	4,6	278	3,6
1958	2,7	2,3	-0,3	7,0	432	-0,4
1959	1,1	3,8	3,9	6,0	372	1,8
1960	1,2	2,9	4,3	7,0	446	2,4
1961	0,9	2,8	7,5	7,1	466	1,5
1962	1,2	6,8	3,9	5,9	390	2,8
1963	1,8	5,2	9,1	5,5	374	2,4
1964	1,7	6,7	13,4	4,7	324	3,7
1965	2,5	6,7	4,5	3,9	280	3,8

Année	Taux d'augmentation de l'indice des prix à la consommation	Taux d'augmentation P.N.B. $ 1971	Taux d'augmentation d'exportations $ 1971	Taux chômage	Nombre chômeurs '000	Taux d'augmentation de l'emploi
1966	3,7	6,9	13,6	3,6	267	4,2
1967	3,6	3,3	10,2	4,1	315	3,2
1968	4,1	5,8	12,4	4,8	382	2,1
1969	4,5	5,3	9,8	4,7	382	3,2
1970	3,3	2,5	9,0	5,9	495	1,1
1971	2,9	6,9	4,5	6,4	552	2,4
1972	4,8	6,1	6,6	6,2	562	3,2
1973	7,6	7,5	10,6	5,6	520	5,2
1974	10,8	3,6	-2,2	5,3	525	4,4
1975	10,8	1,2	-6,4	6,9	707 690*	1,9
1976	7,5	5,5	9,3	7,1	727	2,2
1977	8,0	2,1	6,9	8,1	850	1,9
1978	8,9	3,7	10,3	8,4	911	3,4
1979	9,1	3,0	2,7	7,5	838	4,0
1980	10,2	0,0	1,0	7,5	867	2,8
1981	12,5	3,0	1,4	7,6	897	2,6

* Les statistiques concernant le nombre de chômeurs sont calculées différemment depuis 1975.

Sources: Statistique Canada, *La population active*, catalogue 77-001, décembre 1975. Conseil économique du Canada, *Des travailleurs et des emplois*, Ottawa, 1976. Ministère des Finances, *Revue Économique*, Ottawa, 1982.

rythme de croissance, le gouvernement fédéral adopte une politique déflationniste dans le but « irréaliste » d'enrayer l'inflation. [27] Il répète vainement
la même stratégie en 1976.

Le Canada a connu d'autres périodes de récession plus ou moins sévères
dont l'origine dépasse le contrôle canadien, car elles proviennent généralement
d'une baisse des exportations : il s'agit des périodes 1949-1950, 1953-1954,
1957-1958, 1971 et 1973-1974. Le gouvernement fédéral tente alors d'alléger
le fardeau du chômage soit en endossant une stratégie de travaux publics,
laquelle d'ailleurs demeure marginale, soit en tentant de soutenir les dépenses
nationales de consommation et d'investissement en remédiant partiellement
aux baisses dans les revenus des particuliers et des entreprises.

En résumé, on peut dire que jamais le gouvernement fédéral du Canada
n'a véritablement eu l'intention de créer directement un nombre d'emplois
suffisant pour maintenir le plein emploi. [28] Au contraire, tous les gouvernements
qui se sont succédés à Ottawa insistent sur le fait que dans notre système économique, la responsabilité de la production et de l'emploi incombe principalement
au secteur privé. À titre indicatif, on peut citer un extrait de la réponse faite
en 1950 par le premier ministre Louis Saint-Laurent lors de la présentation
du mémoire annuel du Congrès Canadien du Travail :

> Le gouvernement libéral n'est pas un gouvernement socialiste ; c'est donc à
> l'entreprise privée, et non à l'État, que revient l'obligation de maintenir un
> niveau d'emploi élevé. Mais l'entreprise privée ne doit pas céder à des craintes
> non fondées car les perspectives économiques sont encore bonnes. [29]

On peut également reproduire un extrait du budget présenté le 20 juin 1961 à
la Chambre des Communes d'Ottawa et qui souligne la façon dont le gouvernement s'entend s'y prendre pour stimuler la production :

---

27. *The Labour Gazette,* 1970, voir en particulier l'article de J.C. Weldon ; voir également J.C.
    Strick, *op. cit.,* pp. 149-150.

28. En 1950, le « Economic and Social Council » des Nations Unies demande à chacun des
    gouvernements membres des promesses très précises quant à leur objectif de plein emploi
    ainsi que le détail des moyens pour l'atteindre. À cet effet le Canada (ainsi que d'autres pays
    déclarent) : «... they were too much dependent on export markets to be able to determine
    a full employment standard. In 1953 the Government of Canada, besides raising economic
    objections to a full employment standard, pointed out that 'the application of an arithmetical
    standard in Canada would be complicated by the fact that jurisdiction over many matters
    concerning labour is in the hands of provincial governments. At times, the attainment of a
    specific target would require remedies which the central authority would not have sufficient
    power to put into effect...'». «Employment and unemployment : Government Policies
    since 1950 : I», International Labour Review, vol. 74, July 1956, p. 3.

29. *The Labour Gazette,* 1950, p. 469.

Ce n'est pas au moyen de subventions, de contrôles gouvernementaux ou de restrictions que nous les atteindront (les résultats). Certains groupes m'ont fait valoir la nécessité d'une intervention gouvernementale directe pour résoudre nos problèmes économiques. Je rejette leur point de vue. La politique que je dépose devant la Chambre ce soir en est une d'incitation économique réelle, plus significative, plus puissante et plus profonde que tout ce qui pourrait être mis en œuvre sous forme de subventions et de contrôles. De plus, elle n'est pas affectée par les décisions arbitraires et par les retards administratifs qui accompagnent toujours les interventions du gouvernement dans l'entreprise privée.[30]

Le premier ministre P.E. Trudeau réaffirme ces principes encore aujourd'hui.

L'objectif de la politique économique du gouvernement fédéral n'est donc pas directement le plein emploi mais plutôt l'établissement des conditions économiques objectives pouvant inciter le secteur privé à assumer cette tâche. Cet environnement économique, le gouvernement essaie de le créer en assurant une croissance de la demande appuyée entre autres sur l'expansion des régimes de sécurité du revenu ainsi que sur les dépenses en éducation et en santé. À titre d'exemple, on peut citer un extrait du discours du budget du ministre des Finances qui, en 1958, vise l'adoption de certains mécanismes de transferts de revenu pour empêcher une détérioration de l'activité économique:

> Les dépenses gouvernementales ont contribué au maintien de l'activité écono-mique. Elles ont augmenté de presque sept pour cent pour les trois niveaux de gouvernement et ce, malgré un déclin des dépenses de la défense. Ce sont surtout les paiements de transferts qui ont augmenté le plus rapidement et, pour les derniers six mois, ils furent un élément important du maintien du revenu des individus et de l'augmentation de la demande de biens de consommation; cette augmentation est particulièrement attribuable aux paiements très élevés de la caisse d'assurance-chômage, aux rentes plus élevées versées aux personnes âgées, aux aveugles et aux handicapés, aux vétérans et aux retraités ainsi qu'à une augmentation des allocations familiales.[31]

Ainsi, les gouvernements canadiens laissent le problème de la production au secteur privé et s'engagent à assurer la production de certains biens « publics » que le mouvement syndical revendique depuis longtemps.[32] C'est l'époque des stabilisateurs automatiques.

30. Canada, *Debates*, House of Commons, Dominion of Canada Session, 1960-61, vol. VI, p. 6644.

31. Canada, *Debates*, House of Commons, Dominion of Canada, Session 1958, vol. II, pp. 1232-33.

32. Il améliore, par exemple, le régime d'assurance-chômage et adopte la Loi sur la sécurité de la vieillesse ou encore il endosse, quoique marginalement, certains travaux publics. Ces travaux adoptés plus fréquemment l'hiver que l'été sont la plupart du temps des programmes à frais partagés avec les provinces. Ainsi, avec les politiques de stabilisation, les gouvernements adoptent non pas une politique de l'emploi mais une politique de sécurité du revenu. Pour plus de détails voir Diane Bellemare, *op. cit.*, Chapitres 7, 8 et 9.

L'évolution de certains types de dépenses gouvernementales contribue à appuyer l'idée que la politique keynésienne nord-américaine a favorisé, au Canada, l'avènement d'un État-providence axé sur la sécurité du revenu plutôt que sur l'emploi. Le tableau V ventile l'accroissement observé dans les différentes fonctions de l'ensemble des gouvernements canadiens de 1956 à 1975. On constate rapidement qu'elles ne n'accroissent pas toutes également. Certaines, comme la défense nationale, connaissent même des diminutions importantes. Ce sont principalement les fonctions à vocation sociale qui augmentent le plus. De 1956 à 1975, les dépenses de bien-être sont responsables de 33,6% de l'accroissement total des dépenses, la santé de 23,8% et l'éducation de 21,6% ; les fonctions à vocation sociale totalisent donc 79% de l'accroissement total. Ainsi, l'État-providence dont l'objet prioritaire est d'assurer la sécurité économique des citoyens est issu directement de l'ère keynésienne.

TABLEAU V

Dépenses publiques par fonction
Canada 1956-1975

	Proportion de l'accroissement total
Bien-être	33,6%
Santé	23,8
Éducation	21,6
Autres*	8,8
Administration générale	8,2
Charges de la dette	8,1
Transport & Communications	6,8
Protection de la propriété et des personnes	5,0
Assainissement	4,7
Ressources naturelles	3,2
Subventions aux corporations publiques	0,8
Affaires étrangères et assistance internationale	− 0,7
Pensions des vétérans	− 2,1
Défense	−21,7
TOTAL	100,0

* Développement commercial et industriel, services récréatifs et culturels et autres.

Sources : William G. Watson, *The Age of Entitlement : Taxation and Public Expenditures in the OECD countries, 1945-1975 with emphasis on the United Kingdom, Canada, and Sweden*, Ph.D. thesis, Yale University, 1980.

Certains économistes[33] ont tendance à voir dans l'avènement de l'État-providence, tant au Canada qu'ailleurs, une institution purement capitaliste qui a comme objet de sauver le système. Même si son implantation ne s'est peut-être pas opérée consciemment et exclusivement dans le but de répondre à des besoins à caractère public, on ne peut rejeter cet accomplissement pour autant. On se doit, au contraire, de reconnaître cet acquis de société que les politiques de stabilisation ont permis de réaliser sans les tensions politiques qu'on aurait pu y voir associées. En effet, il est beaucoup plus facile de faire accepter au milieu des affaires des politiques de sécurité du revenu qui occasionnent certains frais au niveau de la masse salariale lorsque ces dernières y voient, en même temps, un outil de stabilisation économique. On ne doit donc pas rejeter cet État-providence aujourd'hui mais on doit constater plutôt que sa réalisation n'est complétée qu'en partie. On doit continuer dans cette voie autant parce qu'elle répond aux besoins de groupes spécifiques que parce qu'elle favorise l'ensemble de l'économie.

L'insuffisance des politiques keynésiennes nord-américaines

Toutes les données que nous avons vues jusqu'ici nous amènent à dire que l'époque keynésienne nord-américaine est celle où les gouvernements mettent en place des outils de stabilisation qui protègent l'autonomie du secteur privé, en ce sens qu'ils n'empiètent pas sur les décisions que le marché peut prendre quant à l'organisation de la production, à la planification de la structure économique et aux décisions d'embauche des entreprises. Ces outils keynésiens sont conformes à l'idéologie nord-américaine de la moindre intervention de l'État. Et encore aujourd'hui, les dirigeants de la politique économique sont soucieux de préserver, voire de renforcer cette philosophie économique. À cet effet, Gérald K. Bouey, gouverneur de la Banque du Canada, disait récemment :

> Une des caractéristiques du système économique des pays industriels comme le nôtre réside dans l'importance considérable que revêt la décentralisation de la prise de décision. Ce qui rend possible cette décentralisation, c'est l'existence d'un secteur privé relativement important et très diversifié et l'utilisation des mécanismes de marché. Dans les sociétés de ce type, les pouvoirs publics doivent, dans la gestion de l'économie, s'en remettre principalement à la stratégie consistant à influencer le cadre dans lequel fonctionnent les marchés et n'utiliser qu'avec parcimonie, ou dans des cas exceptionnels seulement, les contrôles directs, le rationnement ou plus généralement tout autre mode de répartition de caractère administratif.[34]

---

33. Entre autres voir, Suzanne De Brunhoff, *État et Capital,* Éditions François Maspéro, Paris, 1976 ; James O'Connor, *The Fiscal Crisis of the State,* St-Martin's Press, New York, 1973 ; M. Pelletier et Y. Vaillancourt, *Les politiques sociales et les travailleurs,* cahiers I à VI, Montréal, différentes années.

34. Gerald Bouey, *op. cit.,* pp. 4-5.

Avant de terminer cette section, rappelons que même si les politiques keynésiennes ne visent pas directement l'emploi, elles réussissent néanmoins à assurer un niveau de chômage moins élevé qu'autrement et surtout moins élevé qu'aujourd'hui. En fait, compte tenu de la nature des politiques keynésiennes en Amérique du Nord, on pourrait dire qu'elles sont des politiques de plein emploi du capital; en effet, elles visent à assurer une demande suffisante pour que les capacités de production des entreprises soient pleinement utilisées. Mais il peut quand même y avoir des ressources humaines inutilisées lorsque le capital physique est pleinement utilisé. Or les politiques de stabilisation n'ont rien à offrir pour réduire le chômage qui persiste lorsque le capital est pleinement utilisé. Et on peut penser que l'utilisation de ce genre de politique pour réduire le chômage qui persiste au plein emploi du capital pourrait engendrer des pressions inflationnistes. Les politiques de stabilisation sont donc insuffisantes pour assurer le plein emploi de la main-d'œuvre. Elles sont néanmoins nécessaires, et on voit aujourd'hui que leur absence crée un climat où les capacités de production excédentaires augmentent et le problème du chômage s'aggrave.

Il convient d'ajouter que les politiques de stabilisation ne sont pas très efficaces au niveau du développement régional. En effet, elles assurent une demande que le marché essaie de satisfaire selon sa logique. Or il se peut que certaines régions soient complètement exclues de l'orbite du développement des marchés. Les politiques de stabilisation offrent peu de solutions à ce problème. Au contraire, il faut une action collective énergique qui tente d'orienter le développement économique en fonction des besoins de la collectivité concernée.

Les politiques keynésiennes nord-américaines situées dans le cadre d'une économie axée sur la satisfaction des besoins

Afin de mieux comprendre la nature des politiques keynésiennes et pourquoi elles ne peuvent suffire pour assurer le plein emploi de la main-d'œuvre, nous présentons, au tableau VI, un portrait économique général du processus de satisfaction des besoins dans les économies dites de marché. Cette digression s'avère importante afin de saisir le rôle économique respectif des entreprises privées, des travailleurs et des groupes ainsi que de l'État, et de mieux comprendre, par la suite, le lieu d'intervention d'une véritable politique de plein emploi.

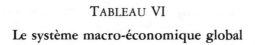

TABLEAU VI

Le système macro-économique global

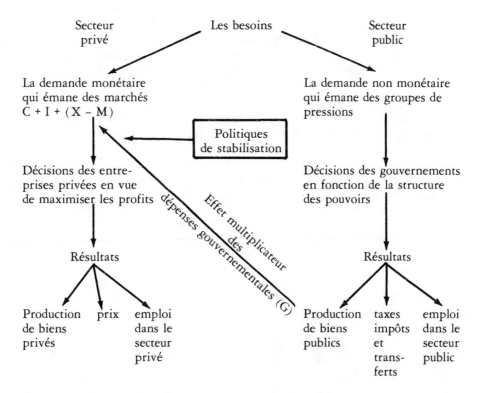

Le schéma diffère des représentations habituelles sur deux points principaux :

1) il identifie les besoins comme étant l'élément fondamental à la base de l'organisation de la production ; or on oublie trop souvent que la satisfaction des besoins est, et doit être, l'objectif ultime à la base de l'organisation économique.

2) il tient compte explicitement du fait que certains besoins peuvent difficilement être satisfaits par une production privée ; certains besoins, comme nous l'avons vu au chapitre précédent, ne peuvent être satisfaits que par des productions publiques.

Au tableau VI on distingue les besoins qui peuvent se manifester sur les marchés et ceux qui sont manifestés par les groupes de pression. Les besoins au niveau de l'alimentation et de l'habillement par exemple peuvent se manifester individuellement par le biais d'une demande monétaire sur les différents marchés, et mis à part les problèmes d'inégalités de revenus, les entreprises privées réussissent à y répondre. D'autres besoins ne peuvent toutefois s'exprimer ni individuellement ni monétairement sur les marchés: par exemple, il est difficile de manifester un besoin pour des eaux plus pures et pour un environnement urbain moins pollué. D'autres besoins peuvent se manifester individuellement par une demande monétaire tels la santé et l'éducation mais la satisfaction de ces besoins peut être jugée comme étant non optimale du point de vue de la société si elle résulte d'une production exclusivement privée. Ainsi, on oppose généralement «biens collectif» à «bien privé» selon qu'il est produit plus efficacement par le secteur public ou privé.

Les besoins qui doivent être satisfaits par le secteur public s'expriment généralement à travers les groupes de pression. Ces derniers réclament, par différents moyens, que l'État y réponde. Au contraire, c'est par l'existence d'une demande monétaire individuelle que les entreprises privées perçoivent les besoins auxquels elles peuvent répondre. Le choix entre une production exclusivement privée ou publique est, pour certains biens tels la santé, l'éducation, le plein emploi et la sécurité du revenu, un choix économique qui résulte d'un processus politique.

Le schéma du processus macro-économique de satisfaction des besoins permet de constater clairement le lieu de l'intervention macro-économique traditionnelle que l'on connaît depuis la dernière guerre mondiale. Les politiques de stabilisation ont pour but d'influer principalement sur le secteur privé en assurant un niveau adéquat de la demande monétaire agrégée afin de créer, autant que possible, un nombre d'emplois qui absorbent la main-d'œuvre disponible. Ces interventions provenant de la nécessité économique de soutenir la demande privée ont néanmoins donné lieu à un accroissement du secteur public, surtout par le biais des politiques de sécurité du revenu.

Le schéma présenté au tableau VI permet aussi de comprendre l'importance que la collectivité et l'État doivent accorder à une politique de plein emploi. En effet, comme notre étude le démontre, l'emploi est un bien qui a des caractéristiques à la fois de bien privé, parce qu'il répond à des besoins individuels, et de bien collectif, parce qu'il a des retombées sur l'ensemble de la société; on se doit alors de prendre en compte l'objectif de plein emploi dans l'organisation de la production. Or jusqu'à maintenant, le niveau de l'emploi n'a été que le résultat de décisions relatives à la production de biens et de services. Au Canada et au Québec, la création d'emplois et le plein emploi n'ont pas été, jusqu'à maintenant, des objectifs prioritaires clairement définis. La lutte au chômage a été un objectif national pendant un certain temps, mais les outils utilisés visaient davantage le plein emploi du capital. Contrairement aux politiques de stabilisation, une politique de plein emploi doit se préoccuper constamment de l'emploi, et non pas considérer que le plein emploi est la conséquence automatique de stabilisateurs économiques quelconques ou d'une production de biens privés ou collectifs. Une politique de plein emploi utilise la stabilisation économique et la production de biens privés ou collectifs mais elle ne se limite pas à ces instruments.

L'inflation et le monétarisme

On s'interroge ici sur les raisons à l'origine de l'abandon, durant la dernière décennie, des outils de stabilisation d'inspiration keynésienne et du choix du monétarisme comme mesure de politique économique.

La montée du monétarisme

C'est au début des années soixante-dix, mais surtout à partir de 1975, que la menace de l'inflation a commencé à peser sur les économies occidentales. Or au Canada, les responsables de la politique économique ont toujours été sensibles à ce problème. Ainsi, comme il a été mentionné précédemment, le gouvernement fédéral a adopté, dès 1968, des politiques fiscales restrictives pour enrayer les pressions inflationnistes qui se faisaient alors sentir. Le gouvernement est revenu néanmoins à une politique fiscale plus souple quand, au début des années soixante-dix, le taux de chômage a commencé à grimper.

La hausse des prix recommence à devenir menaçante en 1972 et 1973 alors que les taux de chômage demeurent élevés. Or, ceci vient mettre en doute l'existence d'une relation, établie depuis longtemps, entre l'inflation et le chômage et qui est mieux connue comme la «courbe de Phillips».[35] Cette courbe stipule l'existence d'une relation inverse entre l'inflation et le chômage; ainsi, une baisse du taux de chômage s'accompagnerait d'une hausse du taux d'inflation et inversement. C'est à ce moment que la notion de taux de chômage de plein emploi commence à se détériorer en Amérique du Nord et au Canada

---

35. Cette courbe est dérivée d'une relation empirique observée par l'économiste Phillips dans une étude effectuée à la fin des années cinquante. A.W. Phillips, « La relation entre le chômage et la variation des taux du salaire nominal au Royaume-Uni (1861-1957) », *Economica*, vol. 25, novembre 1958. Cet article publié en anglais a été traduit et se retrouve dans M. Bertonèche et J. Teulié, *Théorie macro-économique, textes fondamentaux*, Presses Universitaires de France, Paris, 1977. Suite aux travaux de Phillips, plusieurs études de ce genre sont effectuées dans différents pays.

en particulier. [36, 37] La grande question de la politique économique devient : Quel est le taux de chômage que les gouvernements peuvent raisonnablement viser dans le cadre des politiques keynésiennes traditionnelles sans que l'inflation ne s'accélère? Ce taux de chômage, qu'on appelle taux de chômage non-accélérationniste de l'inflation, devient rapidement synonyme de plein emploi. [38]

L'école keynésienne nord-américaine n'a jamais eu de solution facile à proposer pour enrayer l'inflation. Selon cette école, l'inflation résulte avant tout de problèmes qui se développent au niveau des coûts de production et des revenus. [39] Ainsi, l'inflation qu'on connaît tout au long des années soixante-dix se serait développée principalement suite aux hausses de prix du pétrole et de certaines autres matières premières. Ces hausses de prix auraient entraîné toute une série d'ajustements au niveau des prix et des revenus, du fait que les groupes touchés n'acceptaient pas facilement la diminution de leurs revenus réels qu'imposait la hausse des coûts des matières premières. Ces ajustements auraient été plus difficiles à faire en raison de la faiblesse de la productivité. Compte

---

36. Voir sur ce point la discussion présentée au chapitre III sur la notion du plein emploi.

37. Plusieurs économistes ont expliqué en détail ce qui s'est passé à ce moment sur le plan de la théorie économique. Sur ce point, voir entre autres R. Lipsey, « The Understanding and Control of Inflation : Is There A Crisis in Macro-Economics ? », *Revue canadienne d'économique,* novembre 1981 ; Franco Modigliani, « The Monetarist Controversy or Should we Forsake Stabilisation Policies ? », *The American Economic Review,* March 1977 ; Milton Friedman, « Nobel Lecture : Inflation and Unemployment », *Journal of Political Economy,* 1977, vol. 85, No. 3 ; *Analyse de Politiques,* « The Challenge of Inflation and Unemployment ; Has Monetarism Failed », numéro spécial avril 1981 ; pour une discussion des débats politiques voir John A. Garraty, *Unemployment in History,* Harper Colophon Books, London, 1979.

38. Plusieurs économistes nord-américains s'inspirant des théories du « Search Behavior » ont contribué à ce que le plein emploi soit associé au taux de chômage non-accélérationniste de l'inflation en affirmant que l'augmentation du taux de chômage observé est le résultat d'une augmentation de la proportion des femmes et des jeunes sur le marché du travail ainsi que de la libéralisation des programmes de sécurité du revenu. Selon ces travaux, une forte proportion des chômeurs représenterait des chômeurs volontaires. À ce sujet, voir Martin Feldstein, « Lowering the Permanent Rate of Unemployment », prepared for the Joint Economic Committee of Congress, 93nd Cong., 1st sess., September 18, 1973 ; Martin Feldstein, « The Economics of the New Unemployment » *the Public Interest,* No. 33, automne 1973.

39. Pour une discussion simple de l'analyse keynésienne voir R. Lipsey, *op. cit.,* ; voir aussi Clarence L. Barber and John C. McCallum, *Unemployment and Inflation,* James Lorimer and Company Publishers, Toronto, 1980.

tenu de cette analyse, il n'est pas surprenant que l'école keynésienne propose des mesures de contrôles de revenus.[40]

Au Canada, le gouvernement fédéral adoptait en 1975 une politique de contrôle des revenus alors qu'au niveau de la politique monétaire, la Banque du Canada commençait à implanter la politique monétariste. La politique des contrôles des revenus fut abandonnée en 1978. Il est difficile d'évaluer l'impact des contrôles sur l'économie. Toutefois, il est certain que les politiques de contrôle sont à l'origine de nombreuses tensions économiques et politiques;[41] ce sont probablement ces tensions qui ont incité le gouvernement fédéral et la Banque du Canada à adopter une politique monétariste de lutte à l'inflation.

Mais qu'est-ce que la théorie monétariste? Ce n'est pas une nouvelle théorie. Son existence remonte bien avant la théorie keynésienne. Le monétarisme découle d'une école de pensée qui propose le laisser-faire économique et la non-intervention de l'État comme mécanisme de régulation du système économique. Aujourd'hui, il n'est rien d'autres que le prolongement de l'école qui, avant Keynes, prônait la souplesse des prix et la baisse des salaires ainsi que l'augmentation de l'épargne et la baisse des dépenses publiques comme solutions au problème du chômage; elle prônait également d'adhérer de façon stricte à la théorie de l'étalon-or. [42]

On peut se demander comment la popularité de cette école de pensée a pu s'accroître à ce point ces dernières années. En fait la réponse à cette question se trouve dans la croissance de l'inflation que connaissent les différents pays depuis quelque temps. Face à cette situation, l'école keynésienne offre peu de solution si ce n'est le contrôle des prix et des salaires. Par contre, l'école monétariste propose une explication très simple du phénomène inflationniste

---

40. Clarence L. Barber, John C. McCallum, *Controlling Inflation,* James Lorimer and Company Publishers, Toronto, 1982. Les mesures de contrôle que l'on propose le plus souvent visent à taxer additionnellement les entreprises qui auraient accordé des augmentations de salaire supérieures à un certain pourcentage prédéterminé à l'avance. Pour une description de ces mesures voir S. Weintraub, «A Prices and Incomes Policy», *Beyond the Monetarists,* éd. David Crane, The Canadian Institute, Toronto, 1981. Une critique de cette approche est présentée par J.C. Weldon, «A critique of the tax-based incomes policy proposed by Sidney Weintraub: a policy that is a pseudo-cure for inflation, an effective attack upon wage earners, a hiding-place for government», Canadian Center for Policy Alternatives, Publication n° 4, Ottawa, 1981.

41. Pour une discussion des problèmes créés par les politiques de contrôle des revenus, voir: R.G. Lipsey, «Wage Price Controls: How to do a lot of harm by trying to do a little good», *Analyse de politiques,* hiver 1977.

42. Pour une discussion des débats plus modernes sur l'étalon-or voir: Milton Friedman, «Commodity-Reserve Currency», *Essays in Positive Economics,* The University of Chicago Press, Chicago, 1966; Milton Friedman, «Real and Pseudo Gold Standards», *Dollars and Deficits,* Prentice-Hall Inc., Englewood Cliffs, New Jersey, 1968.

que l'on connaît et offre également un remède très simple qui passe par la politique monétaire. Mais contrairement au keynésianisme, le monétarisme présente surtout une solution au problème de l'inflation qui passe par les ajustements de marchés. Cette solution est d'autant plus attrayante que le Canada a toujours eu un préjugé favorable à l'égard de la philosophie du marché. Par ailleurs, le monétarisme renforce la structure des pouvoirs économiques en place puisqu'il émane d'une idéologie très proche des milieux financiers à qui il profite.

Le credo du monétarisme

L'économiste le plus connu en tant que représentant de l'école monétariste est sans aucun doute Milton Friedman. Pour plusieurs, il est le père du monétarisme moderne. C'est lui qui, à la fin des années cinquante, présenta une version moderne d'une ancienne théorie, mieux connue dans le jargon économique comme « la théorie quantitative de la monnaie. »[43] Friedman reprend les enseignements de cette ancienne théorie selon lesquels l'inflation est causée essentiellement par une augmentation inconsidérée de la masse monétaire. Selon lui, il s'ensuit que les gouvernements et les banques centrales doivent abandonner l'utilisation de la politique monétaire pour poursuivre certains objectifs dont, entre autres, la stabilisation de l'activité économique et des taux de change.[44] Au contraire, les banques centrales doivent augmenter la masse monétaire selon des règles strictes.[45] La théorie monétariste de M. Friedman s'est raffinée par la suite. Plus tard, il proposa son hypothèse du taux de chômage naturel qui offre une explication à la disparition de la courbe de Phillips.[46] Et en 1977, il tenta d'expliquer pourquoi, dans certains pays, les taux de chômage et d'inflation augmentent simultanément.[47]

Aujourd'hui, la théorie monétariste est plus complexe qu'elle ne l'était.[48] Sur le plan de la politique monétaire, ses préceptes sont cependant demeurés

43. Milton Friedman, «The Quantity Theory of Money — A Restatement», *Studies in the Quantity, Theory of Money,* Milton Friedman édit., The University of Chicago Press, 1956.

44. Pour plus de détails sur la vision de M. Friedman quant à la conduite de la politique monétaire voir M. Friedman, *Dollars and Deficits,* Englewood Cliffs, New Jersey, 1968.

45. Il est évident qu'une adhérence stricte des banques centrales aux préceptes de Friedman oblige les gouvernements à abandonner la pratique de financer leur budget par la création de monnaie ou des emprunts à la Banque du Canada.

46. M. Friedman, «The Role of Monetary Policy», *American Economic Review,* mars 1968.

47. M. Friedman, «Nobel Lecture : Inflation and Unemployment,» *op. cit.*

48. En fait, il semble que la croissance du nombre des économistes adeptes de cette théorie ait contribué à sa diffusion. Et maintenant, il n'est pas rare que des textes de base en macro-économie intègrent au modèle keynésien de base les concepts monétaristes ; ces modèles aboutissent alors aux conclusions monétaristes. À titre d'exemple, voir Robert Gordon, *Macroeconomics,* 2nd ed., Little, Brown and Company, Toronto, 1981.

les mêmes : encourager la compétition et le laisser-faire économique, limiter le rôle de l'État, adopter une politique monétaire qui repose sur des règles strictes. Dans les pages qui suivent, nous présentons les trois grands piliers du credo monétariste qui ont contribué, ces dernières années à populariser la théorie monétariste chez les décideurs de la politique économique et dans le grand public.

Le premier pilier du discours monétariste moderne concerne le marché du travail. Contrairement aux keynésiens qui croient à la possibilité du plein emploi, les monétaristes croient plutôt qu'il est impossible d'atteindre le plein emploi sans une hausse des prix galopante.[49] Plus spécifiquement, il existerait un taux de chômage naturel qu'on ne peut réduire sans faire augmenter les prix. Ce taux de chômage serait le résultat du comportement rationnel des travailleurs sur le marché du travail et aussi des conditions techniques de la production.

Selon la théorie monétariste, les conditions techniques dans une période donnée sont telles qu'elles permettent un accroissement de l'emploi seulement en diminuant les conditions de travail. En d'autres mots, une augmentation de l'emploi à court terme passe nécessairement par une baisse des salaires réels. Quant à l'offre de travail, le monétarisme stipule que les travailleurs qui ont un comportement rationnel recherchent un emploi, tant et aussi longtemps qu'ils anticipent réaliser des gains en cherchant plus longtemps un emploi mieux rémunéré que celui qu'on leur offre. Selon cette théorie, les travailleurs sont d'autant plus capricieux que les prestations d'assurance-chômage sont élevées. En effet, le coût de la recherche d'un emploi se trouve alors diminué.[50] Les anticipations inflationnistes contribueraient également à faire en sorte que les travailleurs demandent des salaires plus élevés que les relations techniques de la production ne le permettent.

À ces considérations de demande et d'offre de travail, viennent s'ajouter des considérations d'ordre démographique qui expliqueraient que le taux de chômage naturel est particulièrement élevé depuis quelque temps. Ainsi, on dit que les jeunes et les femmes, qui ont augmenté leur participation sur le marché du travail, contribuent à augmenter le taux de chômage par un comportement qui dénote peu d'attachement au marché du travail. On affirme que les jeunes et les femmes, compte tenu de la libéralisation des programmes d'assurance-chômage, profitent du système en acceptant un emploi pour quelque temps et le délaissant par la suite pour « se mettre sur l'assurance-chômage »

---

49. M. Friedman, « Nobel Lecture : Inflation and Unemployment », *op. cit.* ; pour une modélisation de ces idées, voir R. Gordon, *op. cit.*, Chapitres 7 et 8.

50. Voir entre autres, Edmund S. Phelps, « The New Microeconomics in Inflation and Employment Theory », *The American Economic Review*, vol. 58, 1968.

comme on dit en langage populaire. Ce comportement démographique accentuerait alors le taux de chômage observé.[51]

Selon cette école, il est impossible de réduire de façon permanente le taux de chômage en-deçà du taux de chômage naturel. Ce taux de chômage devient donc l'objectif du plein emploi. Mais pour un monétariste, il est difficile d'évaluer la valeur du taux de chômage à un moment donné.[52] Il s'ensuit que certains monétaristes en viennent à considérer les taux de chômage observés comme étant égaux au taux de chômage naturel. Les gouvernements n'ont alors pas de raison d'intervenir.

Il est curieux de voir que cette théorie a réussi à trouver un certain appui populaire quand on sait qu'aujourd'hui en Alberta, les taux de chômage ont été pour 1981 de 3,8%, de 6,9% en Ontario et de 11,8% au Québec. En Colombie-Britannique, ils ont atteint 8,5%. Il est curieux de constater que les jeunes travailleurs, qui connaissent le même système d'assurance-chômage d'une province à l'autre, aient des comportements si différents en Alberta et en Colombie-Britannique pour produire des taux de chômage si différents. Il est également curieux, qu'à l'intérieur d'une même province, l'on puisse observer des taux de chômage fort variés. Par exemple en 1981 à Toronto, on observait des taux de chômage qui variaient autour de 4,9% alors que pendant la même période, les taux de chômage étaient autour de 11,6% à Windsor.[53] Que peut dire un monétariste sur ces divers taux de chômage !

Le deuxième pilier du credo monétariste a trait aux problèmes créés par l'intervention gouvernementale. Selon les monétaristes, l'inflation que l'on connaîtrait serait le résultat direct des efforts des divers gouvernements pour maintenir le taux de chômage en deçà de son niveau naturel. Depuis la dernière guerre, les gouvernements seraient intervenus dans l'économie. Avec les politiques de stabilisation keynésienne, les gouvernements seraient à l'origine de l'inflation pour avoir encouru des déficits financés par la création de monnaie.[54] Ces déficits seraient inflationnistes, puisqu'ils augmentent la demande agrégée suite à quoi les entreprises répondent par une hausse des prix et une augmentation temporaire de la production. En d'autres mots, comme le taux de chômage ne peut baisser de façon permanente en deçà de son niveau

---

51. Martin Feldstein, *op. cit.*; il est malheureux de constater que cette idée a fait son chemin même parmi les keynésiens.

52. Certains économistes ont évalué qu'au Canada par exemple le taux de chômage naturel ou le taux de chômage non accélérationniste de l'inflation variait entre 6,5% et 8%. Voir les données présentées au Chapitre III. Toutefois, ces estimés sont effectués par des économistes appartenant à l'école keynésienne.

53. Statistique Canada, *La population active*, catalogue 71-001, décembre 1981, Ottawa, 1982.

54. Pour une critique de ce point voir Clarence L. Barber et John C. McCallum, *Unemployment and Inflation, op. cit.*, Chapitre 5.

naturel, et comme la production ne peut augmenter au-delà de son niveau naturel, toute augmentation de la demande, causée entre autres par une augmentation des dépenses gouvernementales, augmente la production de façon temporaire mais entraîne aussi une hausse des prix permanente. Par ailleurs, les monétaristes affirment que les gouvernements, pour avoir voulu combattre le chômage seraient responsables des anticipations inflationnistes que les travailleurs cultiveraient et qui maintiendraient l'inflation.

De plus, pour les monétaristes, les déficits publics auraient causé des problèmes sur les marchés financiers. D'abord, les déficits publics financés par la vente d'obligations auraient engendré des pressions à la hausse sur les taux d'intérêt. Ensuite, ces déficits évinceraient certaines dépenses du secteur privé ; l'effet multiplicateur des dépenses publiques serait alors annulé par la diminution des dépenses privées, et en particulier des dépenses d'investissement.[55] Mais tous les économistes sont d'accord pour dire que dans une économie qui ne fonctionne pas au plein emploi, l'effet d'un accroissement du déficit budgétaire ne crée pas d'effets pervers.[56] Par ailleurs, il faut reconnaître que si le financement des déficits publics crée des pressions à la hausse sur les taux d'intérêt, cela doit donc être le résultat d'une politique monétaire indûment restrictive. En effet, il n'en serait pas ainsi si les banques centrales acceptaient de financer ces déficits. Soulignons enfin que des études empiriques récentes sur la question indiquent que l'effet d'éviction semble très faible et qu'au Canada, il serait inexistant.[57]

Le troisième volet du credo monétariste touche les politiques économiques. Comme l'inflation actuelle serait le résultat de politiques économiques de lutte au chômage qui reposeraient, entre autres, sur une augmentation importante de la masse monétaire, les remèdes proposés sont les suivants : *premièrement,* réduire le taux d'augmentation de la masse monétaire à un niveau compatible avec la stabilité des prix ; et *deuxièmement,* réduire les déficits gouvernementaux en diminuant principalement les dépenses gouvernementales pour ainsi réduire les pressions inflationnistes du secteur public. La première proposition respecte la logique du monétarisme pur. La deuxième émane plutôt du groupe que l'on pourrait appeler les monétaristes pragmatiques et qui a

---

55. Dans la littérature économique, on réfère à ces problèmes sous l'appellation «effet de drainage». Sur ce point, voir R. Gordon, *op. cit.,* Chapitre 5.

56. Même Martin Feldstein est d'accord sur ce point : «While it is clear that deficits may have no adverse effect in an economy with sufficient unemployment resources, the effects of a deficit when there is full employment are less clear». M Feldstein «Fiscal Policies, Inflation, and Capital Formation», *The American Economic Review,* septembre 1980, p. 636.

57. OCDE, *Financement du déficit budgétaire et contrôle monétaire,* Paris 1982. Pour le Canada, voir les pages 69 à 71.

été identifié au groupe des économistes de l'offre. [58] Mais les deux propositions provoquent nécessairement une augmentation du chômage. D'ailleurs, l'ex-ministre des Finances, Allan J. MacEachen, en est absolument conscient :

> Lorsque j'ai adopté une stratégie budgétaire de restriction fiscale et monétaire, j'ai reconnu que cela ne garantissait pas nécessairement un progrès constant ou ininterrompu vers une inflation moins rapide. Il y avait des possibilités de recul à court terme, comme nous nous en apercevons à l'heure actuelle. J'étais également conscient que, en raison d'un phénomène de résistance, les pressions appliquées à l'économie risquaient au début de peser davantage sur la production et l'emploi que sur les prix. Néanmoins, je ne pouvais échapper à la conclusion que si la seule cause de maintien de l'inflation était l'incapacité des marchés de fonctionner convenablement... et c'est de cela qu'il s'agit lorsqu'on se passe une patate chaude... le rétablissement de la discipline du marché était nécessaire à la résorption de l'inflation. [59]

En résumé, le crédo monétariste est fort simple. Il repose sur l'existence d'un taux de chômage naturel : taux de chômage qui est la conséquence du comportement des travailleurs et de la générosité des mesures de sécurité du revenu ainsi que du comportement particulièrement inconséquent de certains groupes démographiques, tels les jeunes et les femmes. Ce taux de chômage naturel est le taux que les gouvernements devraient considérer comme celui de plein emploi. Deuxièmement, tout effort de la part des gouvernements de réduire ce taux ne peut qu'accentuer l'inflation. Pour réparer les dégâts causés par les politiques de stimulation de la demande adoptées antérieurement, les gouvernements doivent réduire la masse monétaire, diminuer la demande et créer du chômage afin de briser les anticipations inflationnistes. Enfin, les gouvernements doivent réduire les pressions inflationnistes qui émanent de leur secteur ; pour ce faire, ils doivent réduire leurs déficits en coupant leurs dépenses. Cette politique comporte donc deux aspects : réduction de la masse monétaire et réduction du rôle de l'État. Nous allons voir maintenant que les pays occidentaux n'ont pas tous endossé également ces deux aspects de la politique.

---

58. Pour une discussion des principes et de la pratique des économistes monétaristes et des économistes de l'offre, voir James K. Galbraith, «Short Changed, the Decline and Fall of Monetarism», *Workings Papers,* septembre-octobre, 1982. L'auteur y précise que les économistes de l'offre dont Arthur Laffer, Jude Wanniski, Paul Craig Roberts et Norman Ture s'attardent beaucoup à la question de la fiscalité et en particulier à la question des taux marginaux de substitution.

59. Allocution de Allan J. MacEachen, 6 mai 1981, p. 8.

Le monétarisme au Canada

Plusieurs pays occidentaux ont adopté une politique monétariste plus ou moins stricte depuis 1975. La politique canadienne a été l'une des plus sévères. Comme notre économie est intimement liée à celle des États-Unis, et comme les marchés financiers canadiens sont dépendants des marchés financiers américains, Ottawa affirme qu'une politique canadienne très différente de celle des États-Unis pourrait engendrer des sorties d'argents spéculatifs et, par conséquent, de très fortes pressions à la baisse sur le taux de change. Il considère que si le dollar canadien devait être dévalué, nos importations coûteraient beaucoup plus cher et, par conséquent, le taux d'inflation domestique augmenterait considérablement.

La gestion monétaire d'inspiration monétariste consiste à moduler l'augmentation de la masse monétaire à l'intérieur d'une fourchette préalablement définie. Cette gestion s'effectue toutefois selon différentes modalités d'un pays à l'autre. D'une part, l'agrégat monétaire qui constitue la cible de la politique n'est pas nécessairement le même dans tous les pays ; et d'autre part, les moyens utilisés par les pays pour atteindre leur objectif sont souvent différents. De plus, il semble que les diverses banques centrales ont connu de plus en plus de difficulté à définir et à comprendre les variations de leur cible monétaire. [60] Il en résulte qu'une comparaison des taux d'augmentation de la masse monétaire définie dans son sens étroit pourrait être trompeuse pour évaluer la rigueur de la politique. L'évolution des taux d'intérêt nominaux et en particulier l'évolution des taux d'intérêt réels, c'est-à-dire des taux corrigés des effets de l'inflation, semblent des éléments d'évaluation plus appropriés puisque c'est justement à travers ces taux que les effets de la politique monétaire se font sentir.

Les tableaux de la page suivante qui ventilent l'évolution des taux d'intérêt nominaux et réels des principaux pays de l'OCDE pour la période de 1977 à 1981 montrent clairement que la politique monétaire canadienne a été l'une des plus restrictives. Les taux d'intérêt nominaux sont, pour la période considérée, les plus élevés de tous, à l'exception de ceux du Royaume-Uni et de l'Italie. En 1981, ils atteignaient 18,3 % comparativement à 19,9 % pour l'Italie qui avaient les taux les plus élevés. L'examen de l'évolution des taux d'intérêt réels indique que pour la période, le Canada avait les plus hauts taux avec le Japon et l'Allemagne. Toutefois en 1981, le Canada battait tous les records avec

---

60. Voir sur ce point, OCDE, *Financement du déficit budgétaire et contrôle monétaire, op. cit.* Sur ce point, Gérald K. Bouey avance : « Peut-être que le problème le plus embarrassant auquel le Canada soit confronté à l'heure actuelle provient de ce que la relation entre l'agrégat-cible, MI, et les niveaux de la dépense et des taux d'intérêt s'est révélée moins stable qu'elle ne l'avait semblé au milieu des années 70. L'inflation et les taux d'intérêt élevés ont déclenché un processus accéléré d'innovations financières, qui a été stimulé par les progrès de l'informatique » dans « Politique monétaire — à la recherche d'un point d'ancrage », *op. cit.,* p. 19.

des taux réels moyens de 7,4% comparativement à 6% pour l'Allemagne, 4,9% pour les États-Unis et 2,3% pour le Japon. Dès lors, on ne doit pas s'étonner que le chômage augmente au Canada de façon astronomique. Par ailleurs, on ne doit pas s'étonner non plus si des tensions se développent au

TABLEAU VII

Évolution des taux d'intérêt des principaux pays de l'OCDE*
1977-1981

	États-Unis	Japon	Allemagne	France	Royaume-Uni	Italie	Canada
1977	5,8	6,2	4,3	9,1	7,9	14,2	7,7
1978	8,3	4,5	3,7	8,0	9,4	11,5	9,0
1979	11,3	6,1	6,9	9,7	13,8	12,3	12,0
1980	13,2	10,8	9,5	12,2	16,6	17,5	13,2
1981	15,7	7,3	12,2	15,6	14,0	19,9	18,3

* Ces taux sont les moyennes annuelles des taux d'intérêt représentatifs du marché monétaire à court terme.

Source: Ministère des Finances, *Revue Économique,* avril 1982, p. 111.

TABLEAU VIII

Évolution des taux d'intérêt réel des principaux pays de l'OCDE*
1977-1981

	États-Unis	Japon	Allemagne	France	Royaume-Uni	Italie	Canada
1977	−0,7	−1,7	0,5	−0,2	−6,8	−9,1	−0,4
1978	0,6	0,7	1,0	−0,9	1,0	−2,7	1,9
1979	−0,04	2,4	2,7	−1,0	0,4	−2,4	2,5
1980	−0,3	2,6	3,8	−1,2	−1,2	−6,6	0,9
1981	4,9	2,3	6,0	1,9	1,9	−1,05	7,4

* Les taux d'intérêt réels sont les taux d'intérêt corrigés pour l'inflation. Ils sont calculés à partir de la formule suivante:

$$\text{taux d'intérêt réel} = \frac{\text{taux d'intérêt nominal − taux d'inflation}}{(1 + \text{taux d'inflation})}$$

Les taux d'intérêt nominaux utilisés sont ceux du tableau précédent; le taux d'inflation est le taux d'augmentation annuelle de l'indice des prix à la consommation.

Source: Ministère des Finances, *Revue Économique,* avril 1982.

niveau de la répartition des revenus quand les choix politiques produisent, pour les uns, des baisses importantes de salaires réels, et pour les autres, des augmentations réelles dans les revenus de placement qui dépassent toute commune mesure.

La politique fiscale canadienne a également été très sévère ces dernières années. À cet effet, le tableau IX, qui présente les soldes budgétaires en pourcentage de la production nationale pour l'ensemble des gouvernements au Canada et pour les principaux pays membres de l'OCDE, indique que pour la période considérée, le Canada a réussit mieux que les autres pays, à l'exception toutefois de la France et des États-Unis, à contenir ses déficits publics. En 1981, le déficit de l'ensemble des gouvernements canadiens a été de 0,7 pour cent du PNB, soit un peu moins qu'aux États-Unis, mais de beaucoup inférieur à ceux des autres grands pays de l'OCDE.

TABLEAU IX

**Soldes budgétaires de l'ensemble des gouvernements
en pourcentage du produit intérieur brut ou
du produit national brut, 1977 à 1981**

	États-Unis	Japon	Allemagne	France	Royaume-Uni	Italie	Canada
1977	−1,0	−3,7	−2,4	−0,8	−3,4	−8,0	−2,4
1978	0,0	−5,5	−2,7	−1,0	−4,3	−9,7	−3,0
1979	0,5	−4,7	−2,9	−0,6	−3,2	−9,4	−1,8
1980	−1,2	−4,1	−3,8	0,4	−3,5	−7,8	−2,1
1981	−0,9	−3,6	−4,4	−2,4	−2,3	−9,4	−0,7

Source: Ministère des Finances, *Revue Économique*, avril 1982.

Le niveau des soldes budgétaires, corrigés pour les variations conjoncturelles, procure toutefois une mesure plus adéquate de l'ampleur des restrictions budgétaires que ne le fait le niveau du déficit observé. En effet, comme nous l'avons expliqué au chapitre V, il n'est pas certain que des mesures de restrictions budgétaires se traduisent nécessairement par une diminution du déficit. Le contraire peut se produire si, par exemple, les restrictions budgétaires entraînent une détérioration grave de l'activité économique; dans ce cas, la politique fiscale aura été très restrictive bien que les soldes budgétaires observés indiqueront une augmentation du déficit. Afin de mieux apprécier la rigueur de la politique fiscale, il convient donc de comparer les soldes budgétaires corrigés des variations conjoncturelles. Ces statistiques sont toutefois rares. L'OCDE a cependant calculé, pour 1980-1981, les soldes budgétaires corrigés pour les principaux pays

de l'OCDE; ces chiffres sont présentés au tableau suivant. Ils indiquent qu'en
période conjoncturelle normale le Canada aurait expérimenté des surplus budgétaires alors que les États-Unis auraient eu une performance moins spectaculaire;
la structure budgétaire canadienne apparaît donc plus restrictive que celle des
États-Unis. Il semble que seule l'Angleterre, pour 1980 et 1981, ait adopté une
politique fiscale plus restrictive que le Canada puisque en fait, le surplus
budgétaire corrigé aurait atteint 1,1 et 3,1% du PNB comparativement à 0,5
et 2,5% pour le Canada.

TABLEAU X

**Les déficits corrigés de l'ensemble des gouvernements
calculés par l'OCDE — 1980-1981**

	en % du produit national	
	1980	1981
États-Unis	−0,4	+1,2
Japon	+0,6	+1,0
Allemagne	−0,4	+0,7
France	+1,6	−1,5
Royaume-Uni	+1,1	+3,1
Italie	+1,6	−0,3
Canada	+0,5	+2,5

Source: OCDE, *Perspectives Économiques,* décembre 1981.

Les effets de la politique monétariste

Il est bien évident que la politique monétariste adoptée au Canada
entraîne une série de problèmes dont une augmentation sans précédent des
taux d'intérêt, une augmentation du taux de chômage et des taux de faillite,
une diminution de la production et de la productivité. Pour les sociétés québécoise et canadienne, cette politique de création de chômage a des conséquences
économiques et sociales importantes qui ont été analysées aux Chapitres III,
IV et V. Il faut également souligner que cette politique, dont l'un des volets
consiste à sabrer dans les dépenses gouvernementales, c'est-à-dire à réduire
le rôle de l'État, est également en train de détruire l'un des acquis de l'ère
keynésienne, soit l'État-providence. Or on doit comprendre que cet acquis
pourrait être très long à rebâtir.

En raison de tous les problèmes que provoque la politique monétariste, on doit se demander s'il existe des avantages quelconque à poursuivre une telle politique. Or il est loin d'être certain que même à long terme, la politique monétariste réussisse à combattre efficacement l'inflation sans créer une situation de chômage prolongé. Il nous semble que, même à court terme, cette politique accentue les pressions inflationnistes. En effet, elle opère sur trois volets qui exercent à leur tour des pressions inflationnistes. Premièrement, on doit remarquer que les taux d'intérêt sont non seulement une source de revenu pour les financiers mais ils sont aussi des coûts de production. Par exemple, ce sont des coûts de production pour les propriétaires de logement. Il est bien évident qu'avec des taux d'intérêt très élevés, les propriétaires vont d'abord tenter de faire subir la hausse ou une partie de la hausse de leurs coûts aux locataires. Deuxièmement, la politique monétariste espère réduire l'inflation en réduisant la demande agrégée. Mais avec les politiques de sécurité du revenu, la politique monétariste réussit beaucoup plus à réduire la production qu'à réduire proportionnellement la demande agrégée. Les mesures de soutien du revenu viennent en effet compenser en partie la baisse de revenus de production. Dans une telle situation, une production réduite et une demande qui diminue moins que proportionnellement à la baisse de la production ne peut qu'accentuer la hausse des prix. Troisièmement, et tous les experts en la matière l'affirment systématiquement, une politique déflationniste qui vise à diminuer le niveau de l'activité économique exerce des pressions à la baisse sur la productivité. En d'autres mots, elle est actuellement responsable d'une partie de la baisse de la productivité que l'on connaît depuis quelque temps. Bref, la politique monétariste, loin de réduire la hausse des prix, pourrait être responsable, à court terme, d'un accroissement des prix et ce, en raison de la hausse des coûts d'intérêt, de la baisse de la production et de la productivité.

Conclusion

La politique monétariste qui s'est substituée à la politique keynésienne n'a pas seulement eu pour effet l'augmentation du chômage au Canada. L'ère du monétarisme aura eu un effet beaucoup plus dévastateur encore. Elle nous fait reculer en donnant des illusions aux hommes politiques et à la population en général :

1) l'illusion que le chômage actuel se compose principalement de chômage volontaire ;

2) l'illusion que tous les acquis de la sécurité du revenu — l'assurance-chômage, l'aide sociale — sont devenus des mesures ayant des effets plus négatifs que positifs pour la société et les citoyens concernés ;

3) l'illusion que le plein emploi, au sens traditionnel, est devenu un objectif de politique économique irréalisable prôné que par des illusionnistes ou des mauvais économistes;

4) l'illusion que l'État-providence est devenu le mal à la source de la majorité des grands problèmes économiques de notre temps; l'État est inefficace et coûte trop cher;

5) l'illusion que le message principal de la théorie de Keynes n'est plus valable, c'est-à-dire que le niveau de la demande agrégée n'apparaît plus comme une variable très importante sur laquelle il faut agir pour atteindre le plein emploi. Les monétaristes en sont revenus à l'explication pré-keynésienne de la détermination de l'emploi; c'est par des politiques de stimulation de l'offre des biens privés que l'on peut agir le plus efficacement sur l'emploi; réduction de l'impôt des entreprises pour stimuler l'investissement; réduction des dépenses de l'État pour stimuler les dépenses privées; réduction des déficits budgétaires pour laisser aux entreprises les épargnes disponibles pour les inciter à investir; réduction des salaires pour réduire les coûts des entreprises, etc.;

6) l'illusion, chez certains keynésiens, que le message de Keynes est compatible avec certaines prescriptions monétaristes. En effet, certains économistes keynésiens actuels n'acceptent pas le volet de la politique des taux d'intérêt élevés mais ils acceptent certaines idées monétaristes: soit que la sécurité du revenu est trop généreuse et qu'il faut revenir en arrière, que l'État est trop intervenu dans l'économie et que sans réduire son rôle, il faut tout au moins ne plus songer à son expansion; une politique de l'emploi qui se traduirait par une augmentation de ce rôle leur apparaîtrait inacceptable économiquement; on constate donc que les dégâts de l'ère monétariste sont très graves et que pour ceux qui considèrent essentiel le développement d'une politique de plein emploi, la côte ne sera pas facile à remonter.

Chapitre VII

UNE POLITIQUE
DE PLEIN EMPLOI

Quand on constate dans quel bourbier les économies canadienne et québécoise pataugent depuis quelques années, on ne peut s'empêcher d'en conclure que ces économies sont à reconstruire. Les Canadiens et les Québécois se doivent de rebâtir leurs bases économiques qui ont été sapées par tant d'années de politique monétariste. Ils se doivent de mettre les jeunes au travail avant que ce capital humain ne se détériore davantage ; ils se doivent d'offrir du travail aux femmes, aux travailleurs âgés et aux autres groupes qui veulent travailler afin de les sauver du piège de la pauvreté ; ils se doivent de stopper l'accélération catastrophique du nombre de faillites ; ils se doivent de raviver la productivité afin de protéger le maintien du niveau de vie. La tâche est lourde et les solutions ne sont pas faciles. Néanmoins, elles existent.

Ce chapitre vise justement à identifier les grandes pistes sur lesquelles devrait s'élaborer une politique de reconstruction. Nous n'avons pas la prétention d'offrir de solutions-miracles, ni encore moins de recettes détaillées. Mais nous présentons ce que nous croyons être les éléments fondamentaux d'une politique de relance efficace et viable : il s'agit, premièrement, d'adopter des politiques de stabilisation visant la relance de l'activité économique ; et deuxièmement, d'endosser une politique micro-économique de l'emploi.[1] Les

---

1. Nous travaillons présentement à élaborer dans le détail ce que pourrait être concrètement une politique de plein emploi pour le Québec.

deux volets de cette politique constituent ce que nous appelons une politique de plein emploi. Les pages qui suivent développeront tour à tour ces deux sujets. Nous terminerons le chapitre par une discussion des relations fédérales-provinciales et de la responsabilité de la politique de plein emploi.

Des politiques de stabilisation expansionnistes

L'action immédiate à entreprendre est d'abandonner la politique moné-tariste des taux d'intérêt élevés; c'est une action positive en soi, puisqu'elle améliorerait rapidement le problème de l'emploi et celui de l'inflation. En fait, la Banque du Canada se doit d'adopter une politique monétaire qui réponde aux besoins de l'économie, et non obliger les besoins de l'économie à se plier aux exigences de la politique économique. Ainsi, la politique monétaire doit être telle que les taux d'intérêt permettent, entre autres, de répondre adéquatement aux besoins de financement des petites et moyennes entreprises, ainsi qu'à ceux de la construction domiciliaire et ce, à un prix économique acceptable.

Plusieurs craignent que cette mesure ne soit très dangereuse pour le taux de change canadien. Certains économistes prétendent qu'il est impératif d'avoir des taux d'intérêt légèrement plus élevés au Canada qu'aux États-Unis, afin d'empêcher la sortie de capitaux, ce qui exercerait des pressions à la baisse sur le taux de change canadien. On doit s'interroger sur le bien-fondé de cette argumentation. En effet, il n'est pas certain qu'une baisse des taux d'intérêt au Canada, lesquels pourraient devenir inférieurs à ceux de nos voisins améri-cains, provoquerait une sortie massive de capitaux financiers et serait néces-sairement nuisible à l'économie canadienne.

Supposons toutefois que les mouvements de capitaux soient assez importants pour provoquer une chute du dollar canadien, doit-on nécessaire-ment s'en alarmer? En fait, une baisse du taux de change canadien, en réduisant le prix des produits fabriqués au Canada, stimulerait notre industrie manufac-turière, procurerait plus d'emplois et de revenus, etc.; en conséquence, ce serait une politique efficace pour la relance de la production. Certains soutiennent, par ailleurs, que la baisse du dollar canadien, en provoquant une hausse de prix des produits importés, exercerait des pressions inflationnistes au Canada, et pourraient annuler l'effet stimulateur que la baisse initiale du taux de change créerait sur l'emploi.

Si cet effet devenait non marginal, le gouvernement pourrait toujours intervenir sur les marchés financiers afin d'empêcher le dollar canadien de baisser. Comme on le sait, le gouvernement fédéral peut adopter des mesures compensatoires qui visent à acheter les dollars canadiens sur les marchés étrangers avec nos réserves de devises étrangères. De telles interventions ne peuvent se prolonger indûment. En effet, il y a une limite manifeste à de telles mesures imposée par les stocks de devises étrangères de la Banque du Canada. Néanmoins, pour soutenir le dollar canadien et sans utiliser ses réserves de devises, le gouvernement fédéral pourrait emprunter sur les marchés internationaux afin de compenser l'exode de capitaux canadiens. Il se trouverait alors à emprunter à un taux plus élevé que s'il empruntait sur le territoire canadien. Mais alors, ne vaudrait-il pas mieux payer un coût en intérêt plus élevé et empêcher ainsi la fermeture de petites et moyennes entreprises et la mise à pied de milliers de travailleurs ?

On doit s'interroger sur le groupe que la politique monétaire protège. En fait, cette politique a pour objectif la protection du dollar, menacé par par d'éventuelles sorties de capitaux. Quand on y regarde de plus près, les épargnants canadiens qui possèdent plusieurs milliards de dollars dans les comptes d'épargne et les dépôts à terme n'ont pas vraiment intérêt à placer leurs épargnes dans des actifs américains. Une sortie de capitaux canadiens, si elle provoque une chute du taux de change, menace les épargnants d'une perte de capital lors de la reconversion en argent canadien de leurs avoirs évalués en dollars américains. En effet, lors de cette reconversion, le dollar canadien risque de s'apprécier ; cette hausse ultérieure du taux de change pourrait ainsi annuler le rendement supérieur obtenu sur les marchés financiers américains. Par conséquent, il est peu probable que la menace des sorties de capitaux provienne des épargnants canadiens.

Mais alors, qui bénéficie d'une politique monétaire des taux d'intérêt élevés ? En fait, une telle politique a pour but d'empêcher le mouvement de l'argent spéculatif détenu par les institutions financières et bancaires. Ces argents sont souvent très sensibles aux différentiels des taux d'intérêt. En effet, les grandes institutions redoutent beaucoup moins que les épargnants canadiens les fluctuations éventuelles du taux de change. Si elles prévoient que le taux de change menace de s'apprécier, elles ont le loisir de convertir leurs actifs en d'autres monnaies que le dollar canadien. Ces institutions sont souvent des multinationales qui transigent sur les marchés internationaux. On paie donc très cher, en termes d'emplois, la libre circulation des argents spéculatifs. En réalité, la santé de l'économie canadienne et québécoise se trouve à la merci des spéculateurs.

Il serait beaucoup plus efficace pour la Banque du Canada d'adopter une politique monétaire qui établirait les taux d'intérêt à un niveau satisfaisant les besoins économiques ; et elle pourrait adopter, si nécessaire, des contrôles pour empêcher une baisse du dollar jugée trop forte. Plusieurs pays ont adopté, et imposent encore, certains contrôles de change sur le compte du capital pour empêcher justement les fluctuations des monnaies en fonction des transactions spéculatives. Le Canada a déjà adopté de telles mesures lors de la deuxième guerre mondiale et, sur le plan administratif, elles semblent bien avoir été efficaces. [2] Aujourd'hui, le Canada a une politique très libérale par rapport à d'autres pays. Il est l'un des pays industrialisés ayant imposé le moins de contraintes sur le mouvement des capitaux. Or, cette liberté nous coûte très chère aujourd'hui et des pays comme la Suisse, l'Allemagne, la Suède et la France ont adopté des réglementations pour éviter ces coûts. [3]

Mais une fois que le Canada a abandonné la politique monétaire, que reste-t-il pour résoudre le problème de l'inflation et du chômage ? Une politique qui veut réellement résoudre ces deux problèmes doit passer par une politique de plein emploi. Il est tout à fait irréaliste et simpliste de penser que l'inflation est uniquement un problème monétaire et qu'une politique monétaire adéquate pourra enrayer les pressions inflationnistes. Au contraire, l'inflation est un phénomène complexe ; il émane à la fois de changements structurels importants dans l'économie mondiale et d'une certaine lutte que se livrent des groupes tant à l'échelle internationale que nationale pour maintenir ou augmenter leur statut économique. Mais dans ces cas, la seule façon pour que se produisent les changements structurels importants qu'exige l'infrastructure économique, sans créer de pressions inflationnistes, et que soient satisfaites les exigences sur le plan du statut économique sans créer de tensions, c'est l'adoption d'une politique de plein emploi qui repose, entre autres, sur une politique de relance économique. En effet, une telle politique améliorerait la productivité et le niveau de production, donc l'offre, et réduirait les pressions inflationnistes.

Mais une politique de relance traditionnelle ne pourra résorber de façon satisfaisante le chômage au Québec : les économistes keynésiens parlent d'un taux de chômage « naturel » de huit pour cent et d'un taux de chômage « structurel » de cinq pour cent. Cette politique de relance doit donc s'accompagner d'une politique micro-économique de l'emploi.

Une politique micro-économique de l'emploi

Le simple fait de revenir à une gestion macro-économique plus rationnelle ne règlera pas tous les problèmes et ne garantira ni la réalisation du plein emploi, ni celle de la stabilité des prix. Tout au plus, peut-on espérer qu'une gestion plus saine de la stabilisation économique ramène l'économie à des taux de chômage et de croissance près des moyennes réalisées de 1970 à 1975. En effet, l'expérience passée indique que les politiques de stabilisation keynésiennes ne suffisent pas à la tâche. Elles n'ont pu empêcher le développement d'une importante segmentation sur des marchés du travail qui a favorisé l'accessibilité aux bons emplois

---

2. R.B. Bryce, « Can we have « Made in Canada » Interest Rates », *Choices,* The Institute for Research on Public Policy, février 1982.

3. Voir sur ce point, Fonds Monétaire International, *Annual Report on Regulations.*

à certains groupes seulement, et a concentré les autres dans des emplois moins sécures et moins bien rémunérés. Elles n'ont pas empêché, non plus, l'accroissement des disparités régionales ; au contraire, elles les ont accentuées. [4] De plus, elles n'ont pas permis à l'économie canadienne d'accroître son autonomie économique ; à l'inverse, les politiques de stabilisation keynésiennes ont favorisé l'intégration économique du Canada à celle des États-Unis, rendant plus difficile l'adoption de politiques de stabilisation contraires aux leurs. [5]

Dans ce cas, il est urgent de développer des instruments de politiques économiques qui sauront pallier aux carences des politiques keynésiennes. Dans cette perspective, la réalisation des grands objectifs économiques devient un enjeu éminemment politique puisqu'il s'agit d'inventer de nouveaux instruments, de nouvelles institutions ou de nouvelles politiques. [6]

Une politique de participation

La politique dont il est question ici est une politique de participation de nature micro-économique. Elle ne repose pas sur la gestion des grands agrégats monétaires et fiscaux à l'instar de la politique de stabilisation keynésienne. *Elle repose sur l'intervention continue, rapide et souple des groupes concernés à résoudre des problèmes.* C'est dans ce sens qu'on la qualifie de politique micro-économique. Cette politique ne vient pas remplacer les politiques de stabilisation ; elle s'y ajoute. Ce n'est qu'avec l'utilisation de ces deux leviers que le plein emploi pourra être atteint.

La participation de tous les groupes socio-économiques est une condition fondamentale du succès du volet micro-économique de la politique de plein emploi. En effet, seuls les groupes concernés peuvent identifier les causes réelles d'un problème. Qu'il s'agisse d'un problème de compétitivité, de formation, de gestion, de discrimination, de stagnation régionale, ces groupes trouveront

---

4. Sur ce point, voir Paul Phillips, *Reginal Disparities,* James Lorimer and Company, Toronto, 1978.

5. Il n'est pas impossible d'avoir des politiques de stabilisation contraires à celles des États-Unis mais il est nécessaire alors d'accompagner les politiques de stabilisation d'un ensemble de mécanismes d'intervention sur les marchés.

6. Richard G. Lipsey commentant l'approche keynésienne au problème de l'inflation en arrive à la même conclusion :

   « The picture of the world which is evolving from the progressive keynesian research program, however, is one in which it is extremely difficult to reduce entrenched inflation. A crisis therefore does exist, not in the inability of keynesian theory to explain the world we see, but in the inability of traditional policy instruments to influence the world described by that theory. The crisis is real, but it is a crisis of policy, not a crisis of our theoretical understanding of the world of our experience. » Richard G. Lipsey, « The understanding and control of inflation : is there a crisis in macro-economics ? », *Revue canadienne d'économique*, novembre 1981 ; voir aussi Robert Boyer, Jacques Mistral, *Internationalisation, technologie et rapport salarial,* CEPREMAP, n° 8212, p. 40.

plus rapidement les causes du problème que ne le font les études statistiques. La participation des groupes permet aussi l'identification de solutions acceptables pour tous; or ceci est indispensable au succès de toute mesure correctrice. La participation permet de mieux résoudre le problème du financement. Étant donné que les avantages économiques des solutions sont mis en relief, il devient plus facile de partager les coûts des mesures entre les groupes qui en bénéficieront, que ce soit au moyen d'une taxe spéciale ou de la vente d'obligations. *En fait, si une politique micro-économique doit être basée sur la participation c'est parce que le plein emploi est un bien collectif dont la réalisation dépend justement de cette participation.* Cette réalité de la nature collective du plein emploi n'a jamais été perçue en Amérique du Nord, contrairement à d'autres pays comme la Suède, l'Allemagne, l'Autriche et le Japon. Ces pays ont compris la nécessité économique de la participation et certains l'ont implantée de façon démocratique, d'autres de façon paternaliste et autoritaire.

La politique micro-économique de l'emploi que nous présentons ici ne se veut pas une série de mesures dispersées et incohérentes; elle n'est pas non plus une simple politique de main-d'œuvre ou une politique à caractère social. Elle est composée d'une série de mesures bien coordonnées entre elles, qui prévalent autant dans les périodes de haute conjoncture que de basse conjoncture. Ces mesures ont les objectifs suivants:

1) modifier les attitudes et les comportements des employeurs quant à l'embauche et les licenciements;

2) assurer une meilleure adéquation entre l'offre et la demande de travail par des mesures touchant le placement et la mobilité;

3) influencer l'offre de travail au niveau de la quantité par des mesures favorisant la participation à la main-d'œuvre des groupes qui le désirent, les femmes et les retraités par exemple;

4) influencer l'offre de travail au niveau de la qualité par des mesures de formation;

5) influer directement sur la demande de main-d'œuvre soit par de l'aide financière pour maintenir ou accroître l'emploi dans certaines entreprises, ou par des mesures directes de création d'emplois pour certains groupes et certaines régions;

6) modifier les attitudes et les comportements des entreprises et des travailleurs afin qu'ils participent à un plan de développement économique, condition importante à la poursuite d'une croissance économique soutenue;

7) permettre la réalisation harmonieuse de mesures de partage de l'emploi et de réduction du temps de travail quand elles seront jugées appropriées.

Avec ces objectifs spécifiques, la politique micro-économique de l'emploi se distingue des politiques de développement économique ou de planification industrielle. Ces dernières sont des politiques de planification de moyen et de long terme, axées davantage sur la croissance ou sur ce que l'on appelle, dans le jargon économique, la croissance de la valeur ajoutée. Généralement, ces politiques ne se préoccupent pas directement de l'emploi.[7] La politique micro-économique de l'emploi vient donner un sens à la politique de développement économique en assurant que la croissance ou les gains de productivité serviront à l'expansion de secteurs économiques où de véritables besoins doivent être satisfaits. Grâce à la politique de l'emploi, la population concernée bénéficiera du succès d'une politique de développement.[8]

Cette politique d'emploi devrait également permettre de résoudre une partie du problème de l'inflation. Une telle politique favorise d'abord des gains de productivité permettant d'absorber les chocs inflationnistes et préservant ainsi les salaires réels. Ensuite, une telle politique, fondée sur la participation, sera propice à l'élaboration d'une véritable politique de la répartition des revenus, condition nécessaire à une lutte durable contre l'inflation. Dans cette perspective, la lutte à l'inflation passe par une politique de lutte au chômage et de plein emploi, et non l'inverse.[9]

Une commission de l'emploi

L'adoption d'une politique micro-économique de l'emploi nécessite la mise en place d'une institution collective qui aurait pour tâche la définition précise de cette politique ainsi que son implantation. C'est à l'État que revient la responsabilité de convoquer les parties concernées. Or, la création d'une telle institution est indispensable au succès de la politique.

En effet, un examen des politiques de l'Allemagne et de la Suède montre que les succès importants qu'ils ont obtenu dans le domaine de l'emploi sont

---

7. Dans le dernier document du gouvernement du Québec, Ministère d'État au Développement Économique, *Le virage technologique, Bâtir le Québec — phase 2,* Québec, 1982, on ne retrouve aucune référence au problème du chômage et de l'emploi.

8. Voir à cet effet, Pierre Harvey, «Le plein emploi: options et stratégies», dans *Le plein emploi à l'aube de la nouvelle révolution industrielle,* Douzième colloque, relations industrielles, 1981, Université de Montréal. Dans cet article, P. Harvey énonce les grands principes qui, selon lui, devraient guider une politique de plein emploi dans les années 80. Ces principes peuvent se résumer ainsi: accélérer le progrès technique afin d'utiliser le surplus généré par les gains de productivité pour créer des emplois dans le secteur tertiaire, ce qui répondrait en particulier au problème des femmes.

9. Pour une position semblable, voir entre autres, Eileen Appelbaum, «The Incomplete Incomes Policy Vision» dans *Journal of Post Keynesian Economics,* été 1982. Selon l'auteure, une politique de lutte au chômage et à l'inflation se résume ainsi: «Keynes plus democratic planning together with an incomes policy.»

attribuables, en partie, à la création d'une institution vouée en tout temps à la poursuite et à la promotion de l'objectif de plein emploi : en Allemagne, l'Institut national de l'emploi, et en Suède, l'Office du marché du travail. Ces deux institutions ont de très grandes responsabilités.[10] Elles sont responsables du développement et de l'application cohérente de la politique de plein emploi. Aux fins de cette politique, les gouvernements de ces deux pays y ont associée certains agents socio-économiques, les organisations syndicales, les organismes patronaux, les gouvernements locaux et en Suède, les femmes, en tant qu'administrateurs de ces deux organismes. Or, cette dernière caractéristique est une condition fondamentale du succès de cette politique.

La politique de plein emploi et les relations fédérales-provinciales

Jusqu'ici, nous avons parlé de la politique de plein emploi sans aborder la question du partage de la responsabilité de la politique macro-économique entre le fédéral et les provinces. Bien que ce ne soit pas le lieu, ici, de discuter du partage idéal du pouvoir économique entre les niveaux de gouvernements, il convient néanmoins de rappeler certains faits qui aident à reconnaître que c'est peut-être un mythe de croire que la politique macro-économique, et par conséquent la politique de plein emploi, appartiennent nécessairement au gouvernement fédéral. En effet, il n'existe aucun obstacle majeur empêchant les gouvernements provinciaux d'adopter des politiques de stabilisation et d'endosser une politique de plein emploi. D'ailleurs, les provinces sont les mieux placées pour endosser le volet micro-économique de la politique de plein emploi. Et c'est plutôt par accident historique que par nécessité technique que le gouvernement fédéral en vint à contrôler la politique macro-économique.

Le mythe de la centralisation économique nécessaire

L'ère keynésienne a permis au gouvernement central de revendiquer un rôle que les provinces auraient pu exercer, soit celui de «stabilisateur de l'activité économique». Mais en réalité, le gouvernement fédéral s'est accaparé cette fonction sans permettre aux provinces de faire valoir leurs droits en la matière. En effet, l'avènement du keynésianisme coïncide avec une série d'efforts entrepris par le gouvernement fédéral pour affirmer la primauté du pouvoir central.

---

10. Helmut, Minta, «Mesures prises par l'Institut national de l'emploi en vue de prévenir ou de supprimer le chômage dans la République fédérale d'Allemagne», dans *Revue internationale de sécurité sociale*, Genève, n. 1, 1978; the National Labour Market Board, *Swedish Employment Policy*, Annual Report; Lucien Gillard, «La politique sélective de l'emploi: pratiques suédoises et problèmes théoriques», *Revue française des affaires sociales*, oct.-déc. 1974, Raoul Danaho, «Un instrument efficace de régulation de l'emploi: la politique des emplois compensatoires», *Revue française des affaires sociales*, janvier-mars 1976.

Tout au long des années trente, les relations fédérales-provinciales traversent des crises politiques majeures ; il suffit de rappeler l'échec constitutionnel du « New Deal » de Bennett. [11] À la suite de ces crises qui proviennent des tentatives du gouvernement fédéral d'étendre ses pouvoirs, celui-ci met sur pied la Commission royale d'enquête sur les relations du Dominion avec les provinces ; cette commission est mieux connue sous le nom de Commission Rowell-Sirois. Son rapport final fut publié en 1940 ; il propose, après une série d'arguments économiques en faveur de la centralisation, des changements constitutionnels majeurs qui renforcent les pouvoirs d'Ottawa. La Commission recommande, entre autres, d'accorder au gouvernement fédéral l'entière responsabilité de la sécurité du revenu pour les personnes aptes au travail. En échange, la Commission recommande le retrait des provinces du domaine de l'impôt sur le revenu et des taxes de succession. Le fédéral prendrait l'entière responsabilité du fardeau des dettes provinciales ; de plus, les subventions aux provinces seraient remplacées par un système de péréquation basé sur une notion de besoin. [12] Le gouvernement fédéral tenta d'implanter les recommandations de la Commission lors d'une conférence fédérale-provinciale sur le sujet en 1941. Cette conférence se termina par un échec. [13]

C'est lors de la conférence fédérale-provinciale sur la reconstruction, tenue en 1945, que le gouvernement fédéral reviendra à la charge. Cette fois l'argumentation qu'il invoque pour accroître ses pouvoirs est fondée sur les besoins de la politique de stabilisation. Le gouvernement fédéral explique aux provinces qu'il est nécessaire d'instaurer des mécanismes visant à stabiliser l'économie ; à cette fin, il propose l'adoption de mesures de sécurité du revenu et le contrôle par Ottawa des principaux leviers fiscaux. [14]

En fait, on peut diviser en trois parties l'objet des propositions du gouvernement fédéral. D'abord, il maintient son désir d'assurer un haut niveau d'emploi en encourageant l'entreprise privée à prendre les devants dans ce domaine. [15] Deuxièmement, il propose une refonte des régimes dits de sécurité sociale. Et enfin, il soumet des propositions financières visant à assurer, à chacun des gouvernements, la possibilité de mener à bien leurs responsabilités

---

11. Voir J.R.H. Wilbur ed., *The Bennett New Deal: Fraud or Portent?*, The Coop Clark Publishing, Company, Toronto, 1968.

12. A.H. Birch, *Federalism, Finance and Social Legislation in Canada, Australia, and the United States*, Oxford University Press, London, 1955, p. 140.

13. Pour plus de détails sur le sujet voir Diane Bellemare, *La sécurité du revenu au Canada : une analyse économique de l'avènement de l'État-Providence*, thèse de doctorat, Université McGill, 1981, Chapitre 8.

14. Dominion-Provincial Conference on Reconstruction, *Proposals of the Government of Canada*, August, 1945.

15. *The Labor Gazette*, septembre 1945, p. 1283.

constitutionnelles. Dans le domaine social, le gouvernement fédéral propose une aide financière aux provinces pour qu'elles établissent un programme national complet de santé incluant l'assurance-maladie; il propose également d'instaurer un programme dit «universel» de pension de vieillesse non-contributif ainsi qu'un programme d'assistance-chômage et d'assistance-vieillesse pour les personnes âgées de 65 à 69 ans. Sur le plan financier, les provinces devraient se retirer de l'impôt sur le revenu des particuliers et des corporations ainsi que des droits de succession; les subventions statutaires seraient remplacées par des subventions per capita. [16] Les propositions du gouvernement fédéral sont rejetées. Le gouvernement fédéral devra s'y prendre à la pièce pour réaliser ses objectifs. [17]

Il ressort de tout ceci que la prise en charge par le gouvernement fédéral de la politique de stabilisation résulte davantage de l'opportunisme politique de ce dernier que de l'impossibilité technique des provinces de faire de la stabilisation. En effet, il aurait été possible de développer des mécanismes qui auraient, dès le départ, permis de régionaliser la politique de stabilisation. Sur ce point, le Québec a soutenu, dès 1956, que les provinces pouvaient faire de la stabilisation moyennant certaines ententes avec la Banque centrale. À titre d'exemple, voici un extrait d'une des annexes de la Commission royale d'enquête québécoise sur les problèmes constitutionnels :

> «Mais de là à conclure qu'il est impossible d'organiser un système provincial de budget cyclique, il y a une erreur de perspective. L'impossibilité n'existera que si le gouvernement central n'appuie pas un tel principe et ne laisse pas la Banque du Canada collaborer avec les gouvernements provinciaux à cette fin. Il n'existe aucun autre obstacle fondamental, ni technique, ni politique». [18]

Cette même Commission a soutenu qu'il sera plus efficace de régionaliser la politique de stabilisation pour réaliser le plein emploi et la stabilité des prix. [19]

Aujourd'hui, nombreux sont ceux qui reconnaissent l'impact néfaste des politiques de stabilisation centralisées. Et plusieurs ont proposé de régionaliser la politique de stabilisation. Ainsi le Conseil Économique du Canada, dans une étude intitulée *Vivre ensemble,* propose des modalités pour moduler la politique

16. Birch, *op. cit.,* pp. 201-202.

17. *Ibid.,* p. 202.

18. Fr.-Albert Angers, *Le problème fiscal et les relations fédérales-provinciales,* annexe 5, Commission royale d'enquête sur les problèmes constitutionnels, Québec, 1956, p. 186.

19. Gouvernement du Québec, Commission royale d'enquête sur les problèmes constitutionnels, *Rapport final, vol. II,* Québec, 1956, pp. 302-303, dans l'édition anglaise.

de stabilisation en fonction des impératifs de chacune des régions.[20] Les économistes R. Lacroix et Y. Rabeau, dans une étude sur les politiques de stabilisation, proposent de régionaliser la politique de stabilisation au moyen de caisses de stabilisation régionales.[21]

L'échec des politiques de stabilisation centralisées et les initiatives provinciales en matière de développement économique

La vigilance traditionnelle des provinces à protéger leurs pouvoirs constitutionnels est connue. Néanmoins celles-ci, au lendemain de la dernière guerre, acceptent avec une certaine passivité les mouvements centralisateurs qui s'opèrent. En échange, le gouvernement fédéral leur permet fermement le plein emploi. Les provinces commencent toutefois à se rebeller à la fin des années cinquante et au début des années soixante. En effet, on assiste alors à une croissance importante du chômage à l'échelle nationale ainsi qu'à une aggravation des disparités régionales. Ces problèmes économiques ont des répercussions importantes sur les finances des administrations provinciales qui ont certaines difficultés à équilibrer leur budget. Les gouvernements provinciaux cherchent donc à accroître leurs revenus et d'importantes discussions fédérales-provinciales s'engagent sur ce sujet.[22]

Mais la croissance du chômage et des disparités régionales engendrent surtout une désillusion par rapport à l'efficacité des politiques de stabilisation. Les provinces en viennent à douter de la possibilité que ces politiques puissent assurer le plein emploi partout au pays. Par ailleurs, plusieurs d'entre elles commencent à comprendre que le développement économique leur échappe de plus en plus puisqu'il dépend non seulement des marchés, mais bien souvent d'entreprises étrangères qui obéissent aux intérêts des maisons-mères. Plusieurs provinces dont le Québec, le Manitoba, la Saskatchewan, le Nouveau-Brunswick, la Nouvelle-Écosse et l'Ontario prennent alors de nouvelles responsabilités sur

---

20. «Dans la pratique, les mesures de stabilisation régionale pourraient être mises en œuvre de deux façons. Le gouvernement fédéral pourrait obtenir des effets régionaux différenciés en variant simplement le dosage des leviers fiscaux qu'il utilise déjà. Ou encore, les gouvernements provinciaux pourraient appliquer leur propre politique fiscale et budgétaire par des moyens qui ne différeraient sous aucun aspect essentiel de ceux qui sont accessibles à un pays indépendant. Somme toute, l'institution d'une politique de stabilisation régionalisée semble constituer un moyen souhaitable et réalisable de réduire les écarts interrégionaux de chômage». Conseil Économique du Canada, *Vivre ensemble, une étude des disparités régionales,* Ottawa, 1977, p. 130.

21. R. Lacroix, Y. Rabeau, *Politiques nationales et conjonctures régionales,* Les Presses de l'Université de Montréal, Montréal, 1981.

22. Pour plus de détails sur les discussions fédérales-provinciales qui s'engagent autour de la fiscalité, voir D.V. Smiley, *Canada in Question, Federalism in the Seventies,* McGraw-Hill Ryerson Limited, Toronto, 1972, pp. 112-135.

le plan économique et cherchent à se donner une politique de développement. Les provinces interviennent donc dans le domaine du développement économique et commencent à concurrencer le gouvernement fédéral.[23] C'est donc à partir des années soixante que les provinces commencent à prouver qu'elles peuvent jouer un rôle économique important, non seulement au niveau de la production de biens publics mais aussi au niveau du développement économique et par ricochet, au niveau de l'emploi.

La politique monétariste que l'on connaît depuis 1975 vient paralyser les efforts des provinces à renforcir leur économie. Cette politique créatrice de chômage augmente les dépenses des provinces et leur enlève les moyens de les financer. Les provinces ont intérêt à abandonner leur attitude passive à l'égard d'Ottawa et à se doter d'une politique de plein emploi ou du moins, d'une politique micro-économique de l'emploi qui leur permettra peut-être, pour des raisons politiques, d'infléchir la politique macro-économique fédérale.

Une politique micro-économique de l'emploi de juridiction provinciale

Deux raisons principales nous amènent à affirmer que la province constitue le lieu le plus approprié pour la mise en œuvre d'une politique micro-économique de l'emploi.

Premièrement, des considérations d'ordre politique donnent aux gouvernements provinciaux un avantage majeur dans l'implantation d'une telle politique. En effet, la répartition constitutionnelle des pouvoirs attribue aux provinces une juridiction importante en matière de travail, d'éducation ainsi qu'en matière de développement des ressources. Deuxièmement, des considérations d'ordre culturel, linguistique et idéologique font que les gouvernements provinciaux sont mieux en mesure que le gouvernement fédéral d'implanter de façon efficace une politique micro-économique de l'emploi. En effet, l'efficacité de cette politique, comme nous l'avons vu, repose largement sur l'implication et la participation des agents socio-économique. Or, à cause de la diversité des problèmes, des intérêts et des idéologies de chacune des provinces, les obstacles politiques pour mettre en œuvre cette participation à l'échelle canadienne constituent de véritables handicaps. D'ailleurs, la mise en veilleuse du rapport Allmand qui proposait au gouvernement fédéral une nouvelle stratégie à l'égard

---

23. Les six provinces mentionnées se dotent d'organismes composés des représentants des principaux groupes d'intérêts économiques pour orienter le développement économique. Sur ces différentes expériences voir, D.V. Smiley, *Constitutional Adaptation and Canadian Federalism Since 1945,* Documents of the Royal Commission on Bilingualism and Biculturalism, Queen's Printer, Ottawa, 1970.

de l'emploi où l'accent était mis sur la participation des agents socio-économiques et des provinces semble confirmer notre perception.[24]

Même si la province est le lieu privilégié pour la mise en place d'une politique micro-économique de l'emploi, on se doit néanmoins de reconnaître les problèmes qu'un gouvernement provincial peut rencontrer. Ces problèmes qui peuvent être sérieux, ne sont toutefois pas des handicaps majeurs. Ils sont liés, pour la plupart, à la nature particulière de la répartition des pouvoirs économiques de notre régime confédéral.

Ces problèmes proviennent d'abord du fait que le gouvernement fédéral contrôle la politique macro-économique. Or ce dernier peut poursuivre, comme il le fait actuellement, une politique macro-économique de création du chômage. Ceci réduit la portée de la politique micro-économique de l'emploi mais n'annule pas complètement son efficacité. Une telle contradiction dans les orientations des deux niveaux de la politique économique augmente les coûts de la politique micro-économique et constitue un empêchement majeur à l'atteinte du plein emploi. Toutefois, l'adoption d'une politique micro-économique de l'emploi permet, entre autres, de partager plus équitablement les effets néfastes d'une telle politique macro-économique et par le fait même, peut empêcher le taux de chômage de grimper. Elle peut aussi réduire les effets de la politique macro-économique et conséquemment protéger les emplois. À titre d'exemple, la politique peut prévoir de subventionner une partie des frais d'intérêt encourus par le secteur privé comme le gouvernement du Québec le fait déjà, ou encore substituer les investissements publics aux investissements privés.

D'autres types de problèmes sont également engendrés par la structure des régimes de sécurité du revenu et de péréquation. Dans leur structure actuelle, ces régimes de transferts réduisent souvent l'incitation financière pour un gouvernement provincial d'entreprendre des projets de création d'emplois. En effet, ces régimes sont construits de telle sorte que les retombées financières générées par de nouveaux emplois profitent davantage au gouvernement fédéral qu'au gouvernement provincial. Ceci constitue un facteur d'inertie qui peut même empêcher un gouvernement provincial d'entreprendre des projets de création d'emplois s'il ne bénéficie pas de l'appui financier des agents socio-économiques concernés. Afin d'illustrer l'importance de ce facteur d'inertie, nous avons simulé l'effet, sur les revenus des Québécois et sur les finances publiques, d'une politique provinciale de création d'emplois axée sur les travaux publics.

Le tableau I ventile les retombées financières pour les Québécois d'un programme provincial de création d'emplois qui viserait à réduire directement

---

24. Groupe de travail parlementaire sur les perspectives d'emploi pour les années 80, *Du travail pour demain*, Chambre des Communes, Ottawa, 1981.

en 1981 le taux de chômage de 1 pour cent. Dans cette perspective, 29 960 emplois directs devraient être créés. Comme ce programme exercerait un effet multiplicateur sur l'économie québécoise, il susciterait la création de 10 486 emplois supplémentaires, soit un total de 40 446 nouveaux emplois; lorsque tous les effets du programme se seront matérialisés, le taux de chômage observé pourrait être réduit de 1,35%.

TABLEAU I

**Les retombées financières pour les Québécois
d'une création directe de 29 960 emplois***
1981

Les travailleurs (1 171,0 $ millions)

Ce programme permet directement et indirectement de créer un total de 40 446 emplois, ce qui réduit le nombre de chômeurs d'un même nombre. Certains travailleurs verront aussi augmenter leurs heures de travail. Les gains pour les travailleurs de ce programme sont constitués des salaires supplémentaires, 1 581,7 $ millions, moins les prestations d'assurance-chômage, 248,9 $ millions et d'aide sociale, 161,8 $ millions.

Les entreprises (814,5 $ millions)

Les entreprises réalisent des bénéfices et des revenus supplémentaires de 547,1 $ millions; elles réalisent également des épargnes au niveau de l'amortissement, 267,4 $ millions.

Les gouvernements (1 257,3 $ millions)

Les gouvernements bénéficient du programme au niveau d'une augmentation de l'impôt direct perçu, 568,4 $ millions, de l'impôt indirect moins les subventions, 278,2 $ millions; ils récupèrent également des argents du côté des programmes d'assurance-chômage et de l'aide sociale, 410,7 $ millions.

Total des retombées (2 674,4 $ millions)

Gains des travailleurs, plus gains des entreprises, plus gains des gouvernements au niveau de l'impôt indirect, moins les subventions et au niveau de l'assurance-chômage et de l'aide sociale. L'impôt direct n'est pas additionné puisqu'il est compris dans les gains des travailleurs et des entreprises.

Coût de la politique (1 337,2 $ millions)

* Cette simulation ne prend pas en considération l'effet du programme de création d'emplois sur les cotisations de l'assurance-chômage puisque compte tenu de la formule utilisée pour les déterminer, les effets du programme sont sur ce point, mineurs. Pour une description de la méthodologie, voir note 26 en fin de chapitre, à l'annexe A.

Le programme dont il est question ici est axé sur les travaux publics. Il repose donc largement sur des contrats donnés à l'entreprise privée. Il faut remarquer aussi qu'il s'agit d'un programme non récurrent et qu'en ce sens le taux de chômage sera réduit de façon permanente en autant que d'autres activités viennent s'y substituer à mesure que les travaux seront complétés. Ceci diffère d'une politique de création d'emploi qui passe par l'expansion des services publics. Dans ce dernier cas, les dépenses sont récurrentes mais le taux de chômage est réduit en permanence. Une dernière remarque s'impose avant de discuter explicitement du tableau I. Le programme dont il est question ici est relativement coûteux ; en effet, cette simulation suppose que chaque emploi créé coûte en moyenne 44 633 $. Ce genre de programme est la façon la plus coûteuse de créer des emplois ; les programmes d'emplois temporaires coûtent environ 9 000 $ pour l'équivalent d'un emploi annuel alors que la moyenne correspondante pour un emploi dans la fonction publique provinciale est de 30 394 $. [25]

Malgré le fait que cette politique coûte relativement cher, soit un total de 1 337,2 $ millions, le tableau I indique clairement qu'il est avantageux pour la société québécoise d'entreprendre une telle initiative. En effet, ce programme crée au total deux fois plus de revenus que ce qu'il en coûte, soit 2 674,4 $ millions ; par ailleurs les retombées financières sont importantes pour tous les groupes de la société. La rentabilité économique et financière d'une telle politique est donc évidente. Toutefois, les gains réalisés par chacun des groupes sont insuffisants pour justifier qu'ils assument seul la responsabilité financière du programme. Ceci est évident dans le cas des travailleurs et des entreprises. En ce qui concerne les gouvernements, ils récupèrent 1 257,3 $ millions alors que la politique coûte 1 337,2 $ millions ; on voit donc que si les gouvernements coordonnaient leurs efforts pour entreprendre un tel programme, le déficit financier de l'opération serait très mince soit 79,9 $ millions. Par ailleurs, il se résorberait rapidement si une telle politique réussissait à susciter la création d'autres secteurs de production permanents.

Le tableau II simule les retombées financières de ce programme provincial de création d'emplois pour chacun des niveaux de gouvernement. Il appert clairement que le gouvernement fédéral bénéficie du programme provincial

---

25. Voir Gouvernement du Canada, Emploi et Immigration Canada, *L'évolution du marché du travail dans les années 1980,* Ottawa, 1981, p. 152.

Si on utilise les estimés de R. Lacroix et Y. Rabeau, *op. cit.,* pour la création d'emplois dans la fonction publique provinciale on obtient 30 394 $:

$$\frac{21\,275,7\,\$ \times \text{indice implicite des prix 1981}}{\text{indice implicite des prix 1977}} = \frac{21\,275,7 \times 245}{171,5} = 30\,394\,\$$$

beaucoup plus largement que le gouvernement du Québec. L'importance des gains fédéraux s'explique principalement par la structure financière du programme d'assurance-chômage et du système de péréquation. Ces mécanismes de transferts incitent donc les gouvernements provinciaux à l'inaction en matière d'emploi: les récupérations que les gouvernements réalisent au niveau de la sécurité du revenu reviennent principalement au gouvernement fédéral; par ailleurs, les provinces qui tentent d'améliorer leur sort sont pénalisées en voyant leurs subventions sur le plan de la péréquation diminuées. Mais il faut reconnaître que ces facteurs d'inertie pour un gouvernement provincial trouvent leur origine principalement dans la répartition des responsabilités au niveau de la fiscalité et de la sécurité du revenu. Or, il pourrait en être autrement.

TABLEAU II

**Les retombées financières pour les gouvernements
d'un programme provincial de création directe
de 29 960 emplois en 1981***

	Québec	Ottawa	Municipalités	Total
		(Millions de $)		
Économie au niveau de l'assurance-chômage	—	248,9	—	248,9
Économie au niveau de l'aide sociale	80,9	80,9	—	161,8
Impôts directs	308,1	260,3	—	568,4
Impôts indirects	134,6	120,0	109,1	363,7
Subventions	– 11,5	– 74,0	—	– 85,5
Péréquation	– 192,5	+ 192,5	—	
TOTAL	319,6	828,6	109,1	1 257,3

* Pour une description de la méthodologie, voir note 27 en fin de chapitre, à l'annexe B.

En résumé, notre analyse nous conduit à affirmer qu'il est non seulement possible mais souhaitable, parce qu'économiquement et financièrement rentable, qu'un gouvernement provincial se dote d'une politique de plein emploi. Pour ce faire, il devrait développer une politique micro-économique de l'emploi et négocier avec le gouvernement fédéral la régionalisation de la politique macro-économique. L'adoption d'une politique micro-économique provincial de l'emploi s'impose et ce, en dépit du fait que les négociations avec le fédéral achopperaient. Dans le cas où le gouvernement fédéral refuserait de coopérer, un gouvernement provincial devrait tenter de rapatrier, en particulier les mécanismes de sécurité du revenu, afin de rentabiliser autant que possible les programmes directs de création d'emplois, dont la nécessité est d'autant plus grande que les préoccupations fédérales par rapport à l'emploi ne sont pas prioritaires.

Le plein emploi et la conjoncture mondiale

Il est certain que l'objectif du plein emploi constitue un défi à relever. Certains diront même qu'il est impossible à réaliser actuellement et qu'il est inutile de déployer autant d'énergie tant et aussi longtemps que la conjoncture mondiale et en particulier la politique américaine seront ce qu'elles sont. Pour eux, l'isolement est impossible et on ne peut améliorer la situation. Il faut évidemment être utopiste pour croire que l'on puisse s'isoler complètement du reste du monde. Toutefois, il faut aussi être aveugle ou démesurément pessimiste pour ne pas voir les réalisations très importantes que le Canada et le Québec sont en mesure d'accomplir en dépit d'une conjoncture mondiale défavorable.

En effet, comme nous l'avons vu précédemment, les politiques de stabilisation canadiennes sont beaucoup plus restrictives que nécessaire. Elles engendrent des taux d'intérêt réels qui dépassent l'imagination. L'un des objectifs de la Banque du Canada est de préserver la valeur du dollar. Toutefois, comme nous l'avons vu, d'autres politiques que celle des hauts taux d'intérêt pourraient être utilisées sans aggraver les problèmes d'emploi.

Par ailleurs, en dépit d'une conjoncture défavorable plusieurs mesures micro-économiques peuvent être développées pour traverser la crise de façon moins pénible. La situation relativement plus favorable que l'on observe dans les pays qui ont une politique de l'emploi où les taux de chômage sont deux et trois fois moins élevés qu'au Québec constitue une preuve qu'il est possible d'améliorer de beaucoup la situation. Et même si la politique micro-économique de l'emploi ne réussissait, dans cette période de mauvaise conjoncture, qu'à partager les coûts de la crise de façon plus équitable, on pourrait néanmoins dire qu'elle aura accompli quelque chose.

Toutefois, il faut répéter qu'une politique de plein emploi exige un virage politique qu'il faudrait réaliser au niveau des objectifs de la politique économique et des mentalités. Ainsi, on ne pourra jamais obtenir de résultats significatifs si en même temps qu'on adopte une politique de plein emploi, on tente prioritairement de maintenir un budget équilibré et de réduire le rôle de l'État. Or, ce virage, peut-être difficile à effectuer en période de crise et de regain du conservatisme, est néanmoins indispensable. Au niveau de la politique économique, il pourra se faire plus aisément s'il est revendiqué par tous les groupes concernés et si ces derniers acceptent de participer directement au projet de société que constitue une économie de plein emploi. Le défi à relever n'est ni de nature technique, ni de nature économique, il est strictement de nature politique.

ANNEXE A

26. Calcul du coût d'une politique de création d'emplois et retombées financières pour la société québécoise

Les résultats de cet exercice avantages-coûts reposent sur cinq hypothèses principales :

1. La politique de création d'emplois est non récurrente et emprunte le volet de la formation brute de capital fixe. Il s'agit donc d'une politique qui prend la forme de travaux publics ou de contrats avec l'entreprise privée ;

2. Le coût direct de la création d'un emploi est évalué, pour 1981, à 44 633 $;

3. Les dépenses publiques encourues exercent un effet multiplicateur de 2 sur le produit intérieur brut ;

4. La création d'un emploi direct crée, dans le secteur privé, 0,35 emploi additionnel ;

5. Tous les effets de la politique sont pris en ligne de compte. En d'autres mots, l'analyse avantages-coûts qui est présentée suppose que les retombées sur l'emploi et les revenus du secteur privé se sont matérialisées. Le temps nécessaire pour que la politique exerce tous ses effets est probablement plus long qu'un an. Toute analyse avantages-coûts oblige toutefois de prendre en compte la totalité des effets, sinon les résultats de l'analyse dépendent du choix de la période, ce qui est arbitraire.

Les hypothèses 2, 3 et 4 proviennent d'une étude effectuée par R. Lacroix et Y. Rabeau, *Politiques nationales, Conjonctures régionales, La Stabilisation économique*, Les Presses de l'Université de Montréal, Montréal, 1981.

Les calculs suivants utilisent des données tirées de Statistique Canada, *Comptes Économiques provinciaux, 1965-1980*, catalogue 13-213 ; Ministère des Finances, *Revue Économique*, avril 1982.

Réduction du chômage
- population active du Québec en 1981 × 1% = 2 996 000 × 1% = 29 960 emplois
- création totale d'emplois
  emplois créés directement × multiplicateur d'emplois = 29 960 × 1,35 = 40 446
- diminution totale du taux de chômage en supposant que la population active n'augmente pas
  nombre d'emplois créés ÷ population active = 40 446 ÷ 2 996 000 = 1,35%

Coût de la création d'emplois
Selon Lacroix et Rabeau, il en coûte 31 243 $ en 1977 au gouvernement du Québec pour créer un emploi à l'aide de programmes de formation brute de capital fixe.

$$\frac{31\ 243\ \$ \times \text{indice implicite des prix 1981}}{\text{indice implicite des prix 1977}} = \frac{31\ 243\ \$ \times 245}{171,5} = 44633\ \$$$

coût total : coût d'un emploi × nombre d'emplois créés = 44 633 $ × 29 960 = 1 337,2 $ millions

La rentabilité économique collective
1. Augmentation du P.I.B.
   Coût total de la création d'emplois × multiplicateur = 1 337,20 $ millions × 2 = 2 674,4 $ millions

2. Répartition de l'augmentation du P.I.B.

Ces calculs utilisent la répartition des revenus québécois en 1980 telle qu'on peut la calculer en utilisant les données sur les comptes nationaux (Statistique Canada, 13-213)

	En millions $
R.N.: 79,6% du P.I.B.	2 128,8
— salaires: 74,3% du R.N.	1 581,7
— revenus de propriété: 25,7% du R.N.	547,1
Impôts indirects: 13,6% du P.I.B.	363,7
Moins	
Subventions: 3,2% du P.I.B.	− 85,5
Amortissement: 10% du P.I.B.	267,4
Impôts directs: 26,7% du R.N.	568,4

3. Réduction des prestations d'assurance-chômage

On suppose que les prestations d'assurance-chômage sont réduites proportionnellement à la réduction du nombre de chômeurs.

emplois créés au total ÷ nombre de chômeurs = 40 446 ÷ 311 000 = ,13

Prestations d'assurance-chômage versées au Québec en 1981 telles qu'elles sont calculées au chapitre III, voir note 23 = 1914,5 $ millions.

Réduction des prestations:
1914,5 $ millions × 13% = 248,9 $ millions

4. Réduction des paiements versés à l'aide sociale

On suppose arbitrairement que les paiements versés aux personnes aptes diminuent de 25%

Prestations d'aide sociale versées aux personnes aptes au travail en 1981 = 647,1 $ millions

Voir tableau III, chapitre III
647,1 $ millions × 25% = 161,8 $ millions.

ANNEXE B

27. *Le problème financier pour le Québec*   *Millions de $*

    1. Impôts directs

        taxes directes : 26,7 % du R.N.   568,4

        — fédéral : 45,8 %   260,3

        — provincial : 54,2 %   308,1

    2. Taxes indirectes

        13,6 % du P.I.B.   363,7

        — fédéral : 33 %   120,0

        — provicial : 37 %   134,6

        — local : 30 %   109,1

    3. MOINS subventions

        3,2 % du P.I.B.   −85,5

        — fédéral : 86,5 %   −74,0

        — provincial : 13,5 %   −11,5

    4. Effet sur la péréquation

$$\text{péréquation} = \left[\frac{\text{Population du Québec}}{\text{Population du Canada}} - \frac{\text{Assiette fiscale Québec}}{\text{Assiette fiscale Canada}}\right] \times \text{ensemble des revenus fiscaux provinciaux}$$

Cette formule est utilisée pour calculer la péréquation pour chacune des 28 sources de revenu.

L'estimé présenté dans le texte est une approximation de la baisse de la péréquation calculée d'une part pour l'ensemble des impôts directs, et d'autre part, pour l'ensemble des impôts indirects.

Comme dans la formule générale de la péréquation, c'est l'assiette fiscale québécoise qui change, le changement dans la péréquation a été calculé à l'aide de la formule suivante :

$$\Delta\text{PER} = \frac{\text{A.F. Québec } 1981}{\text{A.F. Canada } 1981} - \frac{(\text{A.F.Q. } 81 + \Delta\text{A.F.Q.})}{(\text{A.F.C. } 81 + \Delta\text{A.F.Q.})} \times \begin{array}{l}\text{revenus fiscaux } 1981 + \\ \Delta\text{revenus fiscaux Québec}\end{array}$$

— Comme les comptes nationaux provinciaux n'étaient pas disponibles au moment où ces calculs ont été faits, nous avons estimé les données dont nous avons besoin.

— Revenu national du Québec 1981

$$\left(\frac{\text{R.N.Qu}}{\text{R.N.Ca}}\right)_{1980} \times \text{R.N.Ca}_{1981} \times \frac{\left(\dfrac{\text{taux de chômage Ca}}{\text{taux de chômage Qu}}\right) 1981}{\left(\dfrac{\text{taux de chômage Ca}}{\text{taux de chômage Qu}}\right) 1980} =$$

$$\frac{53\,941,6}{228\,145} \times 253\,220 \times \frac{(7,6/10,4)}{(7,5/9,9)} = 57\,750,8$$

Revenu national des provinces 1981

$$\frac{\text{R.N. prov. 1980}}{\text{R.N. can. 1980}} \times \text{R.N. can 1981} = \frac{236\,084}{228\,145} \times 253\,220 = 262\,031,6$$

— Impôts directs provinciaux

$$\text{R.N. prov. 1981} \times \frac{\text{impôts directs prov. 1980}}{\text{R.N. prov. 1980}} = 262\,031,6 \times \frac{19\,934}{236\,084} = 22\,124,9$$

— Consommation du Québec 1981

$$(\frac{\text{CQu}}{\text{CCA}_{1980}}) \times \text{CCA}_{1981} \frac{\frac{(\text{taux de chômage Ca})}{\text{taux de chômage Qu 1981}}}{\frac{(\text{taux de chômage Ca})}{\text{taux de chômage Qu 1980}}} = \frac{40\,506,4}{168\,146} \times 190\,025 \times \frac{(7,6/10,4)}{7,5/9,9} = 44\,156,4$$

— Produits intérieurs provinciaux 1981

$$\frac{\text{Pr. I. prov. 1980}}{\text{Pr. I. Ca. 1980}} \times \text{Pr. I. Ca. 1981} = \frac{297\,449,5}{268\,422} \times 300\,770 = 333\,295,7$$

— Impôts indirects provinciaux 1981

$$\frac{\text{Impôts indirects prov. 1980}}{\text{Pr. I. prov. 1980}} \times \text{Pr. I. prov. 1981} \times \frac{13\,109}{297\,449,5} \times 333\,295,7 = 14\,688,8$$

4.1 Impôts directs

$$\triangle\text{PER} = \left[\frac{\begin{array}{c}\text{R.N.}\\\text{Québec}\\1981\end{array}}{\begin{array}{c}\text{R.N.}\\\text{Canada}\\1981\end{array}} - \frac{(\text{R.N.Q. 81} + \triangle\text{R.N.Q.})}{(\text{R.N.C. 81} + \triangle\text{R.N.Q.})} \right] \times \begin{array}{l}\text{impôts directs prov. 81 +}\\\triangle\text{impôts directs du Québec}\end{array}$$

$$= \left[\frac{(57\,750,8)}{253\,220} - \frac{(57\,750,8)}{253\,220} + \frac{2\,128,8}{2\,128,8} \right] \times (22\,124,9 + 308,1)$$

$$= [\,,2281 - ,2345\,] \times 22\,433, = 143,6$$

4.2 Impôts indirects

$$\triangle\text{PER} = \left[\frac{\text{C.Q. 81}}{\text{C.C. 81}} - \frac{(\text{C.Q. 81} + \triangle\text{C.Q.})}{(\text{C.C. 81} + \triangle\text{C.C.})} \right] \times \begin{array}{l}\text{impôts indirects prov. 81 +}\\\triangle\text{impôts indirects du Québec}\end{array}$$

où C = consommation

Augmentation de la consommation au Québec	Millions $
— salaires bruts additionnels – prestations d'assurance-chômage	1 332,8
— MOINS impôts dir. part (30,5% des salaires)	– 406,5
— revenu disponible additionnel	926,3

[propension marginale consommée × revenu disponible]
,9   ×   926,3   = 833,70

— péréquation

$$\triangle\text{PER} = [\,(\frac{44\,156,5}{190\,025}) - \frac{(44\,156,5 + 833,7)}{(190\,025 + 833,7)}\,] \times (14\,688,8 + 134,6)$$

$$= [\,(,2324 - ,2357)\,] \times 14\,823,4 = 48,9$$

4.3 Baisse de la péréquation pour le Québec

péréquation sur impôts directs	143,6 $ millions
péréquation sur impôts indirects	48,9 $ millions
	192,5 $ millions

CHAPITRE VIII

DES EXPLICATIONS DE L'INERTIE POLITIQUE À L'ÉGARD DU CHÔMAGE

La plupart des Québécois jugent essentiel d'avoir un emploi. Notre sondage indique également qu'ils sont très insatisfaits des politiques fédérales et provinciales de lutte au chômage. Celui-ci coûte très cher aux chômeurs et à l'ensemble de la population. Comment peut-on expliquer alors que le niveau de chômage élevé et persistant depuis plusieurs décennies n'a pas mené à une mobilisation massive et à des pressions en faveur d'une politique de l'emploi. Cette pression pourrait venir des chômeurs, des travailleurs syndiqués ou même du milieu patronal puisqu'ils supportent tous les coûts du chômage. L'action collective en faveur de politiques anti-inflationnistes a été plus que populaire, tant dans le milieu syndical que patronal. Or, on sait que les gouvernements provinciaux et le gouvernement fédéral en particulier ont choisi de sacrifier l'emploi au profit de la lutte à l'inflation; ceci en adoptant une politique monétaire dont les effets négatifs sur l'emploi n'ont pas fini de se faire sentir.

Certaines thèses ont été avancées pour expliquer cette absence de mobilisation. D'abord la science économique orthodoxe, qui considère exclusivement les avantages pécuniaires de l'emploi et le coût privé du chômage, c'est-à-dire le coût supporté par les chômeurs, attribue cette inertie au partage de ce coût par l'ensemble de la population; pour le chômeur, ce coût serait relativement faible. Selon les tenants de cette thèse, l'assurance-chômage réduirait suffisamment le coût du chômage de façon à ce que les chômeurs ne soient plus motivés à exercer des pressions politiques. [1]

Cette explication de l'inertie politique au Québec n'apparaît guère convaincante et ce, pour plusieurs raisons. On sait d'abord que certains chômeurs n'ont pas accès à l'assurance-chômage. Ensuite, même ceux qui y ont accès perdent des avantages pécuniaires importants : le revenu provenant de l'assurance-chômage est inférieur aux revenus de salaire ; et plusieurs chômeurs perdent les avantages assez importants d'une assurance-salaire ou d'un régime de retraite. Avec les congés annuels, ces avantages représentent souvent de 25 à 30% des salaires. De plus, comme le démontrent diverses études sociologiques, l'emploi procure aux travailleurs des avantages non pécuniaires que la plupart considèrent très importants.

La sociologie offre elle aussi une explication à l'absence d'action collective des chômeurs. Pour adhérer à un groupe, ou à une organisation de chômeurs, ceux-ci doivent accepter d'être reconnus comme tels. Ils doivent donc accepter leur identité de chômeurs. Or, certaines enquêtes effectuées auprès de chômeurs montrent que leur principale attitude en est une de refus d'assumer une telle identité. [2] Le chômeur est généralement isolé et il ne veut sortir de cet isolement que pour reprendre un statut de travailleur. Une des conditions nécessaires au regroupement et à l'action collective ferait donc défaut dans le cas des chômeurs, à cause de la dévalorisation de leur statut social. Des chômeurs isolés ne peuvent évidemment pas devenir un groupe de pression efficace.

Même si les deux thèses précédentes ont un certain fondement, elles sont toutefois insuffisantes pour expliquer l'absence de mobilisation générale en faveur de meilleures politiques d'emploi. En effet, quand on considère l'ensemble des coûts que le chômage impose non seulement aux chômeurs mais à plusieurs groupes, on constate qu'ils ont tous de sérieux motifs pour se mobiliser sur la question du chômage. [3]

Au Québec, on constate qu'ils ne l'ont pas fait. Il apparaît donc essentiel de chercher à comprendre pourquoi les groupes déjà organisés en collectifs — ceux qui ont un pouvoir de pression politique — se sont si peu mobilisés ces dernières années sur la question du chômage. Ils ne l'ont fait que ces derniers mois, alors que la situation est devenue de plus en plus inquiétante pour tous, même pour ceux qui se croyaient à l'abri.

---

1. Martin Feldstein, « The Private and Social Costs of Unemployment », *American Economic Review*, mai 1978 ; Pierre Fortin, *Chômage, inflation et régulation de la conjoncture au Québec*, L'Institut de recherche C.D. Howe, 1980, pp. 36-37.

2. Olivier Galland, Marie-Victoire Louis, « Chômage et action collective », *Sociologie du travail, le chômage, politique d'emploi et action collective*, 2/81, avril-juin, Éditions du Seuil.

3. Mancur Olson, *Logique de l'action collective*, P.U.F., 1978.

Les groupes qui ont une certaine influence sur l'évolution des politiques de l'emploi sont les organisations syndicales, les organismes représentatifs des milieux d'affaires et certains fonctionnaires. [4]

Dans le cas des organisations syndicales, plusieurs facteurs peuvent expliquer leur faible mobilisation au cours de la dernière décennie. Il faut cependant reconnaître qu'il y a eu des tentatives de mobilisation dans les trois centrales syndicales, mais celles-ci ont eu peu de succès auprès des membres de la base.

En période de chômage élevé et persistant, le milieu syndical est généralement affaibli en nombre et en tant que groupe de pression. Il peut avoir plus de difficulté à mobiliser ses membres sur des questions qui débordent le cadre de la négociation collective. Et au cours des dix dernières années, au Québec comme au Canada, les progrès de la syndicalisation se sont surtout réalisés dans le secteur public et parapublic plutôt que dans le secteur privé. Ces secteurs assurent généralement une meilleure sécurité d'emploi que le secteur privé; ce qui n'empêche toutefois pas le développement d'emplois instables — temporaires, occasionnels, etc. — dans ces secteurs. Il est possible également que l'augmentation du nombre de syndiqués du secteur public québécois a pu créer, pour une partie du mouvement syndical, une certaine confusion entre deux fonctions gouvernementales : celle du législateur et celle de l'employeur. Or, dans le cadre d'une mobilisation en faveur de politiques d'emploi plus agressives, une telle confusion est évidemment pernicieuse.

De plus, au Québec comme ailleurs en Amérique du Nord, le système de relations de travail centralise l'action syndicale au niveau de l'entreprise plutôt qu'aux niveaux sectoriel, régional ou national, comme c'est le cas dans la plupart des pays européens; or, la négociation par entreprise n'est pas propice à l'émergence d'actions collectives d'envergure en faveur de politiques d'emplois sectorielles, régionales ou nationales.

Ces divers facteurs peuvent expliquer, en partie, la faible mobilisation du mouvement syndical sur les questions de l'emploi. Ils ne nous paraissent toutefois pas déterminants puisqu'ils sont, pour la plupart, aussi valables pour la question de l'inflation sur laquelle il y a eu mobilisation nationale ces dernières années.

Deux autres facteurs d'inertie apparaissent plus déterminants. D'une part, les organisations syndicales n'ont peut-être pas une connaissance suffisante des coûts élevés que le chômage impose à leurs membres et à la société. D'autre

---

4. O.C.D.E., *L'État protecteur en crise*, Paris, 1981; C.C. Von Weizäcker, «Le problème de l'emploi : une approche systémique», *Les déterminants structurels de l'emploi et du chômage*, vol. II, O.C.D.E., Paris, 1979.

part, il n'y aurait pas de véritable consensus du mouvement syndical québécois sur les analyses du chômage et les solutions à adopter.

Les milieux d'affaires subissent eux aussi un manque à gagner en raison du chômage. En effet, les travailleurs forment la masse des consommateurs dont la plupart des entreprises ont besoin pour écouler leurs produits et réaliser de meilleurs profits. Elles ont donc aussi intérêt à ce que le chômage soit moins élevé. Toutefois, il est évident que certains employeurs trouvent le chômage avantageux puisqu'il permet de pouvoir embaucher facilement et à moindre coût. Le peu de pression qu'ils ont exercé en faveur du plein emploi peut s'expliquer d'une part, comme dans le cas du mouvement syndical, par une sous-estimation des coûts que leur impose le chômage. D'autre part, ils considèrent que l'inflation ralentit l'activité économique de l'entreprise privée qui, selon eux, est le moteur irremplaçable de la croissance économique. En période de stagflation, ils privilégient la lutte contre l'inflation s'il leur semble impossible de mener simultanément une lutte contre le chômage et l'inflation.

Afin de bien cerner les attitudes de ces deux groupes d'intérêts face au chômage, et de voir si nos hypothèses sur les causes de leur inertie politique sont fondées, nous avons réalisé deux types d'analyses: la première, à partir d'un dépouillement de textes officiels des organismes représentatifs de ces milieux et la deuxième, à partir d'entrevues exhaustives auprès de leurs représentants officiels. Les résultats des entrevues sont analysés au chapitre suivant.

Les positions du mouvement syndical québécois sur le chômage et le plein emploi

Les documents syndicaux dépouillés, rapports de congrès ou mémoires spéciaux, couvrent les années vingt jusqu'aux années quatre-vingt. Nous voulions voir si les revendications de la décennie 1970-1980 se situaient dans la foulée des revendications traditionnelles du mouvement syndical. Nous avons compilé et analysé les positions des organismes suivants pour la période 1920-1940: le Congrès des Métiers et du Travail du Canada (CMTC) qui, en 1956, devient le Congrès du Travail du Canada (CTC) (en fusionnant avec le Congrès Canadien du Travail) et la Confédération des Travailleurs Catholiques du Canada (CTCC); pour la période de la guerre jusqu'à 1980, nous avons examiné les positions des organismes syndicaux suivants: la Fédération Provinciale du Travail du Québec (FPTQ) et la Fédération des Unions Industrielles du Québec (FUIQ) qui ont fusionné pour devenir la Fédération des Travailleurs du Québec (FTQ) en 1957; la Corporation des Enseignants du Québec qui devient la Centrale de l'Enseignement du Québec en 1974; la Confédération des Travailleurs Catholiques du Canada (CTCC) qui devient la Confédération des Syndicaux Nationaux en 1960.

Il est possible que notre dépouillement des documents syndicaux, mémoires ou rapports de congrès ne soit pas aussi complet que l'exigerait une analyse systématique de l'évolution historique des positions syndicales.[5] Aux fins de cette étude qui vise à voir, entre autres, s'il y a eu rupture dans les revendications syndicales et dans la rationalité sous-jacente à ces revendications au cours de la dernière décennie, ce dépouillement est largement instructif et apparaît suffisamment complet. Nos entrevues, présentées au chapitre suivant, visent d'ailleurs à confirmer ou à infirmer les conclusions tirées de cet examen.

Il est surprenant de constater la très grande diversité des revendications ainsi que le large éventail de politiques qu'elles couvraient. On oublie souvent le rôle important du mouvement syndical dans l'adoption de certaines politiques qui nous apparaissent comme allant de soi aujourd'hui ; par exemple l'assurance-chômage, revendiquée au moins depuis le début des années vingt, a été adoptée au Canada en 1944 ; la nationalisation d'Hydro-Québec, revendiquée par les milieux syndicaux depuis au moins le début des années vingt et qui s'est réalisée en 1964 ; le contrôle indirect ou la prise en charge par l'État des richesses naturelles afin de les transformer le plus possible au Québec et de créer de l'emploi. En 1955, le CTCC, ancêtre de la CSN, et en 1923, le CMTC, ancêtre du CTC et de la FTQ, faisaient des recommandations en ce sens, ce qui n'exclut pas que de telles recommandations aient été faites avant ces dates. Une telle politique se réalisera dans le secteur de l'amiante en 1980. Nous voyons ainsi le rôle majeur que le mouvement syndical a joué et peut encore jouer dans l'évolution socio-économique du Québec.

La compilation des positions syndicales sur la question du chômage ainsi qu'une analyse du discours qui les accompagne nous amènent à faire les remarques suivantes. Nous observons d'abord une répétition constante de certaines revendications tout au cours de ces soixante années. Nous constatons, de plus, une progression et un élargissement de l'analyse des problèmes du chômage. Enfin apparaissent, ces dernières années, de nouvelles solutions plus ou moins radicales face au chômage, certaines se situant dans la voie traditionnelle syndicale de protection des travailleurs, et d'autres débordant le cadre syndical pour déboucher sur le «politique».

---

5. Nous avons aussi utilisé les analyses de L.-M. Tremblay dans son volume *Le syndicalisme québécois ; idéologie de la CSN et de la FTQ, 1940-1970*, Montréal, P.U.M., 1982 ; André Beaucage, *Idéologie, solidarité et politique salariale syndicale : l'expérience des fronts communs du secteur québécois de 1971 et 1975*, thèse de doctorat, École de relations industrielles, Université de Montréal, 1981 ; *Histoire du mouvement ouvrier au Québec*, (1825-1976), co-édition CSN-CEQ, 1979.

Les revendications traditionnelles

La compilation des revendications indique que certaines reviennent constamment en période de chômage et ce, depuis au moins les années vingt. À chaque période de chômage persistant apparaissent les propositions suivantes :

- contrôle et réduction du temps de travail ;
- contrôle de l'immigration pour tenir compte des surplus de travailleurs ;
- formation et recyclage ;
- protection du revenu des travailleurs, assurance-chômage, salaire minimum, aide sociale ;
- réglementation ou contrôle de l'exploitation et de la transformation des ressources naturelles ;
- contrôle de l'importation pour protéger certaines industries ;
- travaux publics ;
- responsabilité de l'État pour la politique d'emploi ;
- nationalisation d'industries de services publics.

Ces divers sujets apparaissent former la base des revendications syndicales traditionnelles au Canada et au Québec sur lesquelles il y a un vaste consensus depuis au moins cinquante ans. Ces revendications semblaient nécessaires dans les années vingt et elles font encore partie, aujourd'hui, des mesures revendiquées par l'ensemble du milieu syndical.

L'élargissement de l'analyse au cours de la dernière décennie

Avant la deuxième guerre mondiale et même jusqu'aux années cinquante, le machinisme — qui pourrait actuellement correspondre à la bureautique, à la télématique, — c'est-à-dire l'introduction de nouvelles techniques de production qui substituent des machines au travail humain, apparaît, pour le milieu syndical, comme une des principales sources du chômage. Par ailleurs on ne croit pas, à cette époque, pouvoir réussir à augmenter le nombre des emplois. C'est pourquoi le chômage est considéré comme le résultat d'un nombre trop élevé de travailleurs attribuable à la présence des femmes, des enfants et des immigrants sur le marché du travail. Cette analyse des causes du chômage aboutit à des revendications politiques de contrôle de l'offre de travail, soit le contrôle et la réduction de la durée du travail, en particulier des femmes et des enfants, ainsi que le contrôle de l'immigration. Toutefois, même si dans l'analyse syndicale, on fait peu référence aux problèmes de la demande, on recommande à l'État d'entreprendre des travaux publics pour pallier aux carences d'emplois perçues comme temporaires et cela, d'autant plus que le secteur de la construction est toujours le secteur le plus frappé en période de chômage. À cette époque, on attribue déjà à l'État un rôle de substitut à l'entreprise privée dans la production de biens — construction de routes, de maisons, de ponts, etc. Dans ce domaine, ce rôle ne sera jamais remis en question par la suite.

À partir des années cinquante, les milieux syndicaux considèrent le chômage comme le résultat d'une demande ou d'un pouvoir d'achat insuffisant causé par le libéralisme économique et par les changements technologiques. En résumé, le système de marché, laissé à lui-même, ne peut ni produire ni maintenir le plein emploi des ressources humaines si ce n'est de façon accidentelle. À cette époque, le mouvement syndical québécois accepte les thèses de Keynes. À partir des années cinquante, l'accent sera donc mis sur la revendication de politiques gouvernementales de stabilisation fiscale ou monétaire, même si les solutions relatives à l'offre ne sont pas complètement mises de côté — contrôle de l'immigration, de la durée du travail. Le problème du chômage semble assez complexe qu'il exige une brochette de solutions, et non pas une seule. Ces diverses mesures, servant à stimuler l'économie, ne se veulent toutefois pas autre chose que des politiques de régulation du système économique où l'État joue un rôle de soutien ou de suppléance à l'entreprise privée si celle-ci fait défaut. Les milieux syndicaux critiquent durement les failles du système économique mais jusqu'aux années soixante-dix, il n'y a pas de véritable remise en question de la nature même du système capitaliste.

L'analyse des documents officiels nous indique qu'à partir des années soixante-dix, le mouvement syndical québécois radicalise son discours politique et économique. Les thèses économiques keynésiennes, populaires dans ce milieu depuis la dernière guerre, côtoient des thèses plus radicales s'inspirant de certaines interprétations de la théorie marxiste. Selon cette grille d'analyse, le chômage est le résultat inévitable du système capitaliste, «de la machine à profits» comme le déclare la FTQ en 1972 dans un manifeste sur le chômage. Pour bien fonctionner, le système capitaliste a besoin de chômage. Les objectifs de ce système et sa capacité de répondre aux besoins des travailleurs et de la population sont remis en cause. Dans un tel système, l'État bourgeois est «inféodé» aux seules finalités des entreprises privées, la poursuite du profit. Nous retrouvons cette analyse de l'État de façon continue jusqu'à la fin de la décennie dans les documents officiels de la CSN et de la CEQ. Quant à la FTQ, depuis la chute du Parti libéral en 1976 et l'élection du Parti québécois qui a, à ce moment, reçu son appui officiel, celle-ci, tout en poursuivant sa critique du système, ne semble plus considérer comme absolument inévitable «la complicité du pouvoir politique et du pouvoir économique» aux dépens des travailleurs.

Durant toute la décennie, la nature du système économique de type capitaliste continue cependant à faire l'objet d'une virulente critique de la part du mouvement syndical; celui-ci opte même pour un socialisme québécois dont le contenu reste à définir ainsi que pour un Québec au moins souverain.

Pour les organisations syndicales qui considèrent les gouvernements comme «naturellement» inféodés aux finalités de l'entreprise privée, il y a peu d'espoir à en attendre dans le système actuel. Pour qu'il y ait mise en place d'une politique de plein emploi, il faut qu'il y ait rupture totale avec ce système. Les tenants de cette thèse reconnaissent que certaines mesures ponctuelles de type keynésien peuvent améliorer la situation, mais il serait illusoire pour eux de prétendre qu'une politique de plein emploi est réalisable dans ce contexte. Par ailleurs, même s'ils considèrent toujours essentiel de modifier les fins du système économique, certains paraissent accepter l'idée que des alliances plus ou moins ponctuelles avec les gouvernements, et même avec le patronat, peuvent aider le mouvement syndical non seulement à modifier ces fins économiques mais aussi à faire adopter des politiques d'emploi plus agressives.

Il y a donc, à cette période, un moment d'arrêt sinon un virage par rapport aux revendications traditionnelles du mouvement syndical; l'accent porte moins sur des revendications de politiques traditionnelles de stabilisation ou de contrôle de l'offre de travail mais plutôt sur de nouvelles formes de protection des travailleurs en emploi. À mesure que le chômage augmente, on revendique des politiques de sécurité d'emploi plus strictes ainsi que des fonds d'indemnisation des travailleurs licenciés, de meilleures législations sur les fermetures d'usine et les licenciements collectifs afin de garantir à l'État, et aux travailleurs, un droit de regard sur les décisions de l'entreprise. De nouveaux thèmes reliés à la production apparaissent: certains proposent un contrôle social de l'épargne et de l'investissement, un plus grand contrôle des travailleurs sur les décisions des entreprises, une planification industrielle et une meilleure coordination des politiques économiques.

Comment s'explique ce virage? Il est évident qu'au Québec, la conjoncture sociale, politique et économique de cette décennie est trop complexe pour pouvoir répondre simplement à cette question. On peut cependant avancer quelques hypothèses. Au cours de cette période, le problème de la stagflation (inflation et chômage) qui, selon certaines analyses économiques, rend difficile sinon impossible l'adoption de remèdes keynésiens, traditionnellement populaires dans le milieu syndical, le laisse à court de solutions. Il échappe alors difficilement au pessimisme des analyses économiques orthodoxes. Il lui faut rechercher une nouvelle cohérence dans ses revendications s'il ne veut pas perdre sa crédibilité politique. L'adoption par certains d'une grille d'analyse d'inspiration marxiste les conduit à douter fortement de la capacité des gouvernements, tant au Canada qu'au Québec, d'adopter des politiques d'emploi. La montée constante du chômage les oblige également à tenter de mieux protéger leurs membres par des mesures défensives, les seules qu'ils influencent directement par la négociation collective. On note aussi que la venue du Parti québécois au pouvoir en 1976, ainsi que l'option du mouvement syndical en faveur de la souveraineté du Québec, amènent ce dernier à diriger ses critiques et ses revendications économiques vers ce nouveau gouvernement provincial plutôt que vers le gouvernement fédéral. Or par rapport aux structures politiques canadiennes, et par rapport à une politique de l'emploi, la cible choisie n'est peut-être pas la meilleure. En effet, on sait que le gouvernement fédéral a assumé la politique traditionnelle de l'emploi depuis la dernière guerre. Les actions des provinces dans ce domaine sont perçues comme étant assez marginales.

Cependant, si comme nous l'avons vu dans le chapitre précédent, des politiques de nature micro-économique doivent s'ajouter aux politiques de stabilisation afin de pouvoir résoudre à la fois l'inflation et le chômage, peut-être alors le mouvement syndical a-t-il choisi instinctivement la meilleure cible.

En résumé, dans la décennie 1970-1980, le mouvement syndical en vient à constater que le libéralisme économique, loin d'apparaître comme la solution au chômage, en serait plutôt la cause. Nous verrons plus loin que cette position est à l'opposé de celle du milieu des affaires. Contrairement à ces derniers, la responsabilité des gouvernements dans la mise en œuvre d'une politique de plein emploi leur apparaît fondamentale. Le mouvement syndical semble toutefois avoir perdu confiance dans les politiques traditionnelles et dans les institutions politiques existantes. Les diverses organisations syndicales s'entendent mal entre elles sur les solutions à proposer. Pour certaines, la solution serait la transformation radicale du système économique; les fins du système économique de type capitaliste ne peuvent être modifiées par le pouvoir politique sans une telle transformation. Pour d'autres, ces fins peuvent être influencées par l'utilisation du pouvoir politique; et il n'est pas impensable que l'objectif de plein emploi puisse devenir un objectif du système économique. L'analyse des entrevues permet de mieux cerner ces divergences dans l'analyse du mouvement syndical québécois.

L'élargissement de l'analyse et la mobilisation syndicale

La nouvelle orientation du mouvement syndical depuis le début des années soixante-dix peut-elle avoir eu certains effets sur la mobilisation des travailleurs face à la question du chômage?

Cela est possible pour deux raisons: d'une part, selon certaines de leurs analyses, le chômage apparaît comme un phénomène presque naturel, voire inéluctable, puisqu'il est indispensable au fonctionnement du système capitaliste. En conséquence, le renversement du système économique apparaît comme la condition préalable pour régler le chômage. Comme le note la FTQ dans un manifeste sur le chômage écrit en 1972: «On cessera d'être des victimes du chômage lorsqu'on aura renversé le régime». Un document de 1977 de la CSN, qui constitue un plaidoyer pour le droit au travail, affirme également que ce droit «s'insère dans un projet de reprise en main par les travailleurs de l'ensemble de l'économie». De plus, selon notre examen des documents syndicaux, le terme «plein emploi» n'apparaît plus dans ceux de la CSN de 1970 à 1979. Il est remplacé par «droit au travail». Si la base syndicale a largement accepté l'idée que la solution au chômage passe inévitablement par la transformation radicale du système économique, un objectif de long terme, la mobilisation sur le chômage a sûrement été très difficile pendant cette décennie. Par ailleurs, ce facteur d'inertie est d'autant plus fort qu'un autre discours sur le taux de chômage naturel tenu par certains milieux d'affaires et politiques vient renforcer l'idée que le chômage est un phénomène «naturel» du système capitaliste. Ainsi malgré leurs différences fondamentales, deux visions déterministes peuvent avoir rendu presque impossible la mobilisation et l'action collective en faveur du plein emploi.

D'autre part, l'accent de ces dernières années, sur la protection de l'emploi par la revendication de réglementation des fermetures d'usines et des licenciements et par la sécurité d'emploi négociée dans les secteurs publics et parapublics, peut aussi avoir eu des effets démobilisateurs par rapport au thème du plein emploi. En effet, sans une politique de plein emploi, ces mesures défensives sont tout à fait nécessaires et justifiables pour les travailleurs en emploi. Elles peuvent toutefois réduire, chez ceux qui sont mieux protégés, le sentiment d'urgence de se mobiliser sur la question de l'emploi comme ils se sont mobilisés sur le thème de l'inflation et des taux d'intérêt par exemple. Ceci est encore plus vrai si les milieux syndicaux n'ont pas eu les moyens de se sensibiliser aux coûts économiques et sociaux élevés que le chômage impose à l'ensemble des travailleurs et de la société.

Les positions officielles de certains milieux d'affaires québécois sur le chômage et le plein emploi au cours de la dernière décennie

Afin de connaître la position des milieux patronaux sur le chômage, nous avons fait l'inventaire des prises de positions officielles de certains milieux d'affaires pour lesquels l'information était disponible: le Conseil du Patronat pour la période 1969-1979 qui a compilé ses interventions publiques sur différents thèmes; la Chambre de Commerce du Québec, pour les années pour lesquelles les documents officiels étaient disponibles, soit de 1966 à 1979. Le Conseil du Patronat existe depuis 1966 et regroupe en général les grandes et moyennes entreprises nationales ou multinationales du Québec. La Chambre de Commerce du Québec existe depuis plus de soixante-dix ans et représente les chambres locales auprès du gouvernement. En 1979, elle regroupait 210 chambres actives, 37 000 membres du milieu des affaires et du milieu professionnel et 2 500 entreprises. Les prises de position du Centre des Dirigeants d'Entreprise, dont la création remonte à 1945, n'ont pu être inventoriées du fait que l'organisme ne pouvait nous fournir le matériel nécessaire à notre recherche à cause de l'absence de système de classement du matériel. Malgré cela, la compilation des positions officielles du Conseil du Patronat et de la Chambre de Commerce du Québec nous offre quand même un échantillon fort valable des milieux d'affaires du Québec qui permet de préciser les positions de ce groupe sur le problème du chômage et les solutions qu'il préconise. Les entrevues permettent de compléter ces examens.

L'analyse des documents officiels nous montre que pour ces deux organismes, le chômage est essentiellement attribuable à une croissance économique trop faible. Comme le prescrit la Chambre de Commerce du Québec : « Une des meilleures façons de lutter contre le chômage est de favoriser l'expansion industrielle et commerciale. »[6] Il faut toutefois noter que pour les milieux d'affaires, la croissance économique désirable est essentiellement le résultat de l'expansion industrielle et commerciale réalisée par l'entreprise privée. En effet, comme le note le Conseil du Patronat : « Le développement économique passe d'abord par les entrepreneurs et non par les structures gouvernementales ». Dans cette affirmation, le Conseil ne spécifie pas toutefois si cette stratégie de développement découle avant tout d'un choix politique. Le Conseil conçoit le développement économique comme une responsabilité collective : « La croissance économique est une responsabilité collective : il (le Conseil du Patronat) estime nécessaire de rallier les gouvernements, l'entreprise privée, les syndicats et les médias d'information à la réalisation de cet objectif, chacun y contribuant selon ses moyens. »[7] Il semble toutefois vouloir laisser à l'entreprise privée le contrôle des grands axes du développement économique.

La position des milieux d'affaires sur l'importance de la croissance du secteur privé, comme principal moyen de remédier au chômage au Québec, les amène à identifier une série de facteurs qui peuvent être une source de ralentissement de la croissance donc une source de chômage. La solution au chômage passe évidemment par des mesures reliées à ces divers facteurs qui sont surtout la trop faible compétitivité des industries québécoises, causée soit par des productivités relativement faibles, ou des salaires trop élevés par rapport aux concurrents étrangers. Pour réduire les pressions sur les salaires et améliorer la situation de l'emploi, ces milieux revendiquent une politique moins généreuse d'abord du salaire minimum, puis des salaires de la fonction publique et enfin, des prestations d'aide sociale ou d'assurance-chômage. Et de telles politiques, à leur avis, pourraient avoir un effet bénéfique direct sur le

---

6. Chambre de Commerce du Québec, *Politiques d'action*, 1970, p. 61.

7. Conseil du Patronat du Québec, *Index chronologique des interventions publiques, 1969-1979*, janvier 1979, p. 7.

chômage : des mesures trop généreuses de sécurité du revenu incitent les gens à demeurer chômeurs ; et d'autre part, un salaire minimum trop élevé incite les employeurs à couper l'emploi. Aussi, pour réduire les coûts de production rendus trop élevés par des politiques salariales, trop généreuses à leur avis, les deux organismes considèrent que des dégrèvements d'impôts seraient souhaitables. Autant la Chambre de Commerce que le Conseil du Patronat avouent préférer les dégrèvements d'impôts plutôt que les subventions à l'entreprise.

D'autres solutions au problème de la compétitivité des entreprises québécoises sont reliées à l'amélioration de la productivité. Ces organismes exigent la mise en œuvre de programmes de productivité dans l'entreprise. Comme autre facteur favorable à la croissance économique, les milieux d'affaires considèrent important l'existence d'un bon climat économique et politique, c'est-à-dire une attitude positive de la part de la population et des gouvernements face à l'entreprise privée ; apparemment, des attitudes négatives feraient fuir les investisseurs. Par exemple, le Conseil du Patronat affirmait en 1969 : « La CSN, par ses attitudes souvent négatives, s'acharne à faire disparaître les emplois plutôt que de participer à leur création. »[8] En 1979, la Chambre de Commerce écrit à ce propos sur le thème de la relance des investissements au Québec : « Nous voulons qu'au-delà de la sémantique idéologique, nous puissions convenir de l'essentialité au Québec du secteur privé de l'économie, de l'entrepreneurship (quelle qu'en soit son origine) et des profits, essence de la croissance. Nous recherchons une attitude syndicale considérant l'entreprise plus comme un partenaire qu'un ennemi à abattre. Une attitude qui reconnaît, par exemple, que la sécurité d'emploi des travailleurs peut le mieux être assurée par le rétablissement de notre position concurrentielle et par une augmentation de la productivité auxquels les travailleurs ont une responsabilité de collaborer. »[9]

Pour le milieu des affaires, c'est aussi par l'investissement que l'emploi progresse. Pour favoriser l'investissement, les gouvernements doivent diminuer leurs dépenses afin de laisser plus d'épargne disponible aux investisseurs privés. Ils considèrent donc que l'épargne est le facteur déterminant de l'investissement. Les gouvernements devraient prendre des mesures pour que les Québécois, supposément trop prudents, investissent davantage dans les entreprises en achetant des actions. On souligne aussi l'importance de profits adéquats pour que les entreprises soient assurées de sources internes de financement à leur investissement produisant ainsi une croissance économique élevée : « Un des prérequis essentiels pour soutenir une reprise économique est un niveau plus élevé de profits espérés sur les investissements. Ce fait serait peut-être

---

8. *Ibid.*, 7 juillet 1979.

9. Chambre de Commerce du Québec, *La relance des investissements au Québec*, 1979, p. 11.

plus facilement acceptable au public si l'on reconnaissait d'une façon plus générale que le niveau d'emploi dans l'industrie de production de biens est fonction des investissements de capitaux dans cette industrie lesquels sont, à leur tour, fonction des profits espérés par cette industrie.» [10] Ce dernier extrait souligne avec pertinence que ce sont surtout les profits espérés et non pas l'épargne actuelle qui constitue un des principaux déterminants de l'investissement. Or on sait que les profits espérés dépendent de facteurs multiples dont la conjoncture en général et la consommation en particulier; l'épargne actuelle est donc loin d'avoir l'importance que certains milieux patronaux lui attribuent. De toute façon, le Québec possède des taux d'épargne relativement importants et pourtant son taux de chômage est très élevé.

Selon les milieux d'affaires, deux problèmes d'ordre plus structurels seraient également responsables du taux de chômage élevé. D'une part, la structure industrielle est insatisfaisante et d'autre part, il y a insuffisance de travailleurs québécois qualifiés. Ce qui empêcherait certaines entreprises de prendre de l'expansion. La solution? Des politiques de formation axées sur les besoins de l'entreprise. La Chambre de Commerce du Québec note également en 1979: «Il faut réorienter la structure industrielle du Québec vers les secteurs des biens de consommation durables et de technologie avancée et s'assurer que la transformation des matières premières s'opère davantage au Québec.» [11] Diverses autres mesures d'aide à l'entreprise devraient soutenir la relance économique et la croissance des emplois: aide pour augmenter le volume des exportations; réduction des réglementations gouvernementales qui ont des effets négatifs sur l'investissement; encouragement de la recherche industrielle et du développement technologique; soutien du développement de la petite et moyenne entreprise.

L'analyse des documents officiels du milieu des affaires nous amène à deux constatations. D'une part, la majorité des correctifs envisagés par ce milieu font appel à des mesures directes d'encouragement de l'investissement privé, d'amélioration de la rentabilité des entreprises, d'ouverture de nouveaux marchés. Le progrès des entreprises privées devrait résorber le chômage. D'autre part, leur analyse du chômage les amène inévitablement à revendiquer et à être totalement en accord avec la Banque du Canada qui s'est efforcée de lutter contre l'inflation, et non contre le chômage, et qui a imposé son point de vue aux gouvernements au cours des dix dernières années. En effet, si l'inflation est considérée comme le facteur le plus nuisible aux investissements et à la croissance économique, la lutte contre l'inflation est prioritaire. La lutte contre le chômage leur apparaît même passer d'abord par la lutte contre

---

10. Chambre de Commerce du Québec, *L'économie du Québec, réalisations et potentiel*, 1972, p. 23.
11. Chambre de Commerce du Québec, *La relance des investissements au Québec*, 1979, p. 23.

l'inflation. Considérant le taux d'inflation très élevé des dernières années, il est inutile, voire même nuisible selon eux de chercher à établir une politique de plein emploi. Il faut s'adapter au taux de chômage «naturel» et lui trouver une logique.

On note cependant une certaine discordance entre les deux organismes d'affaires sur cette question: le Conseil du Patronat approuvait sans réserve en 1977 la politique canadienne axée sur l'inflation: «Selon le C.P.Q., les pressions inflationnistes qui influencent l'ensemble de l'économie occidentale imposent à l'État le devoir de fixer des limites sévères à toute action trop résolument expansionniste.» [12] Par contre au début de la décennie, la Chambre de Commerce du Québec était en désaccord avec cette politique; en 1972, elle déclarait: «La politique anti-inflationniste du gouvernement fédéral a nettement donné la priorité à la lutte à l'inflation sur la création d'emplois. Une telle attitude est défendable pour les régions les plus prospères du Canada comme c'est le cas pour une bonne partie de l'Ontario mais il n'y a aucun doute qu'elle a agi au détriment du Québec. Il est évident qu'un tel programme restreignant la création d'emplois n'aurait jamais dû être adopté avec autant d'assurance dans un pays comme le Canada qui connaît l'expansion de main-d'œuvre la plus forte de tous les pays industrialisés.» [13] En 1977, la Chambre de Commerce émettait des réserves sur cette politique, mais elle critiquait davantage les moyens choisis que la priorité accordée à la lutte contre l'inflation: «Les moyens utilisés jusqu'à maintenant par la Banque du Canada pour lutter contre l'inflation, i.e. les restrictions de crédit et la hausse des taux d'intérêts ont été nuisibles aux régions du pays qui, comme le Québec, connaissaient un taux de chômage élevé et une inflation moins accentuée.» [14]

L'analyse des textes officiels des milieux d'affaires laissent sans réponse les deux questions suivantes: dans les documents analysés, il n'y a pas, à notre connaissance, de position définie sur l'objectif de l'emploi. Ils parlent vaguement de croissance de l'emploi, de création d'emplois, de politiques de l'emploi, de réduction de chômage. Dans un document de 1979, la Chambre de Commerce du Québec fait une allusion à cette question: «nos efforts devraient se concentrer sur une autre priorité, celle de combler les plus de 250 000 emplois dont le Québec a un urgent besoin.» À notre connaissance, le terme «plein emploi» n'est jamais utilisé. Une politique de plein emploi a-t-elle un sens pour le milieu des affaires, et leur apparaît-elle souhaitable? Le contexte inflationniste leur apparaît-il la principale contrainte? D'autre part, les documents ne définissent pas clairement les rôles respectifs des principaux intervenants, et en particulier

---

12. Conseil du Patronat, *op. cit.*, 30 septembre 1977.

13. Chambre de Commerce du Québec, *L'économie du Québec, réalisations et potentiel*, 1972, annexe B, p. 30.

14. Chambre de Commerce du Québec, *Politiques d'action*, 1977, p. 63.

celui du mouvement syndical. On attribue à l'État un rôle important dans la relance de la croissance économique; mais ce rôle se limite à celui de supporter et d'encourager l'entreprise privée. L'État, semble-t-il, ne doit pas s'y substituer, le concurrencer ou intervenir directement dans un domaine, si ce n'est quand la preuve est faite de l'incapacité de l'entreprise privée d'occuper un tel champ.

Selon les milieux d'affaires québécois, la solution au chômage passe par la croissance économique que favorise l'expansion industrielle et commerciale du secteur privé. Ils considèrent par ailleurs que cette croissance relève autant de la responsabilité de l'État, des syndicats que de l'entreprise privée. S'ils définissent le rôle de l'État et de l'entreprise privée dans la poursuite de cet objectif, celui du milieu syndical n'est pas abordé. Son rôle consiste-t-il à contribuer à la création d'un climat politique favorable à l'investissement? Comment peut-il créer ce climat quand la détérioration de ce climat est en grande partie le résultat de la faible croissance économique et du niveau élevé d'insécurité économique créé chez les travailleurs et leurs représentants syndicaux? Doit-il aider à la relance en acceptant de plus faibles augmentations de salaires? C'est une autre question à laquelle les documents patronaux ne répondent pas très clairement. Les entrevues offrent certaines réponses à ces questions.

Un même pessimisme des milieux syndicaux et d'affaires face au chômage

On constate plusieurs divergences de fond dans les positions syndicales et patronales sur le problème du chômage au Québec. Ces divergences seront plus longuement approfondies dans l'analyse des entrevues. Cependant malgré des divergences très sérieuses sur certains aspects, il en est un sur lequel il semble y avoir convergence des positions. À partir d'analyses économiques très différentes, les deux groupes semblent s'entendre sur un point: il est peut-être illusoire de croire à la possibilité d'élaborer et de réaliser une politique de plein emploi au Québec dans les circonstances actuelles. Pour le milieu des affaires, et plus particulièrement pour le Conseil du Patronat, le principal écueil à la poursuite de cet objectif c'est l'inflation qu'on ne prévoit pas pouvoir résorber d'ici 1990. Pour le milieu syndical, en particulier la CSN et la CEQ, c'est la nature même du syntème capitaliste et l'inféodation de l'État qui rend impossible l'atteinte d'un tel objectif.

Si la poursuite d'une telle politique apparaît impossible pour ces milieux, il est évident qu'on ne peut guère mobiliser la population sur ce thème. Dans de telles circonstances, les gouvernements canadiens et québécois ont beau jeu, et ils auront beau jeu pour adopter des politiques carrément créatrices de chômage. Ce facteur peut, à lui seul, être une des explications les plus pertinentes à l'inertie politique face au chômage.

Au cours des dernières années, l'accent mis sur la perte de l'éthique du travail, sur les changements de valeurs, sur les effets désincitatifs de l'assurance-chômage et sur les changements technologiques qui réduisent l'emploi, pourrait être considéré comme un vaste exercice collectif de rationalisation pour camoufler un profond pessimisme. Il n'existerait pas d'espoir, ni donc de volonté politique, de trouver des solutions efficaces au gaspillage des ressources humaines.

Chapitre IX

LES PERCEPTIONS ACTUELLES DES PORTE-PAROLE POLITIQUES SUR DIVERS ASPECTS DE L'EMPLOI ET DU CHÔMAGE

Afin de mieux cerner les raisons du pessimisme face au plein emploi et de connaître les perceptions des porte-parole politiques sur divers aspects de l'emploi, nous avons procédé à des entrevues exhaustives auprès d'une vingtaine de représentants politiques du milieu syndical, du milieu des affaires et de quelques fonctionnaires du gouvernement du Québec.

Dans le cadre de ces entrevues, nous avons jugé utile de rencontrer non seulement les représentants des deux grands groupes concernés par les problèmes de l'emploi, le milieu des affaires et le milieu syndical, mais aussi quelques fonctionnaires responsables de l'élaboration des politiques gouvernementales. Évidemment, le nombre peu élevé de fonctionnaires rencontrés et l'absence de fonctionnaires fédéraux limitent énormément les résultats obtenus pour ce groupe. Nous avons tout de même cru utile de ne pas modifier la synthèse de toutes les entrevues, y compris celle des fonctionnaires.

Un questionnaire d'une vingtaine de questions a été élaboré, questionnaire qui a servi à toutes les entrevues. Afin de conserver la plus grande objectivité, le questionnaire et les entrevues furent réalisés par les deux chercheuses responsables de cette recherche. Le décodage des résultats a été réalisé par deux sociologues à partir des résultats dactylographiés. Au cours de l'analyse qui suit, nous reproduisons textuellement les résultats des analyses sociologiques. Nous y ajoutons cependant les interprétations qui apparaissent découler de l'ensemble de nos travaux sur la question.

Les entrevues avec les porte-parole politiques patronaux, syndicaux et gouvernementaux ont été structurées de façon à cerner trois aspects du problème de l'emploi à l'aide d'une série de questions pour chacun d'eux.

Une première série de questions cherche à connaître la perception de ces trois groupes sur la nature du problème : leur conception des différentes notions telles le plein emploi, le droit au travail, l'obligation de travailler, etc.

Une deuxième série de questions tente de voir quelles responsabilités les représentants politiques s'imputent ou imputent à d'autres groupes par rapport à ce problème.

Une troisième série de questions cherche à savoir si, selon les représentants politiques de ces groupes, il existe ou non des solutions au problème du chômage et si l'établissement d'une politique de plein emploi leur apparaît réalisable au Québec.

La nature du problème

Les représentants des milieux d'affaires et du mouvement syndical affrontent quotidiennement des réalités économiques très différentes. Ils sont également les porte-parole de deux catégories de Québécois pour qui la vie économique a aussi une configuration très différente.

Pour la grande majorité des Québécois, l'élément le plus important de leur réalité économique est d'avoir la possibilité d'obtenir un revenu satisfaisant, soit en occupant un emploi, ou soit en vivant avec un parent ou un conjoint qui a un revenu d'emploi satisfaisant. Comme notre sondage a permis de le constater, deux des caractéristiques privilégiées de l'emploi, c'est qu'il soit stable et intéressant. Donc en général, la première préoccupation des travailleurs sera d'obtenir un emploi, de le conserver et d'améliorer leur revenu. Collectivement, ils poursuivent aussi d'autres objectifs tels la protection de leur intégrité physique, l'élimination de la discrimination, la réduction des écarts de revenu, etc. Mais en période de chômage et d'inflation qui gruge le pouvoir d'achat, la majorité des travailleurs qui n'ont pas réussi à obtenir une protection à toute épreuve contre ces deux maux redoubleront d'efforts sur ces deux fronts. On peut alors prévoir que la perception d'une situation économique précaire devrait normalement être partagée par tous les travailleurs actuels, chômeurs ou pas. Si cette insécurité existe, on doit aussi s'attendre à ce que les porte-parole syndicaux expriment correctement dans les entrevues qu'ils nous ont accordées ces réalités économiques des travailleurs.

Pour le milieu des affaires, la réalité économique est différente de celle des travailleurs. Elle peut aussi apparaître très différente pour divers membres, selon que ceux-ci dirigent des entreprises, petites ou moyennes, selon qu'ils soient chefs d'entreprise ou cadres, selon qu'ils soient des professionnels autonomes offrant leurs services à une clientèle diversifiée ou des professionnels œuvrant à la direction d'une entreprise. Il est évident que certains aspects de la réalité économique des membres du milieu des affaires peuvent différer. Cependant ils ont une réalité économique commune : leur principale préoccupation est que leur entreprise fonctionne bien. Ils cherchent généralement à accroître leurs affaires et ce, dans le but d'obtenir des profits plus élevés.

Les représentants de ce milieu devraient donc exprimer des préoccupations économiques différentes du groupe des salariés. Par rapport à l'emploi et au chômage, il est peu probable que leurs activités les amènent à percevoir le problème de la même façon que le milieu syndical. L'inquiétude économique des membres de ce milieu n'est pas le chômage ou une perte de pouvoir d'achat ; c'est plutôt de perdre un marché ou une clientèle, ce qui les empêcherait de poursuivre leurs activités. Évidemment, de mauvaises affaires peuvent aussi les mener au chômage, mais peu d'entre eux voient leur problème économique sous cet angle. Plusieurs peuvent avoir une fortune personnelle, un niveau de formation ou des contacts d'affaires qui les mettent à l'abri de problèmes sérieux dans ce domaine.

Le plein emploi

La première question porte sur la nature du problème du chômage et vise à voir si la notion de plein emploi a un sens économique quelconque, et s'il diffère d'un groupe à l'autre. Si oui, sur quels points ? Les résultats de l'analyse du contenu des entrevues sont les suivants :

Quel sens donneriez-vous à l'objectif de plein emploi ?

Pour les FONCTIONNAIRES interrogés, le plein emploi signifie un emploi pour tous ceux qui veulent travailler. Un des fonctionnaires précise que c'est un bassin d'emplois dans lequel les individus peuvent choisir un travail selon leurs aspirations et de mettre ainsi en valeur leurs talents au profit de la société. Cependant, tous s'accordent pour dire que le plein emploi absolu est irréalisable et qu'il y aura toujours un certain taux de chômage pouvant varier entre un et cinq pour cent. Ce chômage dit « structurel » provient de l'évolution du marché du travail et correspond à la période où les individus se cherchent un emploi. Un fonctionnaire ajoute qu'il y aura de moins en moins d'emplois et de plus en plus de loisirs dans l'avenir et qu'il faut repenser la notion traditionnelle de travail rémunéré.

LES REPRÉSENTANTS PATRONAUX sont peu enclins à définir le plein emploi sans référence concrète. Même si pour quelques-uns d'entre eux ce plein emploi consiste à donner du travail à tous ceux qui désirent en avoir un, les membres du patronat soulignent que cet objectif est irréalisable et qu'il existera toujours du chômage «structurel» dont le taux peut varier de deux à six pour cent.

LES REPRÉSENTANTS SYNDICAUX définissent l'objectif de plein emploi comme la garantie réelle d'exercer son droit au travail et ce, pour l'ensemble de la population; en fait, c'est que tout le monde puisse travailler de façon permanente, c'est que les emplois créés soient suffisants pour le nombre de travailleurs. Cependant, le principe syndical du «droit au travail» pour tous s'accompagne aussi, pour la majorité des dirigeants syndicaux, de considérations humanitaires telles la valorisation de l'individu, la satisfaction personnelle, le sentiment d'appartenance et de contribution à la société, la fierté de gagner sa vie, l'autonomie, etc. Environ la moitié des syndicalistes rencontrés perçoivent le plein emploi comme un objectif à atteindre, mais ils doutent fortement de sa possibilité dans le cadre du système capitaliste nord-américain, d'où la nécessité d'une transformation de la société non seulement pour offrir un nombre d'emplois suffisant, mais aussi pour mieux adapter le travail aux besoins des individus. Enfin, tous critiquent les politiques gouvernementales à ce sujet et blâment leur inefficacité et leurs orientations.

Cette analyse de contenu indique que les fonctionnaires donnent généralement au plein emploi une définition de sens commun. Les milieux patronaux évitent de donner un contenu à la notion de plein emploi, même s'ils reconnaissent qu'idéalement, ce serait «donner du travail à tous ceux qui en désirent».

Pour les représentants du mouvement syndical, le plein emploi c'est la garantie réelle d'exercer son droit au travail et ce, pour l'ensemble des travailleurs; de plus, ils insistent sur la qualité des emplois.

Ainsi, on peut dire qu'il y a un certain consensus sur la définition de plein emploi même si le milieu syndical y ajoute l'importante dimension de la qualité des emplois. On peut également dire qu'il y a consensus presque complet sur le fait que cet objectif idéal est irréalisable, soit à cause de la nature même du système économique, soit à cause du caractère «structurel» d'un certain niveau de chômage.

La définition du chômeur

Dans la définition que tous les groupes donnent de l'objectif de plein emploi, on admet qu'idéalement tous ceux qui désirent travailler devraient obtenir un emploi. Or, les définitions statistiques officielles des chômeurs sont plus restrictives ; par exemple dans l'enquête de la population active, Statistique Canada définit comme chômeur celui qui est disponible pour travailler et qui a cherché de l'emploi au cours des quatre dernières semaines précédant l'enquête ou qui attend d'être appelé par un employeur. Nous avons voulu connaître plus précisément les définitions de chômeurs que les divers groupes privilégiaient.

À votre avis, qui doit-on considérer comme de véritables chômeurs ?

La définition du véritable chômeur est plus ou moins extensible selon les affirmations des FONCTIONNAIRES. Un d'entre eux affirme que les chômeurs sont ceux qui se cherchent un emploi valable, à leur mesure et qui n'en trouvent pas. Il inclut également dans la catégorie de « véritables chômeurs » les jeunes qui « décrochent » de même que les femmes ; pas seulement les femmes qui cherchent un emploi, mais aussi celles qui ne pensent pas à travailler sachant qu'elles ne trouveront pas d'emploi.

À l'opposé, un autre FONCTIONNAIRE considère que les véritables chômeurs sont ceux qui cherchent réellement un emploi et qui sont prêts à prendre l'emploi qui leur est offert, peu importe le type.

Un dernier définit le chômeur comme étant celui qui est à la recherche d'un emploi et qui n'en trouve pas, tout en excluant les « décrocheurs » de cette catégorie. Il souligne que les chômeurs devraient se rendre utiles à la société.

LES MEMBRES DU PATRONAT ont nettement tendance à ne considérer comme de véritables chômeurs les seules personnes qui cherchent activement un emploi. Certaines soulignent que les chômeurs doivent être prêts à se recycler ou à se déplacer pour se trouver un emploi. Toute autre personne recevant des prestations (assurance-chômage et bien-être social) des gouvernements est perçue comme un bénéficiaire de l'aide sociale. Pour eux, il y a donc un certain taux (2 ou 3%) de chômage volontaire.

La plupart des SYNDICALISTES s'entendent pour rejeter les définitions officielles (celle de Statistique Canada surtout). Pour eux, la notion de chômeur est plus vaste que le seul bassin des prestataires de l'assurance-chômage. Elle inclut les travailleurs à temps partiel qui voudraient travailler à temps plein, certains bénéficiaires de l'aide sociale, les femmes et les jeunes qui n'arrivent pas à accéder au marché du travail, etc. Le chômeur est défini comme celui qui n'a pas d'emploi, qui VEUT travailler mais qui ne peut trouver d'emploi. La majorité des syndicalistes affirment que majoritairement, les gens veulent travailler ; cependant, on exclut de ces définitions les gens qui bénéficient de l'aide sociale ou de l'assurance-chômage par volonté personnelle.

Les fonctionnaires donnent une définition du chômeur qui reprend généralement la définition la plus large de Statistique Canada. Pour le milieu patronal, la définition est généralement plus étroite : la recherche active d'emploi est la principale caractéristique du véritable chômeur. Pour le milieu syndical, la définition de chômeur englobe beaucoup plus de travailleurs que ceux comptabilisés par les statistiques officielles. On admet cependant que les gens en chômage par volonté personnelle ne peuvent être considérés comme de véritables chômeurs. Sur cette question, il y a donc divergence entre la conception du milieu patronal et celle du milieu syndical.

Le droit au travail

Nous avons déjà souligné comment une partie du mouvement syndical avait modifié son discours et avait remplacé le terme « plein emploi » par « droit au travail ». Une des questions de l'entrevue tentait de voir si, pour les représentants des trois groupes, ce droit était reconnu à tous et en particulier aux femmes. Selon les résultats de notre sondage et selon l'analyse des documents syndicaux des périodes 1920-1957, celles-ci ont toujours plus de difficulté à faire admettre ce droit, surtout en période de chômage. Voici la question et ses résultats.

En principe, en période de chômage, une femme a-t-elle autant le droit de travailler qu'un homme?

Unanimement, les FONCTIONNAIRES s'accordent pour dire que les femmes ont droit au travail tout aussi bien que les hommes. Un d'entre eux constate que, heureusement, la « sélection sexiste » au sein du marché du travail tend à disparaître.

À cette question, la grande majorité des INTERVENANTS PATRONAUX ne font cependant aucun commentaire, tandis qu'un autre nuance sa réponse. Pour ce dernier, dans une période de pénurie d'emplois, une ville ou une localité quelconque sera plus stable si seuls les hommes travaillent, puisque la moitié des gens (donc les femmes) ne seront pas en chômage. Se disant d'accord avec le principe d'égalité du droit au travail, un autre répondant patronal constate que dans la vie de tous les jours, cette égalité varie actuellement selon les régions, le degré de scolarité des femmes, leur provenance sociale et finalement selon la nature des emplois. Un dernier membre du milieu patronal considère que le critère de sexe n'est pas adéquat lorsqu'il est question de droit au travail. Selon lui, en période de chômage, c'est la charge familiale des individus qui devrait leur donner priorité sur le marché du travail. Sans se référer au sexe des individus, il fait ainsi la distinction entre responsable de famille et célibataire. Cependant, il passe sous silence la question visant à déterminer quel membre d'un couple ayant des enfants devrait avoir priorité pour travailler. L'homme? La femme?

Unanimement, les REPRÉSENTANTS SYNDICAUX affirment que le droit au travail est indéniable et universel; qu'il ne doit pas y avoir de différences entre les hommes et les femmes sur la question de l'emploi d'autant plus que celles-ci gagnent une partie non négligeable des revenus de la famille. Certains ont toutefois mentionné qu'en principe, il y avait entente, mais qu'en pratique les femmes sont plus touchées par le chômage, qu'elles sont plus exploitées et que les gouvernements ont tendance à les encourager à rester à la maison.

On constate que le droit au travail des femmes est en principe accepté par tous les groupes. Tous reconnaissent toutefois que la réalité semble donner des résultats différents puisque les femmes sont plus touchées que les hommes par le chômage. Aussi surtout en période de chômage élevé, il semble encore s'exercer des pressions institutionnelles contre leur participation au marché du travail. Dans la réalité, ce droit au travail semble donc encore difficile à exercer. Par exemple, certains considèrent qu'en période de chômage le travail doit être distribué selon les responsabilités familiales, ou encore que sous la pression du chômage, les gouvernements doivent encourager les femmes à rester à la maison.

L'obligation de travailler

Dans le sondage auprès de la population québécoise, une des questions portait sur l'obligation de travailler. Or on a pu constater qu'une forte proportion de Québécois, 68,3%, se prononcent en faveur de cette obligation. La perception des individus sur cet aspect d'une politique d'emploi est-elle différente de celle des porte-parole de nos trois groupes? La question suivante tentait de voir si une politique de plein emploi devait avoir un caractère autoritaire ou seulement incitatif. Le droit au travail doit-il s'accompagner du droit au non-travail?

**Estimez-vous que tous les adultes du Québec
devraient être obligés de travailler?**

Les FONCTIONNAIRES ont émis diverses opinions plus ou moins compatibles entre elles sur l'obligation de travailler. Un premier se prononce pour l'obligation de s'occuper, ce qui diffère de l'obligation de travailler en ce sens que les «occupations» comprennent aussi bien le travail que les loisirs. Au nom de la liberté et du droit absolu à la paresse, un répondant répudie l'obligation de travailler. Tout en affirmant qu'il y a peu de gens paresseux, il croit que la population n'accepte pas de faire vivre ceux qui sont sans emploi. Sans se prononcer sur la légitimité de l'obligation de travailler, un dernier intervenant croit que nous sommes obligés de travailler, mais il trouve bien chanceux ceux qui n'y sont pas contraints. Cependant, il indique que ces derniers ne devraient pas vivre aux crochets de la société.

Les opinions du PATRONAT sont partagées en ce qui concerne l'obligation de travailler. Pour des raisons distinctes, deux dirigeants sont d'accord avec cette obligation. Tout en affirmant que le travail assure un certain équilibre mental, un des répondants conçoit le travail comme un besoin fondamental chez l'être humain qui, pour se réaliser, doit se sentir utile à la société. Quant à un autre répondant se prononçant pour l'obligation de travailler, il considère que c'est une question de fierté. Cependant, son principal argument quant à l'obligation de travailler réside dans le fait que la société se voit contrainte d'assurer la survivance de ceux qui n'occupent pas d'emploi. Par conséquent, il se demande si un jour il sera possible d'interdire à ceux qui ne travaillent pas de se marier et de procréer. Évoquant la liberté individuelle, deux autres représentants du monde patronal considèrent que l'obligation de travailler ne devrait pas exister d'autant plus que dans les sociétés totalitaires (Europe de l'Est) où le travail est obligatoire, le rendement des individus au travail s'abaisse entraînant par conséquent, une diminution du niveau de vie moyen (sic). Entre ces deux positions, un dernier intervenant pense que l'obligation de travailler ne devrait pas s'appliquer à certaines catégories d'individus dont les jeunes et les personnes âgées.

Au nom de la liberté individuelle, aucun SYNDICALISTE n'a répondu affirmativement à cette question. Cependant, trois d'entre eux y voient nettement une obligation sociale dans la mesure où l'homme est obligé de travailler pour combler ses besoins essentiels. Deux syndicalistes croient qu'il doit y avoir une incitation au travail pour faire comprendre aux gens qu'ils ont une contribution à apporter à la société. Plusieurs représentants syndicaux affirment que tout le monde veut travailler, que c'est une question d'orgueil et de motivation, que seules les exceptions refusent le travail; et selon un représentant, une personne ne voulant pas travailler est anormale et doit être traitée par un psychiatre. Enfin, trois personnes répondent clairement non à cette question en faisant valoir que des gens peuvent réduire leurs besoins pour moins travailler, et un autre conclut de laisser en paix ceux qui ne veulent pas travailler.

Les intervenants sont plutôt mal à l'aise face à cette question. On semble cependant s'entendre sur le fait que la société n'a pas à imposer de règles spéciales quant à l'obligation de travailler.

Les avantages du plein emploi

Si la plupart des gens perçoivent bien les problèmes sérieux que les chômeurs vivent, il n'est pas évident qu'ils perçoivent aussi clairement les problèmes spécifiques qu'impose le chômage à l'ensemble de la société. Est-ce que les gens reconnaissent les problèmes économiques et sociaux particuliers attribuables au chômage? Par ailleurs, certaines interprétations des théories économiques laissent croire que le chômage peut être bénéfique à l'ensemble des entreprises et très désavantageux pour l'ensemble des travailleurs. D'ailleurs, l'analyse de certains documents syndicaux indique que le chômage présente des avantages nets pour l'ensemble du système capitaliste et que pour cette raison, il apparaît inéluctable. Ce type d'analyse a amené le Conseil du Patronat à répliquer dans une «note argumentaire» publiée en 1979. À cette affirmation: «Un taux de chômage élevé est délibérément voulu par le système capitaliste qui y trouve son compte. Un important réservoir de main-d'œuvre disponible lui permet en effet d'embaucher du cheap labor». Le CPQ répond : «Cette affirmation est fausse. Dans une économie de marché, les entreprises ne profitent pas d'un taux de chômage élevé. Au contraire, c'est quand le chômage est élevé qu'elles sont affectées». Pour appuyer cette affirmation, on présente une série d'arguments de type keynésien, c'est-à-dire reliés à l'importance d'une demande élevée pour l'entreprise : c'est lorsque l'emploi augmente le plus vite que les profits progressent le plus, que le climat social est à son meilleur, que les coûts de transferts aux chômeurs sont les plus faibles. À leur avis, les salaires ne baissent pas nécessairement en période de chômage à cause de certaines contraintes institutionnelles.

Nous avons donc voulu voir si, de part et d'autre, les employeurs et les représentants syndicaux voyaient certains avantages au «plein emploi», tant pour l'ensemble du Québec que pour leurs propres institutions.

> *Pour votre institution, voyez-vous des avantages à fonctionner dans une société où le plein emploi est atteint et maintenu pendant de nombreuses années? Lesquels?*
>
> *Pour l'ensemble de la société québécoise, voyez-vous les mêmes avantages ou d'autres avantages?*

Face à ces questions, tous les FONCTIONNAIRES semblaient plutôt désemparés puisque même s'ils considèrent qu'il est avantageux pour une société d'avoir le plein emploi, ils n'étaient pas en mesure d'exprimer quels étaient ces avantages. Un des fonctionnaires a souligné que dans une telle conjoncture, les gouvernements auraient un problème majeur en moins. Un autre intervenant signale certains avantages importants pour la main-d'œuvre : tout le monde pourrait travailler, il ne serait donc plus nécessaire d'entretenir les chômeurs ; la main-d'œuvre disponible étant rare, les salaires seraient plus élevés ; et finalement, la distribution des revenus tendrait à être plus équitable. À l'opposé, un dernier fonctionnaire imagine que le plein emploi pourrait ralentir la croissance économique et affaiblir la position concurrentielle des entreprises québécoises.

Selon les affirmations des REPRÉSENTANTS PATRONAUX, le plein emploi avantagerait l'ensemble de la société ainsi que chaque individu. Mais par contre, il confine l'entreprise privée dans une situation de dépendance par rapport à la main-d'œuvre. En effet, deux répondants signalent que le plein emploi provoquerait une pénurie de main-d'œuvre et par conséquent une augmentation des salaires. Ces répercussions du plein emploi désavantageraient grandement l'entreprise privée. En contrepartie, ces deux mêmes intervenants soulignent que l'absence de chômage entraînerait une réduction des problèmes sociaux et inci-demment, une baisse des dépenses gouvernementales allouées à la résorption de ceux-ci. Dans la même veine, deux autres dirigeants d'entreprise considèrent que la satisfaction des besoins physiques, moraux et intellectuels de chaque individu suscitée par le travail pour tous redonnerait de la dignité humaine aux anciens chômeurs et tendrait à augmenter la conscience des individus. L'entreprise privée trouve donc le plein emploi avantageux en ce qu'il améliorerait le fonctionnement général de la société et rendrait les citoyens plus conscients de leurs responsabilités sociales, mais elle s'inquiète des pénuries de main-d'œuvre qu'il provoquerait.

La plupart des SYNDICALISTES voient des avantages à une situation de plein emploi car le mouvement syndical ne tire que des désavantages d'un taux de chômage élevé. Globalement, trois syndicalistes y associent l'épanouissement et le bonheur des travailleurs et conçoivent cette situation comme un objectif du syndicalisme. Un syndicaliste croit que cela favoriserait l'accès à la syndicalisation alors que deux y voient un pouvoir accru lors des négociations. Enfin, quatre dirigeants syndicaux pensent qu'il pourrait en découler de meilleures conditions de travail car les priorités syndicales seraient canalisées ailleurs que vers les problèmes de mises à pied, de congédiements et de fermetures d'entreprises.

À l'exception de deux représentants du mouvement syndical qui ne supposent pas vraiment la situation comme plausible, et qui ne la souhaitent pas nécessairement car elle entraînerait d'autres problèmes (ex. : obligation de suivre les changements technologiques), ou encore parce qu'ils préfèrent tolérer un peu de chômage que vivre le plein emploi au sein d'organisations sociales comme celles de l'URSS et de la Chine, tous les autres s'accordent pour y attribuer des avantages sociaux certains. Tous parlent d'une société différente plus axée sur les besoins humains où les gens seraient plus heureux, où les valeurs telles la sécurité, la stabilité, l'autonomie, le sentiment d'utilité seraient de plus en plus répandus. Selon deux syndicalistes, de ces avantages à la fois économiques, sociaux et individuels découleraient une diminution des problèmes sociaux et la disparition des milieux défavorisés. On croit aussi que cela inciterait les gens à augmenter leurs épargnes; enfin un troisième affirme que cette société motiverait les jeunes à poursuivre leurs études puisqu'ils seraient assurés de trouver un emploi par la suite.

Autant les milieux d'affaires que le mouvement syndical perçoivent assez bien certains avantages ou désavantages qu'en retirerait leur groupe. Cependant au niveau de l'ensemble de la société, l'avantage qui leur apparaît comme le plus visible, c'est l'épanouissement des individus. Ils soulignent tous deux la baisse des problèmes sociaux et la disparition des défavorisés mais aucun d'entre eux n'a clairement défini ce qu'ils entendaient par problèmes sociaux. Il n'a jamais été fait mention des pathologies sociales telles la hausse de la criminalité, les problèmes psychologiques et de santé et les problèmes de productivité que le chômage peut imposer à l'ensemble de la société. Chaque groupe fait une analyse exacte de sa propre réalité économique; au niveau de l'ensemble de la société, on s'entend généralement sur les avantages du plein emploi sans toutefois être capable de les décrire et sans réaliser l'importance énorme des bénéfices économiques tels que calculés au Chapitre IV.

Le chômage versus l'inflation

Les avantages que chaque groupe attribue au plein emploi sont-ils considérés suffisamment importants pour rendre une telle politique prioritaire ? Par rapport à d'autres problèmes économiques tels l'inflation, quel est celui qui apparaît le plus important ? On sait que contrairement au chômage, les problèmes de l'inflation sont parfaitement visibles pour la majorité des citoyens. Les problèmes économiques et sociaux associés au chômage et qui imposent des coûts à chaque individu sont moins directement perceptibles. On peut croire aussi que l'inflation est un problème économique plus important que le chômage. Nous avons voulu connaître les priorités de chaque groupe en posant la question suivante :

Quel est entre l'inflation et le chômage le problème le plus important ?

Des considérations des FONCTIONNAIRES sur le dilemme inflation-chômage, aucune constante n'a pu être avancée. Sans fournir d'explications, un d'entre eux émet l'opinion que ces deux problèmes sont d'égale importance et qu'il faut atteindre un équilibre entre les deux. Pour d'autres raisons, les autres fonctionnaires s'entendent pour dire que le chômage est actuellement plus préoccupant que l'inflation et que les gouvernements ont fait fausse route en consacrant leurs énergies à combattre l'inflation. Affirmant que la lutte à l'inflation a été entreprise avec des moyens archaïques, un des fonctionnaires constate qu'au Canada, le taux d'inflation se compare à celui des autres pays industrialisés. Par conséquent, cette situation n'est pas alarmante puisqu'il n'y a pas de perte de capacité concurrentielle. En définitive, l'importance de l'inflation et du chômage dépend du contexte économique et de la concurrence internationale. Pour un autre fonctionnaire, la lutte à l'inflation est inutile puisque cette dernière est attribuable — à 90% — aux importations. Le problème de l'heure est donc celui du chômage qui coûte très cher aux contribuables et aux gouvernements.

De toute évidence, le chômage n'est pas un problème pour les ENTRE-PRISES mais bien pour les individus. Un des intervenants du PATRONAT avance même qu'un taux de chômage élevé peut être un avantage pour les entreprises : la main-d'œuvre disponible étant abondante et bon marché. L'entreprise n'existant pas pour créer des emplois mais plutôt pour faire des profits, c'est l'inflation qui prime sur le chômage puisque selon trois répondants, celle-ci provoque une hausse des taux d'intérêt freinant l'investissement. Pour une des personnes interrogées, l'inflation est le plus important problème auquel les entrepreneurs doivent faire face. Cependant, à trois reprises, il est fait mention que les PME sont les plus touchées par ce problème. Enfin pour deux répondants, la lutte contre l'inflation fait baisser le chômage. Ces deux problèmes seraient interdépendants.

La moitié des SYNDICALISTES interviewés sont d'avis que le chômage est le plus important des deux problèmes. Selon eux, malgré l'inflation, il est tout de même possible de gagner sa vie alors que le chômage réduit l'individu à l'impuissance. De plus, l'inflation semble en partie contrôlable alors que la

protection contre le chômage s'avère plus difficile à négocier et qu'il est plus ardu
de mobiliser les gens sur ce problème à cause de l'isolement qui en résulte. L'autre
moitié des répondants croit que les syndiqués sont moins préoccupés par le
chômage que par l'inflation car ils négocient la sécurité d'emploi. L'inflation reste
un problème constant qui gruge le pouvoir d'achat des travailleurs. Enfin, la
plupart reconnaissent la gravité des deux problèmes et précisent que l'accent porté
à l'un ou à l'autre est conditionné par leur sphère d'activité respective (ex. : si
un secteur est particulièrement touché par le chômage, il en résulte que pour les
membres, le problème de l'inflation devient secondaire).

Cette question permet de constater clairement comment chaque parte-
parole réagit en fonction de réalités économiques très différentes. En effet,
une partie du milieu syndical accorde la priorité à l'inflation plutôt qu'au chômage
tout comme le fait l'ensemble du patronat. Comme l'analyse de ses documents
officiels l'a montré, il est évident que le patronat perçoit l'inflation comme son
ennemi numéro un puisqu'elle est considérée comme ayant un effet néfaste
sur l'investissement et sur la croissance économique. De toute façon, son analyse
l'amène à considérer que la lutte contre le chômage passe d'abord par la lutte
contre l'inflation puisque le chômage se règle par la croissance économique.
Par ailleurs, dans le milieu syndical, la divergence des positions des porte-parole
vient d'une réalité économique différente par rapport au problème de l'inflation
et du chômage ; ceux qui ont une certaine sécurité d'emploi sont habitués à
voir progresser régulièrement leur salaire et donc leur pouvoir d'achat ; dans
un tel contexte, leur ennemi principal c'est l'inflation qui gruge ce pouvoir
d'achat. Tandis que ceux qui ont un emploi dans des secteurs où il n'existe
pas de stabilité d'emploi et de revenu, tels les secteurs de la construction, du
textile, du vêtement, le problème principal n'est pas la baisse de leur pouvoir
d'achat, qu'ils sont habitués de voir fluctuer, mais plutôt la crainte de perdre
leur emploi. Bref, malgré certains avantages attribués par tous les groupes au
« plein emploi » dans la question précédente, il ne semble pas que les avantages
économiques qu'ils associent au plein emploi soient suffisants pour influencer
leur choix de politique. On voit donc qu'il est difficile, en période d'inflation,
de donner la priorité au « plein emploi » dans la poursuite d'objectifs de politiques
surtout si les nombreux avantages que toute la société en retire sont assez mal
connus. Ces réponses démontrent l'importance de rendre plus visibles les coûts
économiques du chômage.

RÉSUMÉ

Par rapport à la nature du chômage et du plein emploi, on constate qu'il
y a plus de points de convergence que de divergence des milieux patronaux
et syndicaux sur différentes notions :

- Ils s'entendent généralement sur la définition du plein emploi qui est celle
du sens commun, mais tous considèrent irréaliste un tel objectif.

● Ils s'entendent généralement sur le principe que le droit au travail est universel et ne doit pas comporter d'exceptions. Cependant, ils s'entendent aussi pour constater qu'en pratique, ce droit ne peut pas toujours être exercé dans le cas des femmes.

● Ils s'entendent sur le fait que le plein emploi comporte de nombreux avantages pour la société en général, même si certaines entreprises peuvent vivre certains problèmes particuliers comme ceux des pénuries de main-d'œuvre.

● La grande majorité des intervenants, sauf deux exceptions du milieu patronal, s'entendent pour que la politique de plein emploi ne soit pas autoritaire, ni coercitive, c'est-à-dire qu'elle n'impose pas à tous les chômeurs d'accepter n'importe quel emploi disponible. Cependant, l'accent qu'ils mettent sur l'importance d'avoir un emploi les amène à favoriser des mesures suffisamment incitatives pour encourager les gens à travailler.

● Il y a deux points de divergence, mais un seul pour lequel la division est fondée sur l'appartenance à l'un des deux groupes, syndical ou patronal :
— sur la définition du chômage, pour le milieu patronal le critère de recherche d'emploi demeure essentiel dans la définition du véritable chômeur, alors que pour le mouvement syndical, le critère est la volonté de travailler ;
— sur la priorité à accorder à la lutte contre l'inflation ou contre le chômage, la division sur cette question est liée à la réalité économique des intervenants : pour le milieu patronal et pour une partie du milieu syndical dont les membres connaissent une certaine stabilité d'emploi et de revenu, l'inflation doit recevoir la priorité ; pour le reste des intervenants du milieu syndical, pour qui les emplois sont plus instables, la lutte contre le chômage est prioritaire.

Les responsabilités collectives face au chômage

Il est fort possible que le système économique soit perçu comme une machine où chaque individu et chaque organisme jouent un rôle économique spécifique et déterminé. Les problèmes qui en émergent, tels le chômage, peuvent apparaître tout à fait inévitables soit parce qu'ils sont considérés comme essentiels à son fonctionnement ; on croit qu'il n'existe aucun moyen de les résoudre. Dans le premier cas, il n'y a qu'un correctif, remplacer cette machine par une autre, c'est-à-dire changer le système. Dans l'autre cas, c'est d'attendre que la machine corrige elle-même ses propres défaillances. L'une des meilleures façons d'atteindre ce but c'est que chaque individu et chaque groupe accomplissent le mieux possible le rôle fonctionnel qui lui est attribué. Si le système économique est perçu de cette façon, il y a fort à parier que ni personne, ni aucun groupe, ni le gouvernement ne soient tenus explicitement responsables de la résolution du problème. On a d'ailleurs constaté que pour la définition du plein emploi, le milieu patronal et syndical s'entendaient pour conclure qu'un tel objectif était irréalisable. Ils verront plutôt l'État comme tout au plus responsable de corriger les gâchis du chômage. Afin de mieux connaître les attitudes des trois groupes de l'entrevue par rapport à cette question de responsabilités, plusieurs questions ont porté sur ce thème.

Les responsabilités patronales et syndicales

Avec une première question, nous voulions savoir comment les organisations syndicales et patronales percevaient leurs propres responsabilités face à ce problème et aux solutions à y apporter.

Votre institution a-t-elle entreprise des actions pour régler le problème du chômage? Entrevoit-elle des moyens d'actions futures?

La réduction du taux de chômage n'étant pas une priorité, les ACTIONS PATRONALES visant à atteindre cet objectif sont inexistantes ou presque. C'est plutôt indirectement par la tenue de colloques et la circulation de l'information sur la diminution de l'inflation, la hausse de la productivité et l'incitation à l'investissement que le patronat compte réduire le chômage...

Même si les SYNDICATS sont d'avis qu'à eux seuls ils ne peuvent régler le problème du chômage, ils ont toutefois mis en place divers mécanismes pour l'atténuer. D'abord par le biais des négociations collectives où l'ancienneté, la sécurité d'emploi, les suppléments à l'assurance-chômage et les listes de remplacement des membres sans travail sont généralement acquis. Sur un plan plus global, on parle surtout de travail de sensibilisation, de conscientisation et de mobilisation (manifestations, colloques, appuis, pressions auprès du gouvernement). Plus concrètement, un dirigeant syndical a entrepris des études sur la réduction du temps de travail ainsi que sur le travail à temps partiel. À long terme, rien de très significatif n'est prévu dans aucun syndicat sinon d'assurer de plus en plus la sécurité d'emploi à un nombre accru de travailleurs (les occasionnels) et de poursuivre le travail de sensibilisation. Les syndicalistes ayant répondu à la question s'entendent sur ce point.

Le milieu patronal refuse toute responsabilité sur ce problème spécifique. Leur intérêt les porte vers des solutions qui peuvent favoriser indirectement le plein emploi mais qui améliorent surtout la bonne marche de leur entreprise. Le milieu syndical se sent tout aussi irresponsable pour résoudre le problème. Il adopte des mesures qui indirectement peuvent favoriser l'emploi mais qui protègent surtout leurs membres par des mesures de protection d'emploi ou de protection du revenu. Le milieu syndical se reconnaît toutefois un rôle fondamental de sensibilisation et de mobilisation des travailleurs et de la population sur cette question.

La responsabilité gouvernementale

Si les organismes patronaux et syndicaux ne se reconnaissent aucune responsabilité directe face au chômage, sont-ils en accord pour imputer au gouvernement une certaine responsabilité ? La question suivante vise à éclairer ce point. On doit rappeler que dans le sondage auprès des Québécois, on a aussi cherché à savoir si ceux-ci considèrent que les gouvernements ont suffisamment agi dans ce domaine. Une très grande majorité, au-delà de 65 %, répondent non à la question suivante qui fut posée aussi aux divers porte-patrole.

Est-ce que les gouvernements sont intervenus suffisamment pour régler le problème du chômage ?

Deux des FONCTIONNAIRES interrogés s'entendent pour dire que l'État a développé une foule de programmes dont l'objectif était de réduire le chômage. Cependant, les solutions envisagées n'étaient pas nécessairement les meilleures. Un de ces fonctionnaires soutient que les solutions au chômage ne sont pas encore connues, tandis qu'un autre constate l'inutilité des subventions aux entreprises puisque celles-ci auraient investi au Québec même sans subventions. Il propose plutôt que le gouvernement abaisse les impôts de deux milliards de dollars et augmente de quarante dollars le salaire hebdomadaire des travailleurs. Enfin, un autre se prononce pour une réduction importante des interventions de l'État comme employeur et entrepreneur. Ce fonctionnaire encourage plutôt l'entrepreneurship régional.

Selon les REPRÉSENTANTS PATRONAUX, pour régler le problème du chômage, les gouvernements interviennent trop ou mal. Paradoxalement, l'intervenant qui conteste à la fois le nombre de programmes gouvernementaux et la légitimité des solutions étatiques considère que l'État doit maintenir ses programmes de subventions aux entreprises. D'autre part, diverses opinions sont émises à propos de la valeur des programmes gouvernementaux : on mentionne le fouillis résultant des querelles fédérales-provinciales, l'insuffisance des politiques axées sur le développement économique ou sur la création d'emplois, la trop grande latitude d'attribution des prestations d'assurance-chômage qui accroît inutilement le nombre de chômeurs.

Quant aux SYNDICATS, ils sont unanimes sur ce point : les gouvernements ne sont pas assez intervenus ou ont mal orienté leurs interventions. Certains soulèvent le problème des juridictions fédérales-provinciales et reprochent à Ottawa son inaction dans le domaine de la création d'emplois ou dans l'imposition de quotas à l'importation pour n'endosser que des mesures d'aide au revenu des chômeurs.

La moitié des syndicalistes reprochent aux gouvernements leurs politiques à court terme, temporaires, inefficaces et l'absence de contrôles ou de suivi de ces politiques. On qualifie ces interventions de cataplasmes car il faudrait des interventions sérieuses pour conjurer le chômage qui est d'ordre structurel. Enfin, quatre syndicalistes remettent en question le rôle de l'État à l'intérieur du système capitaliste où les multinationales imposent leurs besoins en termes de main-d'œuvre abondante, disponible et à bon marché, d'où la difficulté ou l'absence de volonté politique pour le gouvernement d'instaurer de véritables politiques de plein emploi.

Tous s'entendent au moins sur un point : le gouvernement est responsable du chômage parce qu'il intervient mal ; tant le milieu syndical que patronal soulèvent d'une part les inefficacités des deux paliers gouvernementaux dans le domaine ; et d'autre part, ils mentionnent le fouillis et l'incohérence des politiques existantes. Ce qui se dégage de ces commentaires, c'est que le grand nombre de mesures gouvernementales visant à éviter ou à corriger le chômage n'ont pas rendu le gouvernement efficace dans ce domaine.

La mobilisation

Chaque dirigeant d'entreprise ne voit pas les intérêts directs qu'il pourrait retirer d'une situation de plein emploi. Par ailleurs, les milieux d'affaires reconnaissent que l'ensemble de la société en bénéficierait. Le milieu syndical qui en retirerait des avantages directement et indirectement reconnaît son rôle majeur de sensibilisation de la population et de mobilisation de ses membres sur cette question. Il est évident que des politiques favorisant le plein emploi deviendront plus sûrement la priorité de la société et des gouvernements s'il s'exerce une pression des différents milieux en faveur de la poursuite d'un tel objectif. Nous avons donc voulu savoir si les milieux considéraient que le travail de sensibilisation auprès du public et des gouvernements et la mobilisation des membres des groupes se sont réalisés et sinon pourquoi. La question suivante vise à éclaircir cet aspect :

> **Pensez-vous qu'aujourd'hui, vos membres (ou le gouvernement)**
> **sont prêts à faire front commun pour exiger des solutions**
> **au problème du chômage?**

Selon les FONCTIONNAIRES rencontrés, le gouvernement se préoccupe du problème du chômage mais ils concèdent qu'il n'y a pas vraiment de solution-miracle. Un d'entre eux souligne que certains programmes (OSE) ont été des réussites parce qu'ils visaient des ghettos de chômage (les jeunes et les assistés sociaux). Un autre soutient que les moyens utilisés seront encore inadéquats tandis qu'un dernier considère que le gouvernement demeure très embêté par le chômage.

Pour les REPRÉSENTANTS PATRONAUX, la lutte contre le chômage n'étant pas prioritaire, leur volonté de faire un « front commun » pour résoudre ce problème s'en trouve fort réduite, mais non inexistante. En effet, par la mise sur pied d'une politique de la main-d'œuvre fournissant les ressources humaines nécessaires aux employeurs, ou par l'établissement d'un climat favorable à un développement économique accru, l'entreprise privée réduirait INDIRECTEMENT le taux de chômage actuel. Un seul des intervenants se dit vraiment prêt à dialoguer avec le gouvernement et avec les syndicats — strictement sur une base informelle — pour combattre le chômage mais dans la mesure où cela sert aux entrepreneurs. Un dernier répondant s'élève contre les interventions trop nombreuses des gouvernements qui accumulent les déficits budgétaires et s'insurge contre les réglementations étatiques imposées aux entreprises.

La plupart des SYNDICALISTES ont répondu affirmativement à cette question. Deux d'entre eux seulement avancent avec assurance que les gens sont sensibilisés à cette question même s'ils ne sont pas directement touchés, et qu'ils sont prêts à mettre en place des moyens de pression (ex. colloques sur les fermetures d'usines). Un syndicaliste explique cette conscience sociale par le phénomène de la solidarité et par l'origine petite-bourgeoise de ses membres. Les autres demeurent cependant plus sceptiques. Le travail de sensibilisation s'amorce auprès des membres et la mobilisation semble plus difficile à établir dans le cas du chômage que dans celui de l'inflation. Les travailleurs syndiqués sont évidemment moins touchés et ont traditionnellement fait porter leurs revendications sur les salaires ce qui crée, selon les syndicats, la nécessité d'un grand travail de conscientisation auprès des membres. Enfin une personne interviewée répond par la négative en insistant sur le fait que les membres s'attaquent essentiellement aux problèmes individuels et aux solutions micro-économiques.

Deux phénomènes sont mis en lumière par cette question : d'une part, des groupes de travailleurs et les milieux d'affaires ne voient pas les avantages directs qu'ils retireraient d'une économie de plein emploi et sont peu mobilisables pour revendiquer des politiques dans ce domaine.

D'autre part, les fonctionnaires indiquent qu'ils n'ont plus confiance dans les politiques traditionnelles, probablement à cause du double phénomène inflation-chômage et de la relation de dépendance qu'ils établissent entre ces deux problèmes économiques.

Ces deux phénomènes ne peuvent qu'interagir l'un sur l'autre et se renforcer mutuellement. D'une part, la population n'exerce pas de pressions politiques pour que les gouvernements interviennent en appliquant les politiques traditionnelles ou en en développant de nouvelles. D'autre part, les gouvernements ne cherchent pas à obtenir l'appui de la population dans l'établissement de telles politiques en éclairant la population sur les coûts importants du chômage, tant sociaux qu'économiques, parce qu'ils ne savent plus quelles mesures adopter. On peut donc dire que le peu de réflexion et de recherches sérieuses sur les aspects négatifs du chômage peuvent être en partie responsables de l'absence de mobilisation de la population et d'action énergique des gouvernements. Par ailleurs, la publicité accordée aux travaux de recherche qui tentent de faire la preuve que le chômage n'est pas un véritable problème puisqu'il est en grande partie volontaire n'a pu que renforcer la démobilisation de la population.

Le plein emploi est-il réalisable?

Dans la question précédente, on a constaté que tous reconnaissent la difficulté de mobiliser les travailleurs et de sensibiliser la population pour qu'il y ait recherche de solutions au chômage. Cependant, une raison peut faire que les représentants des différents milieux économiques soient peu enclins à dépenser leur énergie pour mobiliser : s'ils croient qu'il y a absence de solutions efficaces dans le cadre actuel des structures politiques. La question suivante vise à infirmer ou à confirmer une des conclusions que l'analyse des documents patronaux et syndicaux nous amène à tirer : soit qu'une bonne partie du mouvement syndical croit qu'il est impossible de régler ce problème dans le cadre actuel du système économique et que le milieu patronal croit qu'il est impossible de s'y attaquer directement par les politiques traditionnelles sans d'abord corriger l'inflation.

La question suivante s'attaque directement à cet aspect :

Croyez-vous qu'il est possible, dans le cadre des structures politiques actuelles, de réaliser le plein emploi?

Selon les FONCTIONNAIRES interrogés, le plein emploi relatif (avec un taux de chômage de 0 à 5%) est réalisable au Québec d'autant plus que le taux de natalité est à la baisse. Pour atteindre cet objectif, le gouvernement devra cependant établir des politiques de développement économique et de restructuration industrielle. Citant les pays scandinaves, un autre soutient que l'État devra intervenir encore plus qu'actuellement et accroître ses déficits budgétaires afin de suppléer aux faiblesses du secteur privé.

Le problème du chômage préoccupant peu le PATRONAT, les réponses à cette question ont été plutôt évasives. Deux des répondants confirment que le plein emploi est réalisable dans les structures politiques actuelles, dans la mesure où les gouvernements en font une priorité et favorisent le développement économique. Un autre répondant inverse la perspective en insistant sur le fait que les entreprises n'ont pas un «problème de chômage» mais plutôt un problème de recrutement de la main-d'œuvre hautement spécialisée. Cette pénurie serait provoquée par le resserrement des politiques d'immigration. D'autre part, deux des personnes interrogées soulignent que le plein emploi pourrait être partiellement atteint si la main-d'œuvre disponible consentait à se déplacer géographiquement.

Sur cette question, les opinions des porte-parole SYNDICAUX sont partagées. Certains répondent catégoriquement qu'il est illusoire de vouloir réaliser le plein emploi dans une économie capitaliste car cette question relève d'une absence de volonté politique. Les pressions économiques et les nécessités de la production sont différentes. Les dirigeants politiques et économiques veulent plutôt maintenir le chômage, ce qui instaure une concurrence au sein des travailleurs et abaisse les coûts de la main-d'œuvre. À divers degrés d'autre part, on croit qu'il est possible d'améliorer la situation de l'emploi. Sans aspirer au plein emploi absolu, quatre syndicalistes citent les pays scandinaves ou européens pour démontrer qu'il est du moins possible de diminuer le chômage. Dans une conjoncture politique et économique favorable, une bonne politique de création d'emplois et une meilleure coordination des programmes gouvernementaux permettraient d'améliorer la situation. Enfin, certains mettent toute leur confiance dans le gouvernement provincial actuel et voient la réalité de façon optimiste car le marché a réussi à absorber partiellement la nouvelle main-d'œuvre : les jeunes et les femmes.

Sur cette question, on peut conclure que le milieu patronal et une partie du milieu syndical se rejoignent pour reconnaître qu'une politique d'emploi qui pourrait améliorer grandement la situation actuelle est réalisable, mais non une véritable politique de plein emploi.

On constate, tant chez les fonctionnaires que dans le milieu des affaires, que le plein emploi, *selon la définition qu'on lui donne,* est atteignable. Les moyens pour ce faire demeurent les politiques traditionnelles de développement économique, de restructuration industrielle et les déficits budgétaires en même temps que des politiques de main-d'œuvre. En fait, ils considèrent possible le plein emploi parce qu'ils croient que l'entreprise privée pourra le réaliser si elle a les conditions objectives satisfaisantes que les gouvernements doivent s'efforcer de créer.

Dans le mouvement syndical, les opinions sont divergentes. Une partie considère illusoire la poursuite de l'objectif de plein emploi dans le système actuel. Une autre partie croit que sans se leurrer sur la possibilité d'atteindre cet objectif, il est tout de même possible d'améliorer grandement la situation comme certains pays socio-démocrates l'ont fait. Mais pour ce faire, il faut une bonne conjoncture politique et économique, une politique de création d'emplois et une meilleure coordination des programmes gouvernementaux.

RÉSUMÉ

Quant à la responsabilité de chacun des groupes dans le domaine du chômage, on peut en déduire les éléments suivants :

- le milieu patronal refuse toute responsabilité ;
- le mouvement syndical assume la responsabilité de mobiliser ses membres et la population sur ce problème ;

- tant le milieu patronal que syndical attribuent une responsabilité fondamentale au gouvernement qui, pour le milieu patronal, intervient trop, et qui, pour le milieu syndical, n'intervient pas assez et surtout de façon incohérente; la division des responsabilités entre les deux paliers de gouvernement accentue cette incohérence;

- les fonctionnaires attribuent l'inefficacité relative des politiques gouvernementales et l'inaction relative des gouvernements à l'absence de solutions efficaces;

- la mobilisation de la population apparaît difficile parce que les gens ne voient pas suffisamment les avantages d'une telle politique;

- la mobilisation des travailleurs est difficile parce que certains représentants du mouvement syndical, qui se reconnaissent une telle responsabilité, semblent avoir eux-mêmes peu confiance dans la volonté ou la capacité des gouvernements d'appliquer de telles politiques; d'une certaine façon, ils semblent considérer que la pression populaire sera peu efficace dans ce domaine; d'autres, du milieu syndical et patronal, considèrent qu'il est peut-être possible d'améliorer la situation existante, mais ils croient impossible la poursuite d'une véritable politique de plein emploi.

Ce qui semble diviser le monde syndical sur cette question, c'est la vision que chacun des groupes a développée du rôle du gouvernement dans une société capitaliste. *Certains considèrent que les structures économiques dominent totalement le champ du politique et surtout l'action gouvernementale.* Ainsi, la marge de manœuvre des gouvernements dans un tel système est trop faible pour qu'il soit possible de le fléchir en faveur des intérêts des travailleurs. Par contre, d'autres considèrent que même dans ce cadre, l'État peut être amené sous la pression des milieux ouvriers à développer des politiques favorables aux intérêts des travailleurs.

Absence de solution ou absence de volonté politique?

À la question à savoir s'il est possible de réaliser le plein emploi dans les structures politiques actuelles, des intervenants syndicaux ont répondu non à cause de l'absence de volonté politique des gouvernements, volonté attribuable à leur inféodation aux intérêts privés des milieux d'affaires. Une telle réponse laisse croire que le principal frein à la poursuite d'un tel objectif n'est pas, comme le supposent certains fonctionnaires, l'absence de politiques ou de mesures spécifiques favorables à cet objectif, ou le contexte économique qui rend difficile l'application de ces mesures. Ce serait plutôt l'absence de volonté politique d'appliquer des mesures. Selon certains syndicalistes, cette absence de volonté politique serait essentiellement attribuable à la nature du système capitaliste et du système politique qu'il engendre nécessairement.

Dans cette partie, nous avons d'abord voulu connaître l'opinion des divers groupes sur certaines mesures correctrices traditionnelles du chômage proposées ou utilisées soit au Canada ou à l'étranger. A-t-on confiance en certaines de ces politiques ou palliatifs au chômage? L'absence de volonté politique des gouvernements pour les appliquer peut-elle être attribuée seulement à la nature capitaliste du système économique ou à d'autres facteurs?

La sécurité du revenu

Si, d'une part, certains considèrent que le seul problème du chômeur c'est la perte d'un revenu et que d'autre part, on considère que les mesures pour éliminer le chômage sont inexistantes ou inefficaces et coûteuses, on peut conclure que la véritable solution au chômage, c'est avant tout une politique garantissant à tous les citoyens un revenu minimum plutôt qu'un emploi. Nous avons donc voulu savoir si les représentants du mouvement syndical, des milieux d'affaires et du gouvernement envisageaient cette solution comme une alternative aux politiques de plein emploi.

Pensez-vous que la sécurité du revenu suffirait à régler le problème que vivent les chômeurs?

Pour les trois FONCTIONNAIRES interviewés, la sécurité du revenu n'est pas une solution au chômage; c'est même l'inverse puisque le revenu minimum garanti n'incite pas les individus à travailler. Un des répondants souligne que l'aide sociale coupe les individus de la réalité du travail et génère des problèmes de réinsertion sociale d'autant plus aigus qu'actuellement, de nombreux jeunes formant une deuxième génération d'assistés sociaux n'ont jamais vu leurs parents travailler et, par conséquent, ne sont aucunement portés à valoriser le travail. Un répondant considère que le revenu minimum garanti devrait être temporaire et un autre affirme que la véritable solution réside dans la création d'emplois.

Les DIRIGEANTS D'ASSOCIATIONS PATRONALES s'élèvent unanimement contre le revenu minimum considérant que cette formule crée des chômeurs permanents et n'incite pas les gens à travailler. Deux répondants admettent cependant que cette formule est nécessaire pour une certaine catégorie de gens.

D'un commun accord, les SYNDICALISTES répondent tous par la négative à cette question. Deux d'entre eux favorisent une action syndicale — syndicalisation, caisse de stabilisation d'emplois, négociation de la sécurité d'emploi — plutôt qu'une politique gouvernementale sur la sécurité du revenu. Quelques-uns croient que cette mesure peut aider temporairement un individu mais qu'elle ne peut régler le problème du chômage. Mais sept dirigeants syndicaux affirment que fondamentalement, l'être humain aime et doit travailler, qu'il doit se sentir utile et contribuer à la société. Donc, si le revenu minimum garanti s'ajoute à un revenu au travail, cela peut être valable; mais autrement, il ne règle pas le problème du chômage qui, selon la majorité des personnes interviewées, est un problème humain que l'argent ne peut résoudre.

Tous les représentants des trois groupes sont donc unanimes à rejeter cette solution comme alternative au plein emploi. Tous reconnaissent la nécessité de telles mesures qui sont nécessaires pour des périodes d'arrêts de travail temporaires. Pour les représentants des trois groupes, une politique de sécurité du revenu qui ne s'accompagne pas de politique d'emploi est socialement dangereuse : elle coupe une partie de la population adulte de la réalité du travail. Pour les fonctionnaires, le grand danger réside dans le piège de la pauvreté dans lequel certaines catégories de citoyens peuvent tomber si des politiques spécifiques d'aide à l'emploi ne sont pas mises en place. Pour le patronat, le grand danger de telles mesures c'est d'encourager les gens à devenir des chômeurs permanents à la charge de la société. Pour le milieu syndical, la grande lacune d'une telle politique c'est de nier aux citoyens le droit de participer à l'activité économique, de contribuer personnellement à l'effort commun. Donc, à partir de préoccupations complètement opposées, on refuse l'option du revenu minimum garanti.

La baisse des salaires

Dans l'analyse des documents officiels du milieu des affaires, on constate que l'augmentation de l'emploi passe par l'augmentation de la production industrielle. Selon le patronat, un des problèmes des industries québécoises c'est leur pouvoir de concurrence face aux industries étrangères. Et dans cette optique, certains recommandent des pratiques salariales moins généreuses que ce n'est le cas : en particulier pour les salariés au salaire minimum et pour ceux de la fonction publique, à cause supposément de leur effet d'entraînement sur les salaires dans l'industrie privée. Ce type de recommandation politique est d'ailleurs généralement largement publicisé par les médias. Nous avons voulu savoir si les représentants des trois groupes reconnaissaient des vertus réelles à une telle politique par rapport au problème de l'emploi. Nous connaissions évidemment d'avance la réponse syndicale à cette question.

Croyez-vous qu'une hausse moins rapide des salaires serait l'une des solutions au problème du chômage au Québec? Sinon, pourquoi?

Deux des FONCTIONNAIRES interrogés constatent qu'un ralentissement des hausses salariales n'est pas la solution au problème du chômage; un autre considère que cette mesure ne pourrait être efficace que dans certains secteurs de l'économie, là où il serait possible de faire face à la concurrence internationale. Un de ceux qui voient dans cette mesure une solution inadéquate affirme que le niveau des salaires doit être déterminé en rapport avec le marché international et que d'autre part, il doit se maintenir pour protéger le pouvoir d'achat des individus.

Paradoxalement, le consensus se fait au sein des REPRÉSENTANTS PATRONAUX pour affirmer qu'une hausse moins rapide des salaires n'est pas la solution au problème du chômage. Selon deux d'entre eux, ce n'est qu'une mesure très partielle, puisque le niveau des salaires n'est pas un facteur déterminant du taux de chômage. Un répondant croit que cette mesure pourrait être valable seulement dans quelques secteurs de l'activité économique tandis qu'un autre affirme qu'elle réduirait plutôt l'inflation. Certains intervenants proposent alors d'autres mesures qu'ils jugent plus appropriées : augmentation de la productivité pour rendre les entreprises plus concurrentielles, maintien de salaire minimum à un niveau raisonnable, réduction du taux d'imposition des cadres ayant des revenus élevés.

Tous les REPRÉSENTANTS SYNDICAUX répondent non à cette question. Un d'entre eux y voit un argument patronal et trois autres croient que le salaire minimum ne joue pas un rôle majeur dans la question du chômage. Un autre y voit peu d'impact étant donné qu'il est impossible d'entrer en compétition au niveau international (faibles salaires payés au Japon et à Hong-Kong). Selon certains, les profits, eux, ne cessent d'augmenter alors que les hausses du salaire minimum ne rattrapent même pas l'augmentation du coût de la vie. Enfin, au moins trois dirigeants syndicaux croient, au contraire, que la hausse du salaire minimum joue un rôle de stimulant économique, puisqu'il fait augmenter la consommation et, par conséquent, il maintient ou crée de l'emploi.

Il est assez surprenant de constater que sur cette mesure tout comme sur celle de la sécurité du revenu, il y a parfaite unanimité des milieux d'affaires, des milieux syndicaux et des fonctionnaires. On ne considère pas une baisse des salaires efficace pour réduire le chômage. Néanmoins, les fonctionnaires et le patronat reconnaissent que dans quelques secteurs industriels, la concurrence avec l'étranger peut imposer une certaine contrainte à la hausse des salaires. Mais cette politique n'apparaît pas comme la meilleure panacée au chômage. À leur avis, la hausse de productivité est plus efficace.

Les politiques de stimulation de la demande

Depuis la dernière guerre, une série de mesures gouvernementales ont été développées dans le but d'améliorer la situation de l'emploi. On a déjà constaté que les milieux d'affaires et les milieux syndicaux avaient développé eux-mêmes toute une panoplie de recommandations de politiques économiques qui leur apparaissaient les plus efficaces du point de vue de leur réalité.

Afin de faire le point sur les diverses mesures gouvernementales apparaissant comme les plus efficaces, nous avons demandé l'opinion des intervenants sur diverses politiques déjà en place au Canada et au Québec.

Quelles sont, parmi ces interventions gouvernementales, celles qui
vous apparaissent les plus efficaces: politiques monétaires ou fiscales,
programme de création directe d'emplois, programme de formation
de la main-d'œuvre, subvention à l'investissement, comités d'adaptation
de la main-d'œuvre ou tables régionales d'emplois?

À propos de l'efficacité des interventions gouvernementales visant à réduire le chômage, les FONCTIONNAIRES divergent grandement d'opinion. Un premier affirme que les programmes de création directe d'emplois (OSE) sont les plus efficaces mais ils considèrent qu'actuellement, le meilleur outil de lutte contre le chômage est l'ensemble des programmes comprenant la création directe d'emplois, l'incitation à l'investissement et l'intervention de l'État en tant qu'entrepreneur. Pour ce fonctionnaire, la définition d'axes régionaux de développement est plus valable que les tables régionales d'emploi puisqu'il faut combattre les causes et non les effets du chômage. Selon un autre employé de l'État, les politiques en matière de chômage sont toutes plus inefficaces les unes que les autres. Entre autres, les programmes de création d'emplois (OSE) sont en réalité des programmes d'égalité d'accès à l'emploi. Ils favorisent l'accession de certains groupes d'individus (jeunes, femmes et assistés sociaux) au marché du travail. Cependant, il considère les mesures macro-économiques visant à stimuler la demande comme étant les plus efficaces puisque pour une entreprise, le fait de recevoir une subvention lors de l'embauche d'un employé n'augmente aucunement le volume des ventes de cette entreprise. Enfin, un autre fonctionnaire favorise les subventions à l'entrepreneurship, plutôt que les programmes d'aide de toute sorte qui rendent les entreprises dépendantes de l'État.

Presque unanimement, les REPRÉSENTANTS DU PATRONAT soulignent que les programmes gouvernementaux répondant directement aux besoins des entreprises plutôt qu'à ceux des individus sont les plus efficaces. Parmi ceux-ci, les programmes à caractère fiscal (crédits d'impôts aux entreprises), reviennent à trois reprises. On mentionne deux fois les programmes de formation et de recyclage de la main-d'œuvre, une fois les programmes de relocalisation de la main-d'œuvre et d'aide au lancement de nouvelles entreprises. Pour ce qui est des programmes les moins efficaces, deux répondants relèvent les «travaux dits de chômage», les programmes de création directe d'emplois en dehors de l'activité économique générale; et un d'entre eux considère le programme OSE comme un cataplasme parce qu'il crée des emplois temporaires et en trop petit nombre. On mentionne également les résultats peu probants des tables régionales d'emploi.

À cette question, les SYNDICALISTES répondent tous par une critique globale des programmes gouvernementaux: insuffisance des mesures actuelles, absence de planification et de volonté réelle d'intervention, camouflage, inefficacité, etc. Trois d'entre eux reconnaissent toutefois que le Parti québécois présente une certaine ouverture d'esprit face à la création d'emplois: on cite en exemple le cas des mini-sommets économiques et certains attraits des programmes OSE bien qu'on demeure critique face à ces derniers (ils touchent seulement les PME, des travailleurs non syndiqués et peu rémunérés). Enfin, on suggère une meilleure planification gouvernementale (plans quinquennaux), un encouragement à une compétitivité accrue entre les entreprises, une participation des travailleurs aux investissements et aux profits de l'entreprise ainsi qu'une augmentation du nombre de sociétés d'État.

Sur cette question, on peut rapidement conclure qu'il n'existe pas de consensus. Dans le cas des fonctionnaires, il y a absence totale de consensus entre eux. Considérant que l'emploi ne progressera que si l'entreprise privée progresse, les organismes patronaux favorisent évidemment des mesures pour aider les entreprises privées, soit des programmes de main-d'œuvre et d'aide financière à l'entreprise, soit par des crédits d'impôt ou toute autre formule. Le mouvement syndical favorise plutôt une meilleure cohérence des politiques et une plus grande participation des travailleurs aux investissements et aux profits, ce qui pourrait être un moyen, pour eux, de s'assurer d'un développement de l'entreprise qui tienne mieux compte des intérêts des travailleurs, et en particulier de l'emploi. La création de sociétés d'État leur apparaît également une autre façon de mieux remplir ces objectifs.

La croissance économique

Certaines déclarations officielles des milieux d'affaires et des milieux gouvernementaux laissent croire que le problème du chômage en est essentiellement un de croissance économique et que la solution au chômage passe par la stimulation de cette croissance. On sait par exemple que le Canada et le Québec ont connu, au cours des vingt dernières années, des taux de croissance annuels du produit national brut d'environ trois pour cent. Malgré cela, le taux de chômage, en particulier celui du Québec, s'est toujours maintenu au-dessus de six pour cent. Nous avons voulu connaître l'opinion des représentants des trois groupes sur la confiance qu'ils accordent aux mesures de stimulation de la croissance économique pour l'élimination du chômage.

> *Tous les documents gouvernementaux et patronaux sont unanimes à considérer que la solution au problème du chômage au Québec doit passer par la croissance économique; il s'ensuit que le chômage est le résultat d'un développement économique insuffisant, d'une structure industrielle désuète ou encore d'une productivité trop faible. Êtes-vous d'accord avec cette analyse?*

L'enthousiasme des documents gouvernementaux et patronaux face à la croissance économique comme solution au chômage n'est pas partagé par les FONCTIONNAIRES interrogés. Un seul indique que cette solution peut régler en partie le problème du chômage, mais il considère que c'est la demande globale qui doit être stimulée. Selon un autre fonctionnaire, le chômage va persister et ce, même avec une croissance économique plus élevée et une restructuration industrielle, car les innovations technologiques en industrie ne créent pas nécessairement de nombreux emplois mais bien des emplois qualifiés. En définitive, la croissance économique n'est pas une panacée.

Presque unanimement, les MEMBRES DU PATRONAT sont d'avis qu'une augmentation de la croissance économique accompagnée d'une restructuration industrielle n'est qu'une solution partielle au problème du chômage. Même dans une conjoncture favorable, un certain taux de chômage persisterait. Un seul intervenant se dit parfaitement d'accord avec l'énoncé de la question mais sans plus d'explication.

Un seul SYNDICALISTE est d'accord avec l'analyse précédente et particulièrement sur le point de la croissance économique qui, selon lui, n'a pas crû alors que la population augmentait. Le reste des REPRÉSENTANTS SYN-DICAUX sont soit en désaccord, soit partiellement en accord avec l'analyse du gouvernement. Les premiers se demandent pour qui s'effectue le développement économique dans un système capitaliste si ce n'est qu'en fonction des profits et des multinationales; ils remettent aussi en question le concept de productivité arguant que son utilisation est relative et que le Québec n'a rien à envier à ses voisins sur ce point. Enfin, on juge cette analyse simpliste puisqu'elle ne change en rien les règles du jeu. Quant à ceux qui s'avèrent partiellement d'accord, ils tendent à confirmer l'analyse sur le problème de planification du développement écono-mique, de la structure industrielle désuète ou dépendante, et de la nécessité d'une productivité accrue reliée à un développement technologique plus poussé. Cependant, un syndicaliste affirme que la productivité est plus élevée au Québec qu'ailleurs. On semble surtout considérer ces éléments comme incomplets et insuffisants pour apporter une solution concrète au problème du chômage. Un syndicaliste mentionne qu'il faudrait augmenter les exportations; un autre que l'exportation des profits représente un véritable problème.

Sur cette question, le consensus s'établit encore entre les représentants des trois groupes pour considérer que la croissance économique n'est qu'une solution partielle au chômage et que malgré une telle croissance, les problèmes de chômage persisteront. Par cette réponse, le milieu patronal admet que la solution que préconisent ses documents officiels pour corriger le chômage n'est que partielle. Doit-on tirer la conclusion qu'une situation de plein emploi représente pour eux une utopie plutôt qu'un objectif réalisable?

Des représentants du milieu syndical ajoutent aussi qu'une croissance économique qui ne s'accompagne pas de planification a bien des chances d'être assez inefficace pour régler le problème du chômage. Les fonctionnaires ajoutent que la croissance peut même être créatrice de chômage à cause des changements technologiques qui la soutiennent.

La création d'emplois

Dans la question sur les politiques gouvernementales traditionnelles, on a constaté qu'à l'exception d'un fonctionnaire, les porte-parole des autres groupes n'ont pas exprimé de confiance particulière dans les programmes de création directe d'emplois par l'État. Par rapport à cette politique, l'État peut adopter une des deux voies suivantes ou les deux : il peut se donner la fonction d'identifier les besoins dans le domaine des «biens publics» et laisser aux entreprises privées, ou à d'autres organismes publics, parapublics ou communautaires, le soin de fournir de tels biens ou services ; et il peut lui-même fournir de tels biens ou services. Nous avons voulu savoir si les représentants des trois groupes étaient favorables à ce genre d'intervention gouvernementale pour aider à la croissance de l'emploi.

Dans le rapport du Conseil économique intitulé DES TRAVAILLEURS ET DES EMPLOIS, on fait état de la coexistence d'hommes et de femmes inactifs ainsi que de besoins insatisfaits dans nos sociétés lesquels, selon le rapport sont : «La protection policière, des services de santé, de la lutte contre la pollution, de la sécurité industrielle, des activités de loisir, du transport et d'autres domaines analogues». On suggère qu'un catalyseur approprié pourrait mettre en rapport, de façon productive, ces inactifs et ces besoins insatisfaits. Croyez-vous que le gouvernement pourrait et devrait jouer ce rôle de catalyseur ?

Deux FONCTIONNAIRES s'accordent pour voir dans l'État le catalyseur pouvant mettre en rapport les besoins sociaux insatisfaits et la main-d'œuvre inactive pour favoriser ainsi le développement communautaire. Cependant, un d'eux affirme que les besoins insatisfaits demandent à être clairement définis pour qu'ils répondent véritablement aux attentes de la population. En contrepartie, un autre fonctionnaire dit que la réduction du chômage passe par le développement économique et que l'approche proposée est utopique puisqu'elle ne tient aucunement compte des qualifications de la main-d'œuvre.

Les membres du PATRONAT semblent peu portés à s'attarder aux solutions de rechange à la lutte contre le chômage. Ne s'étant jamais intéressés au type de mesures proposées, un des répondants n'a aucun commentaire à faire. Trois autres se montrent très sceptiques quant aux possibilités de réalisation de ce genre de mesures et cela pour diverses raisons : certains entrevoient une opposition des syndicats et un autre signale que les salaires devraient être élevés pour inciter les chômeurs à participer à ces projets. Parmi les répondants, un seul considère qu'une politique visant à la fois à donner de l'emploi aux chômeurs et à combler des besoins sociaux est louable. Ce dernier, tout comme un de ses homologues, insistent cependant pour dire que dans ce domaine, le rôle de l'État doit en être un d'incitation et non de prise en charge.

Certains SYNDICALISTES ont plutôt discuté de la question des services en tant que telle. Un d'entre eux critique la surabondance des services en se demandant si ceux-ci améliorent le sort de la société. Pour lui, il faut plutôt s'orienter vers des activités de production. Un autre prétend que ce type de formule n'entre pas dans le cadre de la philosophie du mouvement syndical et croit qu'il y a déjà trop de services offerts. Enfin, un dernier avoue qu'il entend parler de cette politique pour la première fois et il n'en voit pas la pertinence. Plusieurs syndicalistes, tout en émettant certaines réserves, croient que le gouvernement doit jouer un rôle de catalyseur, à condition que les besoins existent réellement, qu'on ne force pas les gens à travailler, que la population ne se voit pas imposer de taxes supplémentaires pour ces services et finalement, qu'on évite le plus possible la bureaucratie et les structures rigides. On préconise de laisser plutôt les initiatives à la base et de favoriser la décentralisation. Enfin, un dirigeant syndical ne voit pas le rôle catalyseur du gouvernement mais l'identifie plutôt comme « intégrateur ». Selon lui, cette situation ne crée que des illusions auprès des gens et les déçoit toujours.

En raison de la complexité de la question que certains ont eu de la difficulté à saisir, les réponses sont moins directes que nous l'aurions désiré. Certains éléments ressortent toutefois clairement. En général, les fonctionnaires sont assez favorables à ce rôle assigné à l'État tout comme ils sont favorables à toute forme de création directe d'emplois. Du côté du milieu des affaires, le scepticisme, sinon l'opposition, est aussi forte que pour des mesures de création directe d'emplois. Il est d'ailleurs possible que les intervenants aient confondu ces deux types d'intervention gouvernementale.

C'est l'attitude du milieu syndical qui est la plus étonnante. On a constaté que sur la question des politiques traditionnelles d'intervention gouvernementale, les porte-parole n'ont pas mis l'accent sur les mesures de création directe d'emplois mais plutôt sur des mesures de planification. Même s'ils ne s'opposent pas catégoriquement au rôle catalyseur de l'État, leurs réponses sont chargées de scepticisme. On s'interroge sur plusieurs aspects de cette mesure : N'y aurait-il pas déjà trop de services ? Comment et qui identifierait ces besoins ? Il ne faudrait pas forcer les chômeurs à travailler, ni que cette mesure impose des augmentations de taxes ; on s'inquiète de la rigidité et de la croissance de la bureaucratie de l'État. En conclusion, on privilégie des initiatives à la base et une forte décentralisation. Que peut-on en conclure ? C'est que dans un tel domaine, le milieu syndical accorde assez peu sa confiance au gouvernement laissé à lui seul.

La concertation

Dans la question précédente, tant les fonctionnaires que le milieu syndical soulignent la difficulté de l'État à identifier les besoins auxquels on pourrait tenter de répondre pour aider à la création d'emplois. Également, à la question sur les politiques traditionnelles de l'État, les représentants syndicaux répondent en mettant l'accent sur le besoin d'assurer plus de cohérence dans les interventions gouvernementales et une meilleure planification. De plus, dans les pays qui ont accordé la priorité à une politique de plein emploi, comme les pays scandinaves, l'Allemagne, l'Autriche, les gouvernements ont développé des instruments de consultation et de concertation pour associer tant le patronat que le mouvement syndical à cette politique. Nous avons voulu savoir si les représentants des deux groupes sont favorables au développement de tels instruments pour le Québec afin d'améliorer la situation de l'emploi.

> *Dans le cadre de la Loi 17 sur la santé et la sécurité au travail, on prévoit la mise sur pied de comités d'entreprises paritaires et d'associations sectorielles. Trouvez-vous cette formule intéressante et croyez-vous qu'on pourrait penser à une telle formule dans le cadre d'une politique active de protection et de création d'emplois?*

Chez les FONCTIONNAIRES, la question touchant à la concertation suscite un éventail de réactions. Un d'entre eux se prononce en faveur de celle-ci à cent pour cent, un autre n'y croit pas, considérant que les intérêts des entrepreneurs sont trop différents; et le troisième croit que la concertation peut être utile mais que la formule d'application de la Loi 17 est trop lourde et peu opérationnelle.

La concertation semble plutôt suspecte pour les EMPLOYEURS. Deux d'entre eux s'avèrent peu favorables à celle-ci; et les autres intervenants, même s'ils ne sont pas contre, s'en prennent au fait que la concertation ne doit pas résulter d'une législation gouvernementale (surtout si elle est favorable aux travailleurs) mais au contraire, provenir spontanément du milieu.

Un seul DIRIGEANT SYNDICAL s'avère d'accord avec la formule des comités paritaires en affirmant que c'est là un moyen pour le gouvernement d'avoir un droit de regard sur l'emploi. Par contre, la majorité met très peu d'espoir dans cette formule ou la rejette complètement. Ces derniers se méfient des « grosses structures » inefficaces et bureaucratiques où le rapport de force est défavorable aux syndicats et entraîne la démobilisation des membres. Un d'entre eux croit que d'autres mécanismes sont plus propices à la création d'emplois comme l'obligation d'obtenir des informations sur la situation des entreprises. Enfin, malgré ces critiques, deux représentants syndicaux précisent que si une telle initiative était mise en place, ils y participeraient pour faire valoir leurs vues sans toutefois se faire d'illusions sur le sens de cette « concertation ».

Le moins que l'on puisse conclure c'est que la « concertation » se porte plutôt mal au Québec. Tous les représentants des groupes la rejettent carrément ou sont très sceptiques quant à son efficacité. Le milieu patronal est prêt à accepter une concertation volontaire seulement, jamais son institutionnalisation. Les représentants du mouvement syndical n'y ont guère confiance et s'y opposent pour diverses raisons: l'inefficacité des structures politiques et bureaucratiques, le danger que le rapport de force des travailleurs ne soit affaibli par de tels mécanismes, le danger de démobiliser leurs membres. On doit préciser que la référence à la Loi 17 sur la santé et la sécurité, dont l'application est très récente, et à laquelle certains groupes patronaux et syndicaux se sont opposés, a pu accentuer les griefs et l'opposition des porte-parole sur la question de la concertation dans le cadre d'une politique de plein emploi.

La responsabilité de l'État

Des questions précédentes sur l'efficacité de diverses mesures et la confiance que leur accordent les porte-parole politiques se dégage un large consensus sur un grand nombre de points. Il y a cependant un point sur lequel on observe une divergence de vues du milieu patronal et syndical. Par rapport aux politiques gouvernementales traditionnelles, soit les politiques monétaires ou fiscales, soit des mesures d'aide à l'entreprise privée, le milieu patronal favorise surtout ces dernières et considère que les autres pourraient être réduites. Ils sont en faveur d'une réduction du rôle de l'État. Par ailleurs, du côté syndical, on critique l'incohérence des mesures et l'absence de planification. Tous tombent cependant d'accord, semble-t-il, sur le fait que la tâche d'assurer le plein emploi des ressources humaines incombe essentiellement à l'État. Afin de vérifier le bien-fondé d'une telle interprétation, nous avons posé directement la question aux porte-parole des trois groupes.

Selon vous, qui devrait hériter de la responsabilité d'assurer un nombre d'emplois suffisants ?

Au sujet de la responsabilité de la création d'emplois, les FONCTION-NAIRES émettent diverses opinions. Selon un commentaire, cette responsabilité revient à l'entreprise privée en autant que l'État n'enfreine pas les initiatives par de nombreuses réglementations, et qu'il supporte financièrement une partie de ces initiatives. Ces propos rejoignent ceux des REPRÉSENTANTS DU PATRONAT. Un autre fonctionnaire signale que cette responsabilité doit relever essentiellement du gouvernement fédéral parce que celui-ci contrôle l'émission de monnaie mais que d'autre part, le gouvernement du Québec est en mesure de stimuler la demande, ce qui créerait de l'emploi. En dernier lieu, un répondant considère que la création d'emplois est la responsabilité collective des Québécois et non celui des investissements étrangers. Dans le but de développer les économies régionales et non dans celui de lutter contre le chômage, une concertation régionale des gouvernements, des entrepreneurs et des syndicats pourrait donner des résultats valables.

Généralement, les représentants patronaux conçoivent que la responsabilité de la création d'emplois ne doit relever d'aucun organisme en particulier. Trois représentants signalent que si les gouvernements maintiennent un climat économique favorable, les entreprises investiront et, par conséquent, créeront des emplois. Cependant, ces mêmes répondants soulignent que la création d'emplois n'est pas le rôle premier de l'entreprise et lorsqu'elle le fait, c'est afin d'obtenir un profit plus élevé. Un d'entre eux affirme que certains investissements dans de nouvelles technologies peuvent avoir pour conséquence non pas l'augmentation du niveau de l'emploi mais sa réduction.

À l'exception de deux SYNDICALISTES qui y voient un rôle partagé entre les syndicats, les gouvernements et l'entreprise privée, les autres accordent unanimement la responsabilité de l'emploi à l'État. Cependant, on redoute énormément toute menace bureaucratique totalitaire et on exige que le gouvernement agisse par consultation. Dans cette perspective, des syndicalistes voient leur rôle comme celui d'un groupe de pression auprès du gouvernement afin de se diriger vers un projet de société différente. Enfin, un dirigeant syndical nuance les propos précédents en soulignant effectivement l'importance du rôle de l'État mais en posant un sérieux doute quant à la possibilité de concilier ce principe du plein emploi avec le système capitaliste dans lequel nous vivons.

Les réponses indiquent que l'interprétation précédente appelle certaines nuances : la responsabilité d'assurer le plein emploi n'apparaît pas à tous comme étant essentiellement une responsabilité gouvernementale. D'une part, quelques représentants syndicaux et des fonctionnaires considèrent que cette responsabilité est collective. D'autre part, le milieu patronal ne voit pas l'État jouer un rôle très important, sinon en aidant à maintenir un bon climat politique et économique pour permettre à l'entreprise privée de mieux fonctionner. On ne spécifie toutefois pas comment l'État peut maintenir ce climat quand le chômage est élevé. Enfin, la majorité des intervenants du mouvement syndical, tout en attribuant à l'État une entière responsabilité face à ce problème, semblent nourrir beaucoup de méfiance face à l'action des gouvernements : certains craignent la bureaucratie autoritaire ; d'autres craignent que le gouvernement ne soit pas capable de servir les intérêts des travailleurs en raison de la nature capitaliste du système. Tout en rejetant la concertation, ils considèrent toutefois que l'État doit les consulter. Certains soulignent également qu'en tant que groupe de pression, le mouvement syndical a la responsabilité de présenter des alternatives de société ; on pourrait supposer, entre autres, une société de plein emploi.

RÉSUMÉ

Cette partie sur les instruments politiques de réalisation du plein emploi peut se résumer ainsi :

- L'ensemble des groupes s'entendent pour dire que les politiques suivantes sont inefficaces par rapport au problème du chômage ou insuffisantes pour réaliser le plein emploi :

— la sécurité du revenu est un mauvais substitut ;
— la baisse des salaires est inefficace ;
— la croissance économique est une mesure insuffisante ;
— la création directe d'emplois par l'État se heurte à beaucoup de scepticisme ;
— la concertation des parties est rejetée.

• Les milieux syndical et patronal se divisent sur le jugement qu'ils portent sur les politiques gouvernementales pour corriger ou éviter le chômage :
— le milieu patronal revendique moins d'interventions de l'État mais est en faveur de mesures d'aide directe aux entreprises ;
— le milieu syndical est en faveur d'une plus grande intervention gouvernementale mais exige surtout plus de planification et de cohérence dans les politiques.

• Malgré cette position du mouvement syndical en faveur d'une intervention gouvernementale plus importante et malgré son refus catégorique de toute concertation dans ce domaine, il exprime une très grande réserve par rapport à l'extension du pouvoir de l'État ; il craint la bureaucratie autoritaire, s'inquiète de l'efficacité des politiques. Il exige la consultation, la décentralisation et le recours aux communautés de base dans l'établissement de politiques de création directe d'emplois.

Les porte-parole confirment et expliquent l'absence de volonté politique

Dans cette étude nous avons tenté de cerner les raisons de ce qui nous apparaît comme une certaine inertie politique au Québec face au problème du chômage. Afin de compléter cette analyse, nous avons cru utile d'interroger directement les intervenants des différents groupes politiques pour connaître leur propre explication du phénomène. La question suivante s'attaque à deux aspects du problème : y a-t-il une inertie politique et si oui, pourquoi ?

Comment expliquez-vous le peu d'énergie ou de préoccupations généralisées pour améliorer la situation actuelle?

Le seul FONCTIONNAIRE ayant réellement répondu à cette question ne peut expliquer le peu d'énergie mis dans la lutte contre le chômage puisque au contraire, il trouve que les gouvernements sont très préoccupés par le problème du chômage. Par contre, il indique que le gouvernement est démuni et que ses actions sont limitées puisque ce problème devient un «fléau naturel» contre lequel on ne peut rien. Un autre fonctionnaire constate que le chômage projette deux images contradictoires et ambiguës : le taux de chômage est élevé, les chômeurs sont paresseux !

Deux des RÉPONDANTS PATRONAUX affirment qu'il n'y a pas d'inertie généralisée à propos du problème du chômage. Au contraire, le gouvernement intervient énormément et il existe de nombreux comités se penchant sur cette question. Un autre dirigeant d'entreprise explique le peu de préoccupation envers le chômage par le fait que le taux de chômage est moins élevé qu'on ne le pense. Enfin, un dernier intervenant ne peut expliquer cette situation mais s'étonne qu'en période de chômage élevé, il y ait une pénurie de main-d'œuvre qualifiée. Cette question a donc suscité les commentaires les plus divers.

D'abord certains SYNDICALISTES répliquent qu'il y a des préoccupations de ce genre au sein du mouvement syndical, bien que le syndicat perde contact avec les chômeurs, et aussi au sein de certains gouvernements, comme celui du Parti québécois. Quant à ceux qui déplorent l'absence de préoccupations concernant le problème du chômage, ils l'attribuent en partie au système capitaliste qui a besoin d'une réserve de main-d'œuvre, et dans lequel les gouvernements sont peu intéressés ou effrayés d'intervenir. Les autres attribuent cette apathie au fait que le chômage soit perçu comme une tare individuelle. Selon trois dirigeants syndicaux, il faudrait démontrer que le chômage représente un coût pour tous les travailleurs. Enfin, un syndicaliste pense que les gouvernements sont plutôt préoccupés par l'inflation, et un dernier croit que ce thème n'est pas rentable électoralement.

On constate que nos hypothèses par rapport à une certaine inertie et aux raisons de cette inertie, ne sont pas contredites par les porte-parole des milieux patronaux et syndicaux.

Les représentants gouvernementaux ne considèrent pas que les gouvernements se sont si peu préoccupés du problème. Ils admettent cependant une certaine inaction gouvernementale et ils l'attribuent à des politiques inefficaces.

La réponse des représentants patronaux correspond exactement à leur perception du problème. Le gouvernement intervient déjà trop et n'aide pas à corriger le chômage. De toute façon, si on se rappelle la notion restrictive que certains représentants du milieu patronal donnent du chômeur, certains considèrent que le chômage est beaucoup moins important que ne le prétendent les statistiques. D'ailleurs, plusieurs se demandent s'il peut y avoir autant de chômeurs involontaires au Québec quand certaines entreprises ont des problèmes à trouver des travailleurs qualifiés. En conséquence pour certains porte-parole du milieu patronal, il ne peut y avoir de véritable inertie s'il n'y a pas de véritables chômeurs. Cette attitude concorde avec les explications d'un courant de l'économie traditionnelle qui attribue l'absence de mobilisation politique sur ce problème au faible coût privé du chômage.

Par contre, plusieurs réponses de certains porte-parole syndicaux se disant eux-mêmes responsables de la sensibilisation et de la mobilisation des travailleurs et de la population confirment nos hypothèses:

- ils constatent qu'ils sont eux-mêmes coupés des chômeurs et que pour cette raison, ils ont des problèmes à pouvoir défendre leurs intérêts.

- ils constatent également qu'il y a de l'inertie politique et qu'elle peut être attribuable, selon certains, au fait que les travailleurs et la population ne perçoivent pas suffisamment les avantages, pour toute la société, d'une situation de plein emploi ainsi que les coûts économiques et sociaux du chômage. Pour d'autres, l'inertie politique est assimilée essentiellement à l'inertie gouvernementale; et celle-ci serait attribuable à l'inféodation des gouvernements aux objectifs des capitalistes.

Dans un tel contexte, la mobilisation est peu efficace. Enfin, certains admettent que la lutte contre l'inflation est probablement un thème plus rentable que la lutte contre le chômage, même pour plusieurs de leurs membres.

Une mobilisation sur le plein emploi qui s'annonce difficile mais non insurmontable

Le volet politique de cette étude sur le plein emploi démontre clairement que plusieurs facteurs se conjuguent pour nourrir le profond pessimisme des représentants des milieux syndicaux et des milieux d'affaires à l'égard du taux de chômage élevé et persistant. Trois de ces facteurs sont sources d'inertie et apparaissent être des obstacles importants à l'établissement d'une politique de plein emploi au Québec.

Premièrement, il ressort de nos entrevues que les groupes socio-économiques sous-estiment largement les coûts économiques du chômage. L'absence d'information à ce sujet, tant dans les milieux syndicaux que patronaux, et dans la population en général, leur enlève un outil puissant de sensibilisation et de mobilisation. Une telle information permettrait sûrement de contrer le discours visant à réduire le chômage à un problème individuel plutôt que collectif et à un problème social plutôt qu'économique.

Deuxièmement, on constate que le discours économique dominant au cours de la dernière décennie a largement contribué à nourrir le pessimisme ou le désintéressement des milieux syndicaux et patronaux. Ce discours minimise l'importance du problème du chômage ou le présente comme un problème insoluble :

- une grande partie des chômeurs ne désirent pas véritablement un emploi, surtout les femmes;

- les gouvernements ne peuvent régler le problème à cause de l'inflation;

- on ne peut régler le chômage, car il faudrait alors créer des services non productifs et trop coûteux. L'illusion que la fabrication de canons améliore plus la richesse d'une société que la mise en place de services publics pour les personnes âgées existe toujours.

Troisièmement, il apparaît évident que le pessimisme des deux groupes socio-économiques est largement attribuable à une crise de confiance dans l'État et dans les politiques actuelles pour réaliser l'objectif de plein emploi. Même si aujourd'hui, le milieu syndical est moins réfractaire que le milieu des affaires à l'intervention de l'État et que, par tradition et par expérience, il la considère généralement souhaitable dans certains domaines, il est possible que les formes trop bureaucratiques qu'ont prises ces interventions les amènent à craindre de nouvelles stratégies politiques qui rendraient l'État plus omniprésent dans la vie quotidienne. De plus, l'adhésion de certains à une grille d'analyse où le pouvoir politique est considéré inféodé aux pouvoirs économiques renforce ces craintes.

L'identification de ces trois sources d'inertie indique certaines voies à suivre à ceux qui cherchent à développer une volonté politique en faveur du plein emploi, les organismes syndicaux et les groupes de femmes en particulier.

Le message que cette étude transmet aux travailleurs syndiqués et aux organisations syndicales est le suivant : plus que jamais, il faut sensibiliser les travailleurs et toute la population aux coûts économiques et sociaux du chômage. Il faut apprendre à ceux qui ont des emplois que leur situation économique est sérieusement affectée par une situation de chômage élevé et persistant et que toute la société québécoise perd davantage à cause du chômage qu'à cause de l'inflation. L'importance de cette sensibilisation devient primordiale dans une période où certains discours économiques et politiques rendent les chômeurs responsables de leurs problèmes.

De plus, certaines analyses syndicales portant sur les gouvernements et sur leur incapacité de résoudre les problèmes des pays capitalistes, tels le chômage, peuvent réduire les effets de campagnes de mobilisation sur le thème du chômage et de l'emploi. Rappelons le danger que peut créer, chez les syndiqués et surtout chez ceux du secteur public et parapublic une certaine confusion entre les deux fonctions gouvernementales : celle de législateur et celle d'employeur. Or, pour mobiliser les travailleurs en faveur d'une politique de l'emploi, une telle confusion est évidemment très pernicieuse. En effet, seuls les gouvernements peuvent développer les moyens d'atteindre le plein emploi.

Il faudra aussi que les travailleurs réfléchissent ensemble sur la notion de production marchande et non marchande afin de ne pas se refuser des services sous prétexte d'un coût payé par l'impôt plutôt que payé directement par le consommateur au producteur. Il existe encore au Québec une série de besoins collectifs qui n'ont pas encore été satisfaits. Faudra-t-il se refuser de tels services sous prétexte que la production ne peut pas être décidée par le secteur privé mais seulement par l'État? La politique de plein emploi ne pourrait jamais se réaliser au Québec si une telle illusion matérialiste est véhiculée dans la population.

Cette étude transmet aussi un message aux groupes de femmes. Les femmes sont actuellement un des groupes les plus frappés par le chômage. Les changements technologiques qui s'annoncent indiquent que leur situation s'aggravera si des mesures énergiques ne sont pas prises le plus rapidement possible. Il existe toutefois un mythe dont les racines rejoignent celles de l'histoire des sociétés industrielles et auquel les femmes devront s'attaquer sans relâche. La société les considère encore comme étant économiquement dépendantes. Elles devront faire valoir plus fortement leur droit à l'emploi rémunéré et leur droit à l'indépendance économique. Actuellement, les Québécois et mêmes les Québécoises ne semblent pas attacher une très grande importance à la reconnaissance de ce droit qui, dans le cas des femmes, demeure plus théorique que pratique. Les femmes elles-mêmes sous-estiment peut-être encore l'importance de se voir reconnaître ce droit, qu'elles l'exercent ou non.

Cette étude transmet enfin ce message aux gouvernements : la population québécoise est très insatisfaite des politiques actuelles dans le domaine de l'emploi. Elle est prête à accepter que les gouvernements s'impliquent davantage pour trouver des solutions satisfaisantes au chômage. Cependant, les entrevues indiquent que les représentants du milieu syndical et patronal sont très réticents à collaborer avec le gouvernement à l'élaboration d'une politique cohérente de plein emploi. Si on en juge par l'expérience des pays qui ont adopté de telles politiques, un effort concerté des parties apparaît pourtant comme une condition essentielle à l'implantation et à la poursuite d'une telle politique. En conséquence, un gouvernement qui viserait à développer une politique active de l'emploi devra s'évertuer à trouver les moyens d'y associer les divers agents socio-économiques.

CONCLUSION

Au début de cette étude, nous posions la question à savoir si les Québécois étaient condamnés par le destin à vivre dans une société au chômage chronique. Les résultats de notre étude indiquent qu'il est possible de s'en sortir et par quels moyens. En premier lieu, il ressort clairement que la population du Québec est loin d'être apathique à l'égard du chômage et qu'elle considère que les gouvernements ne font pas suffisamment d'efforts pour le réduire (Chapitre I). De plus, malgré toutes les mesures de sécurité du revenu disponibles leur permettant de survivre pendant certaines périodes de leur vie, les Québécois préfèrent avoir des emplois qu'ils aimeraient stables et intéressants (Chapitre II). Alors, un gouvernement qui proposerait une politique de plein emploi aurait l'appui de la population.

Ensuite, une étude économique des coûts du chômage nous fait constater que ces coûts sont très élevés et qu'une politique de plein emploi est rentable économiquement (Chapitres III et IV). Cependant, en raison de l'absence d'une telle politique, la rentabilité de chacune des mesures pouvant favoriser l'emploi est généralement étudiée du point de vue étroit de la rentabilité financière. Les décisions qui en découlent reposent donc sur une analyse partielle du problème. Par exemple, une entreprise peut juger qu'il est plus rentable de réduire son personnel pendant une période de baisse de ses activités qu'elle considère temporaire. Mais si toutes les entreprises suivaient cette logique, toutes subiraient les effets négatifs d'une baisse de la consommation généralisée. Il leur serait alors plus rentable de changer de pratique. Cependant, sans politique de plein emploi, de tels comportements, qui apparaissent raisonnables pour une seule entreprise mais malsains pour l'ensemble des entreprises et pour la société, ne pourront être modifiés. Et nous y perdons tous. Dans la même veine, un groupe de syndiqués peut trouver avantageux de répondre aux besoins de l'entreprise en travaillant en temps supplémentaire sur une base régulière et ce, même en période de chômage. Pourtant, une politique régulière de temps supplémentaire est un indice que l'entreprise pourrait embaucher plus de personnel pour répondre à ses besoins. Chaque groupe de travailleurs n'acceptera de sacrifier ses revenus provenant du temps supplémentaire que s'il est convaincu que tous les autres groupes de travailleurs feront de même en période de chômage. Seule une politique de plein emploi pourra modifier de tels comportements en imposant des réglementations plus strictes ou en développant des mesures incitatives pour encourager des comportements plus conformes à une politique de plein emploi (Chapitre VII).

Notre étude montre aussi que le chômage impose de sérieuses entraves à la poursuite d'une série d'objectifs sociaux : il renforcit la discrimination à l'égard de certains groupes ; il augmente les disparités de revenu ; il accroît la dépendance économique ; il freine l'amélioration de la qualité des emplois ; il réduit la croissance économique et il est un facteur inflationniste ; il met en péril les institutions démocratiques et retarde les progrès sociaux (Chapitre V).

Une analyse économique des coûts du chômage nous amène donc à conclure que le plein emploi est avantageux pour tous les groupes et pour la société. En ce sens, il doit être considéré comme un bien collectif comme la santé et l'éducation. Mais comme tout bien collectif, il pose un problème *d'entrepreneurship,* c'est-à-dire d'incitation économique à le produire. Le plein emploi fait rejaillir des bénéfices sur tous les groupes de la société ; mais les incitations financières incitant un groupe ou un gouvernement à s'engager seul dans la poursuite de cet objectif sont trop faibles. Il n'y a donc AUCUNE INCITATION ÉCONOMIQUE POUR CHACUN DES GROUPES isolément à travailler en ce sens même s'il y en a une pour l'ensemble de la société. C'est ce que les chapitres sur les coûts font clairement ressortir.

Notre recherche qui fait appel à des considérations d'ordre social, économique et politique nous fait donc identifier le problème *d'entrepreneurship* comme celui qui est à la source même de l'inertie politique à l'égard du chômage : qui sera l'entrepreneur responsable de la réalisation de cet objectif ? (Chapitre VI). Malgré les avantages très élevés que le milieu patronal et le mouvement syndical retireraient d'une telle politique, nos entrevues indiquent qu'ils les sous-estiment et qu'ils sont eux-mêmes très pessimistes quant au succès des politiques gouvernementales actuelles et futures (Chapitres VIII et IX). Par ailleurs, ces entrevues montrent aussi que les gouvernements ont eux-mêmes peu confiance en leur propre capacité à régler le problème. D'ailleurs, jusqu'à aujourd'hui, aucun gouvernement, que ce soit au Canada ou au Québec, n'a proposé un véritable projet politique de plein emploi à la population.

Bref, de par la nature même du problème du chômage, aucun des agents socio-économiques isolément n'a intérêt, ni ne peut, du point de vue technique et politique, assumer seul la responsabilité d'une telle politique. Pour que le plein emploi résultant de l'action concertée des groupes se réalise, il faut que tous acceptent de s'y associer, sinon ce sera l'échec.

Notre recherche indique qu'à ce problème d'entrepreneurship s'en ajoute un autre, fondamental, celui du *leadership*. Évidemment, c'est à un gouvernement responsable de l'intérêt général que revient la tâche de trouver des solutions aux problèmes de la société. C'est donc à lui que revient naturellement le rôle de proposer aux Québécois l'objectif de plein emploi et de convier les parties à sa réalisation. Le gouvernement qui deviendrait le promoteur d'une telle politique pour le Québec proposerait un objectif de société tout à fait nouveau. Il est bien évident qu'il serait alors appelé, lui aussi, comme les entreprises ou les travailleurs, à modifier certaines de ses pratiques. L'aspect novateur du projet est en effet d'exiger de tous les agents socio-économiques des changements de comportement qui se fondent actuellement sur une logique individualiste et financière plutôt que sur une logique collective et économique.

Notre recherche nous amène aussi à conclure que le gouvernement le plus approprié pour prendre l'initiative et pour réussir ne peut être qu'un gouvernement provincial, donc le gouvernement du Québec et ce, en raison de la nature même de la politique (Chapitre VII). L'exercice de cette responsabilité du gouvernement du Québec devrait l'amener à proposer aux diverses parties la forme d'association la plus productive, si on tient compte des particularités socio-économiques du Québec. Les résultats de notre étude montrent également l'importance d'associer des représentantes des femmes à cette politique vu leurs difficultés à exercer leur droit au travail dans notre société industrielle.

Évidemment, convier les parties à ce projet politique n'est pas suffisant. Il faudra aussi répondre à une série de questions de nature technique se rapportant aux modalités de la politique. Par exemple, quelles seraient les mesures financières les plus appropriées pour aider à réaliser cette politique ? Quelles seraient les mesures les plus efficaces pour permettre à certains groupes défavorisés du marché du travail d'être intégrés dans des emplois stables, offrant des conditions de travail satisfaisantes ? Quelles seraient les meilleures mesures pour éviter une chute de l'emploi attribuable à des problèmes conjoncturels ? Quelle serait la politique de la durée du travail qui serait justifiée par rapport à l'objectif de plein emploi ?

Dans une recherche ultérieure, ces questions seront abordées mais elles demeurent toutefois des questions techniques auxquelles d'autres pays qui cherchent à atteindre l'objectif de plein emploi ont déjà répondu. Le véritable défi du plein emploi n'est pas de nature technique, il est politique. Il faut espérer, qu'au Québec, nous ayons un gouvernement qui soit le promoteur de cette politique et des agents économiques qui voudront participer à sa réalisation.

QUELQUES COMPARAISONS INTERNATIONALES

Le tableau I ventile les taux de chômage des divers pays de l'OCDE. On remarque que les taux de chômage du Québec et du Canada sont parmi les plus élevés. Par ailleurs, il ressort que certains pays réussissent à maintenir des taux de chômage relativement faibles et ce, en dépit du fait qu'ils subissent également les effets de la crise mondiale. Parmi ces pays, on retrouve le Japon, l'Allemagne, la Norvège et la Suède.

Si l'on regarde maintenant le tableau II, qui indique l'évolution du revenu national par habitant au prix du marché en dollars américains, on constate que ce dernier groupe de pays a amélioré ou conservé sa position relative tout au long des vingt dernières années. Au contraire, les pays comme les États-Unis, le Canada et le Royaume-Uni, qui ont laissé s'accroître le nombre de chômeurs et qui ont même adopté des politiques restrictives créatrices de chômage, ont vu leur position relative se détériorer grandement. Ceci n'a rien d'étonnant compte tenu des pertes de revenus énormes associées au chômage.

Or, les pays qui traversent la crise moins douloureusement que les autres accordent la priorité à l'objectif de plein emploi. Cette priorité se concrétise par une politique de l'emploi cohérente, soutenue et ferme qui fait une large place à la participation des groupes socio-économiques.

TABLEAU I

Taux de chômage dans quinze pays de l'OCDE

	1965	1967	1970	1973	1975	1977	1980
États-Unis	4,4	3,7	4,8	4,7	8,3	6,9	7,0
Japon	1,2	1,3	1,1	1,3	1,9	2,0	2,0
Allemagne	0,3	1,3	0,8	0,9	3,7	3,7	3,1
France	1,5	1,9	2,4	2,6	4,1	4,7	6,3
Royaume-Uni	2,3	3,4	3,1	3,0	3,9	6,2	7,4
Italie	5,3	5,3	5,3	6,2	5,8	7,0	7,4
Canada	3,6	3,8	5,6	5,5	6,9	8,0	7,5
Québec	5,9	5,3	7,9	7,4	8,8	10,3	9,9
Australie	1,5	1,9	1,6	2,3	4,8	5,6	6,0
Autriche	1,9	1,9	1,4	1,1	1,7	1,6	1,9
Belgique	1,8	2,6	2,1	2,8	5,1	7,5	9,0
Finlande	1,4	2,9	1,9	2,3	2,2	6,0	4,7
Pays-Bas	0,5	1,6	0,9	2,3	4,0	4,2	4,9
Norvège	1,8	1,5	1,6	1,5	2,3	1,5	1,7
Espagne	2,5	2,5	2,4	2,5	3,7	5,2	11,2
Suède	1,2	2,1	1,5	2,5	1,6	1,8	2,0

Source: *Perspectives économiques*, décembre 1981, OCDE.

TABLEAU II

Revenu national par habitant au prix du marché en $ U.S.
1960-1981

Pays	1960	Rang	1970	Rang	1975	Rang	1979	Rang	1980	Rang
États-Unis	2 502	1	4 307	1	6 294	6	9 492	8	11 360	9
Japon	417	16	1 702	16	3 862	14	7 421	12	9 890	12
Allemagne	1 200	7	2 748	6	6 035	7	11 047	4	13 590	2
France	1 193	9	2 526	8	5 735	10	9 562	7	11 730	7
Royaume-Uni	1 261	6	2 024	12	3 697	15	6 325	14	7 920	15
Italie	632	15	1 729	14	3 071	16	5 133	15	9 820	13
Canada	1 909	2	3 366	3	6 321	5	8 318	10	10 130	11
Australie	1 432	5	2 682	7	6 384	4			9 820	13
Autriche	798	14	1 712	15	4 385	13	7 988	11	10 230	10
Belgique	1 126	11	2 417	10	5 863	9	10 272	5	12 180	6
Finlande	1 101	12	1 982	13	5 062	12	7 399	13	9 720	14
Pays-Bas	880	13	2 234	11	5 483	11	9 568	6	11 470	8
Norvège	1 093	9	2 462	9	5 997	8	9 239	9	12 650	5
Espagne	317	17	983	17	2 677	17	4 796	16	5 400	16
Suède	1 678	3	3 698	2	7 928	1	11 416	3	13 520	3
Danemark	1 191	10	2 992	5	6 816	3	11 570	2	12 950	4
Suisse	1 463	4	3 072	4	7 820	2	14 044	1	16 440	1
Pays développés Économie de marché	1 340		600		4 880					

Source: Nations-Unies, Bureau de la Statistique, Bulletin mensuel de Statistique, Vol. 135, Juillet 1981
Nations-Unies, Annuaire Statistique, 1979-1980, La Presse, 18 septembre 1982.

Achevé d'imprimer
en décembre 1982 sur les presses
des Ateliers Graphiques Marc Veilleux Inc.
Cap-Saint-Ignace, Qué.